刑法概説 II

［各論］

第2版

山中敬一・山中純子

Strafrecht BT

成 文 堂

第２版はしがき

本書は、およそ14年前に出版された『刑法概説Ⅱ［各論］』に、近年の刑法改正や新たな判例などに関する記述を加筆した第２版である。初版の出版以降、自動車の運転により人を死傷させる行為等に関する罪や性犯罪規定の改正があったほか、最近では侮辱罪の法定刑の引上げや新自由刑である「拘禁刑」の新設など、多岐にわたる刑法改正があった。また、特殊詐欺に関する複数の最高裁判例や、強制わいせつ罪における性的意図に関する最高裁大法廷判決など、重要な判例も増えた。改訂作業の中で、時代の変化とそれに沿った刑法の移り変わりを感じるとともに、更なる性犯罪規定の改正の必要や拘禁刑の具体的な運用など、多くの課題が山積していることを痛感した。

第２版においては、初学者が論点を把握しやすいよう、各「講」の冒頭に、基本的な理解に関する設問を加えた。また、文献欄には、最近の「入門書」や「演習書」も掲載した。さらに、本書で取り上げる罪について見直し、改正のあった罪や新たな判例によって提起された新しい論点については、比較的詳しい解説を加えた。なお、2022年６月13日に成立した改正刑法によって創設された「拘禁刑」については、３年内に施行されることとなるが、本書ではそれに先立ち、改正後の法定刑を示すこととした。

本書で新たに加えられた論点については、共著者間で基本方針を相談の上、すべての論点につき相互に意見を出し合い、議論を尽くした。本書が、刑法各論を学ぶ者にとっての基本書として活用され、刑法への関心を深めるきっかけになってくれることを願っている。

第２版の出版を引き受けてくださった成文堂と、今回の改訂作業においても、細かい点にいたるまで編集の労を取っていただき大変お世話になった編集部の篠崎雄彦氏には、心からお礼を申し上げる。

2022年８月５日

山　中　敬　一
山　中　純　子

はしがき

本書の執筆の動機は、主として３つある。第１は、法科大学院の入学前指導の参考書の執筆である。いわゆる純粋未修者に刑法の総論・各論について、その概観を与え、しかも、刑法学に興味が湧くように重要論点や最新の問題点について分かりやすく叙述したものを入学前に予め読んで講義に臨んでもらえれば、４月からの講義への円滑な導入となると考えたことである。

第２に、拙著『刑法総論』［第２版］(2008年・成文堂) および『刑法各論Ⅰ・Ⅱ』(2004年・成文堂) も、さらに『ロースクール講義刑法総論』(2005年・成文堂) でもかなりのボリュームがあるので、講義と並行し、あるいは講義の際に使うもっと簡単な教科書がほしいという学生と、とくに日頃接触のある刑法の講義担当者の要望である。その際、刑法総論・各論が、それぞれ２単位で設置されている場合を想定し、講義に合わせて章立てし、それぞれ14講とした。

第３に、刑法を一通り学んだ学生が、試験の前に知識を呼び起こし、主要な論点を自らまとめるときに用いる刑法総論・各論の骨組みを示す簡潔な概説書を提供しようと考えたことである。

総論は、なるべく簡単に、しかも新しい論点をも踏まえてすべての重要論点を記し、各論は、３分して、生命・身体・自由・名誉・信用・業務などに対する犯罪は、その概観を記し、財産罪は、比較的丁寧にすべての犯罪類型について論じ、そして、社会的法益・国家的法益については、重要な論点を多く含む犯罪類型を選別して丁寧に論じるという方式をとった。したがって、本書で割愛したテーマについて、より詳しく勉強したい読者は、上記拙著の教科書の当該部分を読んでいただきたい。

学説については、基本的な対立については記述し、新たな論点を知るためにも、その新しい動向に若干の考慮を払った。判例の引用も、新しい論点を意識していただくために、比較的新しい判例に限定して、引用するようにした。また、体裁としては、各講の目次の代わりに、その節で取り上げる要点をレジュメのようにして付け、読者がその講の概観を得ることができるよう配慮した。各論の部分については、条文を付けて、犯罪類型を、形式的にも明示した。

本書の原稿段階で、奈良産業大学専任講師の前嶋匠氏に一読願ってアドヴァイスを頂き、校正のほか、判例引用ならび判例索引のチェックも手伝っていただいた。本書も、また、成文堂にお願いして出版をお引き受けいただいた。編集部の土子三男氏および篠崎雄彦氏には、事項索引・判例索引の作成、レイアウトその他本書の出版全般について今回も大変お世話になった。

2008年８月20日

山　中　敬　一

参考文献

[教科書]
浅田　和茂・刑法各論（2020）成文堂
井田　　良・講義刑法学・各論（第2版・2020）有斐閣
伊東　研祐・刑法講義各論（2011）日本評論社
伊藤　　渉＝小林憲太郎＝齊藤彰子＝鎮目征樹＝島田聡一郎＝成瀬幸典＝安田拓人・アクチュアル刑法各論（2007）弘文堂
今井　猛嘉＝小林憲太郎＝島田総一郎＝橋爪隆・刑法各論（第2版・2013）有斐閣
大塚　　仁・刑法概説・各論（第3版増補版・2005）有斐閣
大塚　裕史＝十河太朗＝塩谷毅＝豊田兼彦・基本刑法II各論（第2版・2018）日本評論社
大谷　　實・刑法講義各論（新版第5版・2019）成文堂
亀井源太郎＝小池信太郎＝佐藤拓磨＝薮中悠＝和田俊憲・刑法2各論（2020）日本評論社
川端　　博・刑法各論講義（第2版・2010）成文堂
木村　光江・刑法（第4版・2018）東京大学出版会
斎藤　信治・刑法各論（第4版・2014）有斐閣
佐久間　修・刑法各論（第2版・2012）成文堂
佐久間修＝橋本正博＝上嶌一高・刑法基本講義総論・各論（第3版・2019）有斐閣
関　　哲夫・講義刑法各論（2017）成文堂
曽根　威彦・刑法各論（第5版・2012）弘文堂
高橋　則夫・刑法各論（第4版・2022）成文堂
団藤　重光・刑法綱要各論（第3版・1990）創文社
中森　善彦・刑法各論（第4版・2015）有斐閣
西田　典之・刑法各論（橋爪隆補訂・第7版・2018）弘文堂
橋本　正博・刑法各論（2017）法学叢書
林　　幹人・刑法各論（第2版・2007）東京大学出版会
日高　義博・刑法各論（2020）成文堂
平野　龍一・刑法概説（1977）（東京大学出版会）
藤木　英雄・刑法各論（1972）有斐閣大学双書
前田　雅英・刑法各論講義（第7版・2020）東京大学出版会
松原　芳博・刑法各論（第2版・2021）日本評論社
松宮　孝明・刑法各論講義（第5版・2018）
山口　　厚・刑法各論（第2版・2010）有斐閣
　　　　・刑法（第3版・2015）有斐閣
山中　敬一・刑法各論（第3版・2015）成文堂

[注釈書・判例コンメタール]
浅田和茂＝井田良編・新基本法コンメンタール刑法（第2版・2017）日本評論社
大塚仁＝河上和雄＝中山善房＝古田佑紀編・大コンメンタール刑法（第3版）全13巻（2013－2021）青林書院

川端博＝西田典之＝原田國男＝三浦守＝大島隆明編・裁判例コンメンタール刑法（第1巻＝3巻）（2006）立花書房
西田典之＝山口厚＝佐伯仁志編・注釈刑法第2巻各論⑴（2016）有斐閣
西田典之＝山口厚＝佐伯仁志編・注釈刑法第4巻各論⑶（2021）有斐閣

［入門書・演習書］

（入門書）

井田　　良・入門刑法学・各論（第2版・2018）有斐閣
佐久間　修＝橋本正博編・刑法の時間（2021）有斐閣
塩見　　淳・刑法の道しるべ（2015）有斐閣

（演習書）

井田良・大塚裕史＝城下裕二＝髙橋直哉・刑法演習サブノート210問（2020）弘文堂
島田聡一郎＝小林憲太郎・事例から刑法を考える（第3版・2014）有斐閣
嶋矢貴之＝小池信太郎＝品田智史＝遠藤聡太・徹底チェック刑法（2022）有斐閣
曽根威彦＝松原芳博編・重点課題刑法各論（2008）成文堂
高橋則夫＝杉本一敏＝仲道祐樹・理論刑法入門（2014）日本評論社
高橋則夫編・授業中 刑法演習―われら考える、故にわれらあり（2021）信山社
只木誠＝北川佳世子＝十河太郎＝高橋直哉＝安田拓人＝安廣文夫＝和田俊憲・刑法演習ノート― 刑法を楽しむ21問（第3版・2022）弘文堂

［論点解説・判例解説］

（論点解説）

大塚　裕史・刑法各論の思考方法（第3版・2010）早稲田経営出版
只木　　誠・コンパクト刑法各論（コンパクト法学ライブラリ 11）（2022）新世社
西田典之＝山口厚＝佐伯仁志・ジュリスト増刊・刑法の争点（2007）
橋爪　　隆・刑法各論の悩みどころ（2022）有斐閣
松原芳博編・刑法の判例・各論（2011）成文堂
松原芳博編・新刑法の判例・各論（2022）成文堂
山口　　厚・新判例から見た刑法（第3版・2015）有斐閣

（判例解説）

井田良＝鈴木彰雄＝髙橋直哉＝只木誠＝曲田統＝安田哲章・刑法ポケット判例集（2019）弘文堂
井田良＝城下裕二・刑法各論判例インデックス（第2版・2023）商事法務
佐伯仁志＝橋爪隆編・刑法判例百選Ⅰ（総論）（第8版・2020）有斐閣
佐伯仁志＝橋爪隆編・刑法判例百選Ⅱ（各論）（第8版・2020）有斐閣
西田典之＝山口厚＝佐伯仁志＝橋爪隆・判例刑法各論（第7版・2018）有斐閣

判例略記法

大審院	大	下級裁判所刑事裁判例集	下刑集
最高裁判所	最	東京高等裁判所刑事判決時報	東高刑時報
最高裁判所大法廷	最大	大審院判決全集	判決全集
高等裁判所	高	最高裁判所裁判集刑事	裁判集刑
地方裁判所	地	刑事裁判資料	刑裁資
支部	支	刑事裁判月報	刑月
判決	判	裁判所時報	時報
決定	決	裁判所ウェブサイト	裁ウェブ
大審院刑事判決録	刑録	家庭裁判月報	家庭月報
大審院刑事判例集	刑集	判例時報	判時
最高裁判所刑事判例集	刑集	判例タイムズ	判タ
高等裁判所刑事判例集	高刑集	法律評論	評論
高等裁判所刑事裁判特報	高裁特	法律新聞	新聞
高等裁判所刑事裁判速報集	高刑速	TKC 法律情報データベース	
高等裁判所刑事判決特報	高刑特	LEX/DB インターネット	LEX/DB
第一審刑事裁判例集	第一審刑集		

目　次

細目次

第10講　交通を妨害する罪・社会生活環境に対する罪

第11講　偽造の罪 (1) —文書偽造の罪—

第1講

生命・身体に対する罪

第1講へのアクセス

【Q1】同意殺人罪における「同意」は、どのような場合に認められるか。被告人が、被害者が自己を熱愛し追死してくれるものと信じていることを利用して、真実は追死する意思がないのに追死するかのように装い、被害者の同意を得て毒薬を飲ませて死亡させた事案につき、同意殺人罪は成立するだろうか（最判昭33・11・21刑集12・15・3519＝百選Ⅱ-1参照）。

【Q2】隣家に向けて、連日朝から深夜までラジオの音声や目覚まし時計のアラーム音を大音量で鳴らし続けるなどして、慢性頭痛症、睡眠障害等を与えた行為は、傷害にあたるだろうか（最決平17・3・29刑集59・2・54＝百選Ⅱ-5参照）。また、熟睡している者の髪の毛を無断で10センチメートル切る行為は、傷害にあたるだろうか。

【Q3】危険運転致死傷罪における危険運転行為の類型には、どのようなものがあるだろうか。赤信号を無視し対向車線に進出して時速約20キロメートルで交差点に進入して対向車に衝突し、その運転者に傷害を負わせた場合、「重大な交通の危険を生じさせる速度」にあたるだろうか（最決平18・3・14刑集60・3・363参照）。

【Q4】保護責任者遺棄罪における「遺棄」や「不保護」は、何を意味するのだろうか。親が、①わが子を連れてキャンプに行った際、山道を登っていく姿を見かけたがすぐに連れ戻さなかったため、行方不明になって死亡させたとき、②自宅でわが子に十分な栄養を与えず衰弱死させたとき、それぞれ保護責任者遺棄罪と不保護罪のどちらが成立するだろうか。

1　刑法各論の総説

刑法各論とは、各種の犯罪類型の内容と限界を明らかにする学問である。各論においては、各論特有の理論の展開が重要であるが、それと並んで、とくに判例が重要である。また、総論の理論をどのように具体的に適用するかが各論の真価を問うことになる。各論の体系は、個人的法益・社会的法益・国家的法益に対する罪に三分するのが通説である。

1．刑法各論の対象と方法

刑法各論は、**刑法第 2 編**の「罪」を中心とする各刑罰法規における犯罪類型とその効果の意義を明らかにする学問である。したがって、特別刑法・行政刑法における犯罪類型については、必要な限りで言及するにとどめる。

刑法各論の解釈においては、個別の刑罰法規の規範内容を社会の現実の動向に適切に対応しうるように解釈することが必要である。時代の変遷とともに新たな社会現象に伴う新たな当罰的行為に適合する**目的論的解釈**を検討し、その際、**罪刑法定主義による解釈の限界**を明らかにする必要がある。

2．刑法各論の体系

刑法各論の体系は、法益による分類を基礎とし、さらに、法益の重要性、侵害態様の類似性、実侵害が発生したのか侵害の危険の発生にすぎないのかによって分類される。

各論においては、法益は、**個人的法益**、**社会的法益**、**国家的法益**の三つに分類される。これを**三分説**と呼び、これにもとづいて、犯罪類型は、個人的法益を侵害する罪、社会的法益を侵害する罪、国家的法益を侵害する罪に分けられる。個人的法益に対する罪と公共的法益に関する罪に分類し、公共的法益の中に社会的法益に対する罪と国家的法益に対する罪を包摂するいわゆる二分説も唱えられたが、今日では一般的でない。社会の共同生活上の利益の維持と国家の存立や統治機構の作用を保護するのとは趣旨が異なる。したがって、三分説が妥当である。

本書における叙述の順序については、憲法の明示する価値秩序によれば、個人の尊厳が最重要の法益であると解されるので、個人的法益から始めて、社会的法益、国家的法益に言及する。犯罪類型の基本的特徴が、個人的法益において典型的に現れるので、講学上もその方が便宜である。

3．個人的法益に対する罪の総説

個人尊重主義は、憲法において謳われている（13条）。刑法においても個人的法益は、社会的法益や国家的法益よりも優先される。社会も国家も多数の個人の集合であり、個人のための共同体・制度であるという側面もあるからである。個人の尊重のためには、その生命・身体・自由・財産が保障されていなければならない。生命は個人の存立の基礎であり、身体の安全は、生命の維持と人のもろもろの活動の条件である。また、身体の自由、活動の自由は、個人の人格の自由な発展のための基礎である。財産制度は、個人の社会生活の基礎である。私有財産制度は、憲法にも「財産権は、これを侵してはならない」（29条1項）と定められている。それを規範と制裁によって保障するのが、刑法における財産犯の規定である。

2 殺人の罪

殺人の罪は、生命を侵害する罪である。わが国の刑法は、多くの法体系において採用されているような謀殺と故殺の区別はしていない。自殺関与罪には、自殺教唆・幇助、同意殺・嘱託殺の類型がある。また、殺人予備罪が処罰されている。

1．殺人の罪の体系

生命・身体に対する罪には、殺人の罪、傷害の罪、過失傷害の罪、堕胎の罪、遺棄の罪がある。このうち、前三者は侵害犯であるが、後二者は危険犯である。遺棄の罪については、生命に対する罪の危険犯とする見解も有力である。殺人の罪（26章）は、殺人罪（199条）、殺人予備罪（201条）、殺人未遂罪（203条）、自殺関与・同意殺人罪（202条）およびその未遂罪（203条）がある。尊属殺人罪（旧200条）の規定は、違憲判決（最大判昭48・4・4刑集27・3・265）ののち、平成7年の改正の際に削除された。

２．人の始期と終期

人とは、生まれてから死ぬまでの生命を保続する間の生物学的な意味における「人」をいう。**人の始期**は、出生に始まる（民３条１項参照）。出生以前の母体内に存在する生命は「胎児」と呼ばれ、法律上は「人」とは区別されている。出生の時期については、学説が分かれている。①**分娩開始説**は、規則的な陣痛が始まったときとする。これによれば母体内にいるときでも人でありうる。②**一部露出説**は、胎児の身体の一部が母体から露出したときとする。外部からの直接の攻撃が可能となるからである。③**全部露出説**は、胎児の身体の全部が母体から露出したときとする（民法の通説）。④**独立呼吸説**は、胎児が胎盤による呼吸をやめ、自己の肺によって呼吸を始めたときとする。これによれば、出生の後、独立の呼吸を始めるまでは、胎児でもなく人でもないということになり、不当である。一部露出説が妥当である。

人の終期は、**人の死亡**の時期である。これについても学説上争いがある。①**心臓死説**は、心臓が不可逆的に停止したときとする。②**呼吸停止説**は、呼吸が不可逆的に停止したときとする。③**総合判定説**は、心臓の鼓動と自発呼吸の不可逆的停止および瞳孔反応の消失の三兆候を総合して判断する（＝三兆候説）。④**脳死説**は、脳の機能が不可逆的に停止したときとする。脳幹死を前提とする脳死と大脳の死を意味する植物状態とは異なることに注意すべきである。

以前は、心臓の停止と脳機能の停止とは、ずれることがなかったので、実質的に死亡時期の判定はほぼ一致した。しかし、医療の進歩によって脳機能が失われた後も、人工呼吸器（レスピレーター）によって心臓を動かし、血流を起こさせることができるようになって、脳死と心臓死の間に時間的差異が生じる場合がありうることになり、両説の対立が激しくなった。その背景には、心臓移植手術のための心臓摘出は、死体から行われるのでなければ殺人罪となる可能性があるので、脳死説をとれば、レスピレーターによって心臓が動いていても、脳死を個体死とすることによって、すでに脳死状態にある身体からの心臓の摘出は死体からの摘出であり、殺人罪とはならないとすることができるという事情がある。平成９年には、いわゆる「**臓器移植法**」が施行され、その第６条では、死体には「脳死した者の身体を含む」と規定された（1項)。「脳死した者の身体」については、当初、その身体から移植術に使用されるための「臓器が摘出されることとなる者であって」（旧2項）という限定があったが、平成21年7月に改正され（平21法83号)、その限定部分が削除された。これによって、臓器移植目的での脳死のみが認められるのではなく、その他の目的の、または特に目的をもたない脳死判定も認められることとなった（2項)。

このような妥協的な規定をもつ臓器移植法の成立により、学説の対立は解消されず、むしろ助長された。同法の成立により、脳死をもって個体の死とする脳死説が圧倒的通説となるかに思われたが、臓器移植のために脳死判定を受けたとき自己決定により脳死をもって人の死とする脳死を選択することができるものとする**脳死選択説**ないし**相対的脳死説**が採用されたとみる見解が多数となった。これに対して、三兆候説を維持して、本法の要件を充たす場合には違法性阻却を認めたものと解する見解も有力に唱えられている。平成21年の臓器移植法改正により、本人の臓器移植の意思が不明である場合も遺族の承諾があれば臓器の摘出が認められることになった。

人の死の意義を医学的・神経学的に定義するならば、人間のあらゆる有機的組織体を統制する主要器官である全脳の不可逆的機能喪失をもって「死」とする見解（脳死説）を基本とすべきであるが、臓器移植法によって脳死判定が当事者や家族の意思にかからされている（臓器移植法6条2項、3項）ことにより、脳死を選択できるとしているわけではなく、判定方法ないし手続の選択を認めたもの（**脳死判定手続選択説**）と解すべきであろう。

3．殺人罪の要件

> 人を殺した者は、死刑又は無期若しくは5年以上の拘禁刑に処する（199条)。未遂は、罰する（203条)。

(1) 客　体

客体は「人」である。胎児は含まない。問題となるのは、第1に、胎児が母体内にいる間に、生後遺伝病が発症して死亡するような遺伝子を胎児に組み込み、出生後にそれが発症して死亡した場合に殺人罪が成立するかである。胎児性致死の問題については後述する（☞3－3 (2)）が、この場合、死亡結果が人に生じているので、殺人罪は肯定されるであろう。第2に、堕胎罪の客体であった胎児が母体外に排出された後に、不作為によって放置されたため死亡したという場合、あるいは、作為によって死亡させられた場合に、殺人罪の客体になるかどうかである。堕胎罪は危険犯であるので、生きたまま出生したとしても既遂となる。その際、出生後、**生命の保続可能性**があったかどうかはその判断に意味をもつのであろうか。学説の中には、胎児が母体外で独立して生命を保続する可能性がない段階で排出された場合、まだ人ではないとするものがある、通説は、このような場合も殺人罪の客体である「人」であると認める。しかし、生命の保続可能性がない段階での不作為犯の成立は否定すべきである。作為義務もなく、また、堕胎罪によってすでに評価されているからである。作為による場合にはこれと異なり、殺人罪が成立する。

(2) 実行行為・故意・間接正犯

殺人罪の実行行為および故意が問題となった判例を紹介する。被告人は、同僚Aに、睡眠導入剤数錠をひそかに混入したコーヒーを飲ませ、運転して帰宅するように促し、急性薬物中毒にもとづく仮睡状態等に陥らせ、対向車との衝突事故を発生させてAを死亡させ、対向車の運転者（B）に傷害を与えた（第1事故）。さらに、その後、同僚（C）と車で送迎をするその夫（D）に同様のお茶を飲ませて意識障害等を伴う急性薬物中毒の症状を発生させた後、事務室で休んでいた両名を起こし、車での帰宅を促し、対向車（E運転）との衝突事故を発生させ、3名に傷害を加えた（第2事故）。両事故における被告人の殺人罪（既遂、未遂）の成立につき、実行行為および故意が争われたところ、最高裁（最判令3・1・29刑集75・1・1）は、「被告人の行為は、交通事故を引き起こす危険性が高い行為であり、事故の態様次第でAらのみならず事故の相手方を死亡させることも具体的に想定できる程度の危険性」があり、「このような自己の行為の危険性を認識しながらAやDに運転を仕向けており、事故の相手方であるB及びEが死亡することもやむを得ないものとして認識・認容していた」とし、とくに事故の相手方の死亡について、未必の故意を認めるにあたってその死亡を期待していたという事情は不要であるとした。

また、1型糖尿病に罹患した7歳のわが子（V）の難治性疾患に強い精神的衝撃を受け、非科学的な難病治療を標榜していた被告人を盲信していた母親に対して、インスリンは毒であるなどとしてVにインスリンを投与しないよう執拗かつ強度の働きかけを行い、インスリン投与を中止させてVを死亡させた事案において、被告人に第三者を利用した殺人の間接正犯を認めた最高裁決定（最決令2・8・24刑集74・5・517）がある。最高裁は、一方で、母親がVを救うためには被告人の指導に従う以外にないと一途に考えるなどし、「期待された作為に出ることができない精神状態」に陥っていたとして、指示した被告人について、母親の不作為を道具とする殺人罪の間接正犯を認め、他方で、殺人の故意のあった被告人と不保護の故意のあった父親との関係では、共謀共同正犯を認めた。

4．殺人予備罪

> 第199条の罪を犯す目的で、その予備をした者は、2年以下の拘禁刑に処する。ただし、情状により、その刑を免除することができる（201条）。

予備とは、実行の着手以前の準備行為をいう。「殺人罪の構成要件実現のための客観的な危険性という観点から、実質的に重要な意義を持ち、客観的に相当の危険性の認められる程度の準備が整えられた時期」（東京地判平8・3・22判時1568・35）に達していることが必要である。予備行為は、自己予備に限って処罰され、他人予備は殺人の幇助である（☞総論9講1－2）。殺人の罪を犯す目的は、未必的目的でもよい。

殺人予備行為に出たが、実行行為に出なかったとき、中止規定（43条但し書）の適用ないし準用があるかについては、準用しうると解すべきである。

5．自殺関与・同意殺人罪

> 人を教唆し若しくは幇助して自殺させ、又は人をその嘱託を受け若しくはその承諾を得て殺した者は、6月以上7年以下の拘禁刑に処する（202条）。未遂は、罰する（203条）。

自殺教唆・自殺幇助および嘱託殺人・承諾殺人の2類型がある。前者においては、殺害行為の行為支配をもつのは、自殺者であり、後者においては、殺害行為者である。いずれも殺人罪に対する減軽類型である。

(1)　自殺関与の可罰性

自殺を処罰する規定はない。したがって、自殺行為の構成要件該当性は否定されるが、自殺行為そのものは違法なのだろうか。もし違法でないとすると違法でない行為を教唆・幇助する行為は、可罰的なのだろうか。これについては見解が分かれている。自殺は違法でないとする見解からは、自殺関与罪の違法性は、他人の生命の否定という関与者の固有の違法性によって根拠づけられる。しかし、自殺がまったく適法であるとすると、適法な行為をさせることによる他人の生命の否定も違法とはいいがたいであろう。自殺に可罰性はないが、生命を否定する行為であって違法であり、違法行為に関与することによって他人の生命を否定する点に、自殺関与の可罰性が根拠づけられるのである。

(2)　自殺・同意の意義

ここでいう「自殺」とは、自由な意思決定にもとづいて自分自身の生命を絶つことである。自由な意思決定というためには、行為者が自殺の意味・結果を知っていることが必要である。自殺者に自由な意思決定がない場合、自殺させた者は、殺人罪の間接正犯である。嘱託・承諾は、**真意かつ任意**に与えられなければならない。暴行・脅迫・威迫等の物理的・心理的強制や錯誤によって意思に瑕疵がある場合、同意は無効となる（福岡高宮崎支判平元・3・24高刑集42・2・103）。まず、①暴行・脅迫等によるものとして、自ら死ぬ意思がないものと評価され、あるいは同意が無効となるにはどの程度の強制が必要なのであろうか。**最高裁の判例**では、運転席に乗車させた被害者に対し、「昨日言ったことを覚えているな。」などと申し向け、さらに、ドアをロックすることなどを指示し、車ごと海に飛び込むように命じたうえ、被害者の車から距離をおいて監視しており、被害者は車ごと海に飛び込んだが、車が水没する前に運転席ドアの窓から脱出し、港内に停泊中の漁船に泳いでたどり着き、はい上がるなどして死亡を免れたという事案について、殺人未遂を肯定した（最決平16・1・20刑集58・1・1=百選Ⅰ-73）。次に、②被害者のどのような錯誤によって同意を与えた場合に、同意は無効になるのであろうか。これについては、法益関係的錯誤説と本質的錯誤説（重大な錯誤説）が対立している（☞総論・4講2−3（3）（vi））。死の結果の発生につき認識がない場合などは、法益関係的錯誤であり、本質的錯誤であるので、同意は無効である。問題は、動機の錯誤の場合である。判例は、追死するものと誤信させ、毒物を嚥下させて死亡させた事案について、「真意に添わない重大な瑕疵ある意思」であるとして殺人罪の成立を認めた（最判昭33・11・21刑集12・15・3519=百選Ⅱ−1）が、法益関係的錯誤説によれば同意は有効である。

(3) 実行の着手

嘱託殺人・承諾殺人の場合には、被殺者に対する行為者の殺害行為の開始に実行の着手が認められることは疑いがない。自殺教唆・幇助の場合には、学説が分かれる。教唆行為を開始したときでは早すぎるので、自殺行為を開始したときと解するべきである。

(4) 臨死介助（安楽死・尊厳死）

同意殺や自殺教唆・幇助が、被害者の有効な同意がある場合であっても原則として構成要件該当性のある違法行為であることは変わらないとしても、それが、臨死介助として緊急避難の要件を充たすならば、可罰的責任が減少ないし阻却される（☞総論8講4−3）。その要件としては、患者の有効な同意があること、医師の手によるものであることのほか、死が避けられず死期が迫っていること、耐えがたい苦痛を緩和するための代替手段がないことが必要である。筋萎縮性側索硬化症（ALS）患者のように、運動能力、嚥下機能、呼吸機能の低下が進行していく病気であっても、あるいはいわゆる植物状態にある者であっても、死期が迫っているなどの上記の要件を充たさないかぎり、その死を幇助した者は、尊厳死を幇助した者として期待可能性が否定されるわけではない。ただし、死期が迫っている患者が治療を拒否している場合に、医師の治療をしないという不作為による臨死介助は、同意によって作為義務がなくなっていることから違法性が阻却されることもある。また、終末期における病者の苦痛緩和のための行為、例えばモルヒネの注射が、死期を早めるという付随効果をもっている場合（いわゆる**間接的安楽死**）、違法性が阻却されることがある。しかし、積極的安楽死については、違法性は阻却されず、可罰的責任が阻却されうるにすぎない。終末期にあたらない、ないし患者の同意がないなど、その事案が要件を充たさないとして、積極的安楽死を結論的に否定した判例として、東海大学病院事件（横浜地判平7・3・28判時1530・28＝百選Ⅰ-20）および川崎協同病院事件（最決平21・12・7刑集63・11・1899＝百選Ⅰ-21）がある（☞総論8講④-3（2））。

③　傷害の罪

人の身体の安全を保護法益とする傷害の罪には、その前段階である暴行罪、そして、傷害罪、傷害致死罪があり、傷害現場助勢罪ないし凶器準備集合罪のほか、さらに、危険運転致死傷罪や自動車運転過失致死傷罪の類型も加わった。

1．総　説

傷害の罪（27章）は、他人の身体を故意に侵害する犯罪であり、人の身体の安全を保護法益とする。傷害罪、傷害致死罪、傷害現場助勢罪、同時傷害の特例、暴行罪、凶器準備集合罪・凶器準備結集罪が含まれる。

平成13年に刑法に「危険運転致死傷罪」（旧208条の2）が新設され、さらに平成19年に「自動車運転過失致死傷罪」（旧211条2項）が設けられたが、平成25年には、「自動車の運転により人を死傷させる行為等の処罰に関する法律」（＝「自動車運転死傷行為等処罰法」）が成立し、両罪ともに同法に移された。同法に規定される罪は適用例も多く、日常生活において重要な犯罪類型であるので、特別刑法ではあるが、後に解説する。

2．暴行罪

暴行を加えた者が人を傷害するに至らなかったときは、2年以下の拘禁刑若しくは30万円以下の罰金又は拘留若しくは科料に処する（208条）。

暴行罪の保護法益は**人の身体の安全**である。暴行とは、**有形力の行使**をいう。殴る・打つ・蹴る・突くなどの行為が典型例である。暴行の概念は、①人または物に対する有形力の行使（最広義：例・騒乱罪）、②人に向けられた有形力の行使（広義：例・公務執行妨害罪）、③人の身体に対する有形力の行使（狭義：例・暴行罪）、④反抗を抑圧する程度の有形力の行使（最狭義：例・強盗罪）の四つの意義において用いられる。暴行罪における有形力の行使は、人の身体に向けられていなければならない。

暴行は、人の身体に対して加えられる必要があるが、その安全を脅かすものであればよいから、必ずしも身体に接触することを要しない（最決昭39・1・28刑集18・1・31=百選Ⅱ-3）。日常生活上通常の軽微な有形力の行使は有形力の不法な行使ではなく、暴行の構成要件にあたらない。心理的不快感・嫌悪感を与えるだけでは暴行とはいえない。スポーツにおける有形力の行使などは、違法性が阻却される。

3．傷害罪

> 人の身体を傷害した者は、15年以下の拘禁刑又は50万円以下の罰金に処する（204条）。

(1) 傷害罪の要件

傷害の意義については、①身体の生理的機能に障害を与えることをいうとする見解（**生理的機能障害説**）、②身体の完全性を害することとする見解（**完全性毀損説**）、③人の生理的機能に障害を与えること、および・または、身体の外貌に重要な変化を与えることとする見解（折衷説）がある。頭髪やひげを切断する行為は、生理的機能に障害を与えないが、身体の完全性を毀損するといえる。これを傷害とするかどうかが問題なのである。生理的機能障害説が妥当である。これによれば、眠っている間に頭から水をかぶせる行為、義足・入れ歯などを外す行為は、暴行であっても、傷害ではない。かつらや義足などの人工器官は、取り外し可能であり、「身体」ではないが、人工骨や差し歯は身体の一部となっており、それを取り外したり、毀損したりすることは傷害である。

暴行による**心的外傷後ストレス症候群**（PTSD）によるストレス状態、興奮しやすい状態、不眠状態、心理的に不安定な状態も、傷害である。判例には、睡眠薬等を摂取させて、「約６時間又は約２時間にわたり意識障害及び筋弛緩作用を伴う急性薬物中毒の症状を生じさせ」た場合、傷害罪が成立するとしたもの（最決平24・1・30刑集66・1・36＝百選Ⅱ-4）がある。もし昏睡を傷害とすれば、昏睡強盗罪・準強制性交等罪・強盗致傷罪等において、昏睡させること自体が傷害となるのではないかという論点については、本件の帰趣には関係がないとしている。そのほかに、いやがらせ電話や無言電話によりPTSDを負わせた行為が傷害にあたるとしたもの（富山地判平13・4・19判タ1081・291）、連日朝から深夜ないし翌朝までラジオの音声および目覚まし時計のアラーム音を大音量で鳴らし続けるなどして、精神的ストレスを与え、慢性頭痛症、睡眠障害、耳鳴り等を与えた行為を傷害としたもの（最決平17・3・29刑集59・2・54=百選Ⅱ-5）がある。

軽微な生理的障害は傷害といえるか。髪の毛一本を引き抜く行為や平手打ちによって発赤させる行為などが問題である。日常生活に支障を来さない、医療行為を特別に必要としない場合などには傷害にあてはまらないとする判例（名古屋高金沢支判昭40・10・14高刑集18・6・691、大阪高判昭35・6・7高刑集13・4・358）もある。

無形的方法による傷害も可能である。無言電話により精神衰弱症に陥らせた場合、詐称誘導による場合、第三者の錯誤を利用する場合でも傷害は可能である。抗拒不能の状態に陥っている被害者に自己の指を歯で噛み切るよう命じ、噛み切らせた行為は被害者の行為を利用した傷害の間接正犯である（鹿児島地判昭59・5・31刑月16・5=6・437）。

傷害罪は、暴行罪の結果的加重犯であるので、暴行の故意があれば傷害の故意がなくても成立する。

(2)　胎児性致死傷

胎児性致死傷とは、母体を通じて胎児に傷害を加えたところ、傷害を負った人が出生し、または、その傷害が原因となって出生後死亡した場合をいう。つまり、胎児の段階で、傷害を負い、出生し、または出生後死亡したとき、傷害罪や殺人罪ないし傷害致死罪が成立するかどうかが問題である。傷害を負った胎児が出生した場合、傷害罪にあたるかが最も重要な問題である。胎児の段階で、胎児への作用があり、出生後死亡した場合については、死亡の結果が人になった後に生じているので、殺人罪や傷害致死罪の成立に問題はないといってよい。しかし、人となって死亡した場合と異なり、傷害を負った人が生まれてきても「人を傷害した」という要件にあたらないから、この場合、直ちに傷害罪が成立するわけではない。胎児が傷害を負って生まれてきた場合でも、出生後、症状が悪化すれば（症状悪化型）、「人を傷害した」場合にあたる。しかし、症状固定型の場合には、これにあたらないといえよう。

水俣病刑事事件に関する最高裁判例は、「現行刑法上、胎児は、堕胎の罪において独立の行為客体として特別に規定されている場合を除き、母体の一部を構成するものと取り扱われていると解されるから、業務上過失致死罪の成否を論ずるに当たっては、胎児に病変を発生させることは、人である母体の一部に対するものとして、人に病変を発生させることにほかならない。そして、胎児が出生し人となった後、右病変に起因して死亡するに至った場合は、結局、人に病変を発生させて人に死の結果をもたらしたことに帰するから、病変の発生時において客体が人であることを要するとの立場を採ると否とにかかわらず、同罪が成立するものと解するのが相当である」として、業務上過失致死罪が成立するものとした。第1審ないし原審に対する実行行為時に行為客体たる「人」の存在することが必要であるとする批判をかわすため、最高裁は、実行行為時には、**母親**という行為客体が存在し、その一部であった胎児が、出生して別の「人」になったものと構成し、「人に病変を発生させて人に死の結果をもたらした」といえるとして、業務上過失致死罪が成立するものとしたのである（最決昭63・2・29刑集42・2・314=百選Ⅱ－2）。しかし、業務上過失致死罪の成立を認めるには、「人の死」が人となった後に生じたことで十分であろう。したがって、実行行為時に行為客体が存在することは必要ないというべきである。

傷害罪の成立には、出生によって、傷害された胎児が傷害された人に変わるだけでは十分でなく、**「人」に傷害が加えられる**必要がある。

4．傷害致死罪

> 身体を傷害し、よって人を死亡させた者は、3年以上の有期拘禁刑に処する（205条）。

暴行罪および傷害罪の結果的加重犯である。暴行行為ないし傷害行為と加重結果たる「死亡」との間には、因果関係（客観的帰属ないし相当因果関係）が必要であるとするのが判例であり、通説は、その予見可能性（過失）をも必要とする。

5．傷害現場助勢罪

> 前2条の犯罪（傷害罪・傷害致死罪）が行われるに当たり、現場において勢いを助けた者は、自ら人を傷害しなくても、1年以下の拘禁刑又は10万円以下の罰金若しくは科料に処する（206条）。

本罪の性質については、傷害罪ないし傷害致死罪の**幇助犯の減軽的類型とする見解**と、これとは独立に、可罰性の範囲を煽動的助勢行為にも**拡大して処罰するものとする見解**とが対立している。前説は、野次馬的な幇助を、群集心理を考慮してとくに軽く処罰しようとするものと説明する。後者は、傷害・傷害致死の幇助にはあたらない、煽動的な行為を独立に犯罪化したものとする。本条は、煽動的行為の危険性にかんがみて処罰範囲を拡大するものであり、後者が妥当である。

6．同時傷害の特例

> 二人以上で暴行を加えて人を傷害した場合において、それぞれの暴行による傷害の軽重を知ることができず、又はその傷害を生じさせた者を知ることができないときは、共同して実行した者でなくても、共犯の例による（207条）。

傷害の結果が数人中の誰の行為によるものか証明できない場合には、それらの者を傷害罪として処罰することはできず、せいぜい暴行によって処罰しうるにすぎない。数人の行為の中で、傷害を生ぜしめるに至った暴行を特定し、因果関係を立証することは困難である。この**立証の困難を救済する**ために、挙証責任を被告人に転換し、それとともに共同実行者ではなくても共犯であると法律上擬制するのが、本条の趣旨である。

二人以上の者が、意思の連絡なしに、時間的・場所的に近接して同一の被害者に暴行を加えたところ、その者に傷害の結果が生じたが、それぞれの暴行の軽重を知ることができず、または、その傷害を生じさせた者が誰かを知ることができないことが必要である。共同実行とみられうるような外形がなければならない。

とくに注目すべき論点として、「**承継的共同正犯と同時傷害の特例**」の問題がある。Aが一人で被害者Vに暴行を加えていたところにBがこれに加担し、二人で共同して暴行を加えたが、被害者の傷害がAの単独の暴行の段階の行為が原因で発生したのか、二人が共同した以降の段階の行為を原因として発生したのか不明なときに、本条の適用があるかというのが問題である。Aは一貫して暴行しているから原因が少なくともAにあることは明らかなので本条の適用がないという見解と、適用できるという見解（大阪地判平9・8・20判タ995・286）が対立している。最高裁は、他の者が先行して被害者に暴行を加え、これと同一の機会に、後行者が途中から共謀加担したが、被害者の負った傷害が共謀成立後の暴行により生じたとは認められない場合において、同時傷害の特例の適用を認めた（最高裁令2・9・30刑集74・6・669）。

さらに、AおよびBによる第１暴行の後、別人Cによって第２暴行が加えられて被害者に傷害が生じて死亡したが、第１、第２のいずれの暴行によって死亡したのか不明であるという事案につき、判例は、同時傷害の特例の適用があるとした（最判平28・3・24 刑集70・3・1＝百選II-6）。第１審は、「第２暴行は，同傷害を更に悪化させたと推認できるから、いずれにしても、被害者の死亡との間に因果関係が認められる」としてその適用を否定し、AおよびBには傷害罪が成立し、Cには傷害致死罪が成立するとした（名古屋地判平26・9・19 刑集70・3・26）。これに対し、最高裁は、各暴行が、当該傷害を生じさせうる危険性があり、外形的には共同実行に等しいと評価できるような状況にある場合、「各行為者は、同条により、自己の関与した暴行が死因となった傷害を生じさせていないことを立証しない限り、当該傷害について責任を負い、更に同傷害を原因として発生した死亡の結果についても責任を負う」とした。いずれかの暴行と死亡との間の因果関係が肯定されるときであっても、同条の適用は妨げられないとし、A、BおよびCに傷害致死罪が成立するとした。

7．危険運転致死傷罪・自動車運転過失致死傷罪

(1) 自動車運転死傷行為等処罰法の経緯および趣旨

①立法の経緯　危険運転致死傷罪および自動車運転過失致死傷罪は、「自動車の運転により人を死傷させる行為等の処罰に関する法律」（＝自動車運転死傷行為等処罰法）（平25法86号）に規定されている。この法律の立法経緯については、まず、平成13年に刑法の一部改正（平13法138号）が行われ、故意の

酩酊運転や信号無視運転から死傷事故が発生した場合を重く処罰するため、刑法208条の２として危険運転致死傷罪が新設され、最高刑が懲役15年とされた（平成16年からは有期懲役の上限の変更により「致死」の場合につき20年に引き上げられた）。次に、平成19年の刑法の一部改正により、刑法に自動車運転過失致死傷罪（旧211条２項）が新設され、自動車運転過失致死傷罪の最高刑が懲役７年に厳罰化された。その後、平成25年には、自動車運転過失致死傷罪とともに、危険運転致死傷罪にさらなる類型を加えて刑法から特別法に移して「自動車運転死傷行為等処罰法」が成立し、平成26年から施行されている。このようにして、危険運転致死傷罪および自動車運転過失致死傷罪は、現在、「自動車運転死傷行為等処罰法」に規定されている。さらに、令和２年に本法は改正され、危険運転致死傷罪に、新たに５号および６号の類型が加えられた。

②法益および構造　危険運転致死傷罪は、第１次的に、人の生命・身体の安全を、第２次的には交通の安全を保護法益とする。一定の危険な自動車の運転行為を行い、その結果として人を死傷させた者を処罰する。危険な運転は、故意による。本罪が掲げる行為を、本法では基本犯として処罰するわけではないが、そこから死傷という加重結果が生じた場合には重く処罰するので、結果的加重犯に似た構造をもつ。

(2)　危険運転致死傷罪

> 次に掲げる行為を行い、よって、人を負傷させた者は15年以下の拘禁刑に処し、人を死亡させた者は１年以上の有期拘禁刑に処する。
> (1)　アルコール又は薬物の影響により正常な運転が困難な状態で自動車を走行させる行為
> (2)　その進行を制御することが困難な高速度で自動車を走行させる行為
> (3)　その進行を制御する技能を有しないで自動車を走行させる行為
> (4)　人又は車の通行を妨害する目的で、走行中の自動車の直前に進入し、その他通行中の人又は車に著しく接近し、かつ、重大な交通の危険を生じさせる速度で自動車を運転する行為
> (5)　車の通行を妨害する目的で、走行中の車（重大な交通の危険が生じることとなる速度で走行中のものに限る。）の前方で停止し、その他これに著しく接近することとなる方法で自動車を運転する行為
> (6)　高速自動車国道（…）又は自動車専用道路（…）において、自動車の通行を妨害する目的で、走行中の自動車の前方で停止し、その他これに著しく接近することとなる方法で自動車を運転することにより、走行中の自動車に停止又は徐行（自動車が直ちに停止することができるような速度で進行することをいう。）をさせる行為

> (7) 赤色信号又はこれに相当する信号を殊更に無視し、かつ、重大な交通の危険を生じさせる速度で自動車を運転する行為
> (8) 通行禁止道路（…）を進行し、かつ、重大な交通の危険を生じさせる速度で自動車を運転する行為（2条）。

危険運転致死傷罪は、①故意の危険運転行為と②過失による死傷の結果発生の組合せによって成り立つ。①には、酩酊運転（1号）、制御困難運転（2号）、未熟運転（3号）、通行妨害運転（4, 5, 6号）がある。この最後の類型は、主観的には、いずれも「自動車の通行を妨害する目的」を要件とする目的犯であり、客観的には、他の車両への危険な接近行為であることを要する。信号無視運転（7号）は、殊更に赤色信号を無視した運転行為が基本行為である。「殊更に」とは、赤信号であることの未必的な認識を含まない趣旨である。通行禁止道路進行（8号）は、危険な速度での運転を要件とする。②の過失による死傷の結果発生の要件は、基本となる危険運転行為の結果への「危険の現実化」を前提とし、「過失」（予見可能性・回避可能性）をも要求する趣旨である。判例には、赤信号を無視し対向車線に進出して時速約20キロメートルで交差点に進入しようとしたため、交差点を左折して対向進行してきた貨物自動車に衝突し、運転者と同乗者に傷害を負わせた事案で、「重大な交通の危険を生じさせる速度」にあたるとし、因果関係も肯定したもの（最決平18・3・14刑集60・3・363）がある。

(3) 準危険運転致死傷罪

> アルコール又は薬物の影響により、その走行中に正常な運転に支障が生じるおそれがある状態で、自動車を運転し、よって、そのアルコール又は薬物の影響により正常な運転が困難な状態に陥り、人を負傷させた者は12年以下の拘禁刑に処し、人を死亡させた者は15年以下の拘禁刑に処する（3条1項）。
> 自動車の運転に支障を及ぼすおそれがある病気として政令で定めるものの影響により、その走行中に正常な運転に支障が生じるおそれがある状態で、自動車を運転し、よって、その病気の影響により正常な運転が困難な状態に陥り、人を死傷させた者も、前項と同様とする（同条2項）。

本罪は、2条の危険運転致死傷罪に準じる危険性・悪質性の高い運転行為による死傷事故を、2条よりも軽い刑で処罰するものである。アルコールまたは薬物の影響による①「正常な運転に支障が生じるおそれのある状態」での運転から、②「正常な運転が困難な状態」が生じ、③「人の死傷」の結果が発生したという三段階の経過を経たときに本罪が成立する。①の故意は必

要であるが、②の故意は不要である。「正常な運転に支障が生じるおそれのある状態」とは、2条1号における「正常な運転が困難な状態」の前段階であって、「酒酔い運転」(道交法117条の2第1号) に至らなくても「酒気帯び運転」の罪 (同法117条の2の2第3号・65条1項) にあたる程度のアルコール保有量で足りると解されている。

(4) 過失運転致死傷アルコール等影響発覚免脱罪

> アルコール又は薬物の影響によりその走行中に正常な運転に支障が生じるおそれがある状態で自動車を運転した者が、運転上必要な注意を怠り、よって人を死傷させた場合において、その運転の時のアルコール又は薬物の影響の有無又は程度が発覚することを免れる目的で、更にアルコール又は薬物を摂取すること、その場を離れて身体に保有するアルコール又は薬物の濃度を減少させることその他その影響の有無又は程度が発覚することを免れるべき行為をしたときは、12年以下の拘禁刑に処する (4条)。

4条は、過失運転致死傷アルコール等影響発覚免脱罪の規定である。アルコール等を摂取して運転しても、事故後すぐに飲酒し(追い飲み)、または一定の時間その場を離れて酔いを覚ませば、検知できず、またはその濃度が低減することによって、「逃げ得」になるのを防止するために新設された。①酒気帯び運転、②過失運転致死傷行為、③アルコール等影響発覚免脱行為の三段階の行為からなる類型である。①「正常な運転に支障が生じるおそれがある状態」での自動車の運転があり、そこから、②「運転上必要な注意を怠り」、「人を死傷させる行為」につながり、そして、③発覚することを免れる目的で、アルコール等の「影響の有無又は程度が発覚することを免れるべき行為」が行われることが要件である。死傷事故そのものの発覚の免脱ではなく、「アルコール等の影響の発覚」を免脱する行為のみが、「12年以下の拘禁刑」という処罰の対象となっている。死傷事故そのものに対する証拠隠滅は、「他人の刑事事件」に関する証拠ではないので証拠隠滅罪(104条) にはあたらない。この不均衡の合理的理由はない。

(5) 過失運転致死傷罪

> 自動車の運転上必要な注意を怠り、よって人を死傷させた者は、7年以下の拘禁刑又は100万円以下の罰金に処する。ただし、その傷害が軽いときは、情状により、その刑を免除することができる (5条)。

自動車を運転していて過失で事故を起こした場合、従前は、業務上過失致死傷罪（211条前段）の適用があった。本罪は平成19年に刑法211条２項に規定されたが、平成25年に、本法に移行された。本罪の法定刑は、７年以下の拘禁刑であり、５年以上の拘禁刑である業務上過失致死傷罪より重い。但し書には、傷害が軽いときは、情状により「刑の免除」を可能とする規定を置くが、５年以下の拘禁刑を法定刑とする通常の業務上過失致傷罪よりも当罰性が高い本罪において刑の免除を受けうる理由は必ずしも明らかでない。

(6) 無免許運転による加重

> 1　第2条（第3号を除く。）の罪を犯した者（人を負傷させた者に限る。）が、その罪を犯した時に無免許運転をしたものであるときは、6月以上の有期拘禁刑に処する。
> 2　第3条の罪を犯した者が、その罪を犯した時に無免許運転をしたものであるときは、人を負傷させた者は15年以下の拘禁刑に処し、人を死亡させた者は6月以上の有期拘禁刑に処する。
> 3　第4条の罪を犯した者が、その罪を犯した時に無免許運転をしたものであるときは、15年以下の拘禁刑に処する。
> 4　前条の罪を犯した者が、その罪を犯した時に無免許運転をしたものであるときは、10年以下の拘禁刑に処する（6条）。

本条は、危険運転致傷罪、準危険運転致死傷罪、過失運転致死傷アルコール等影響発覚免脱罪、過失運転致死傷罪が、無免許運転によって犯された場合、加重処罰するものである。本条では、未熟運転（２条３号）による危険運転致傷罪が除かれているため、無免許運転者の未熟運転が致死傷事故の危険性を高めることを理由に加重処罰されるわけではないと解される。それにもかかわらず、無免許運転罪と危険運転致死傷罪等との併合罪よりも重くするという本条の加重事由は、行為者による被害者の生命・身体に対する個人的法益侵害行為にではなく、無免許運転で死傷結果を招き、無免許運転の危険性・反規範性が顕在化・現実化したことによる社会の安心感の危殆化にあり、一般予防を考慮したものであろう。これが妥当な立法であるかには疑問が残る。

8．凶器準備集合罪

> 二人以上の者が他人の生命、身体又は財産に対し共同して害を加える目的で集合した場合において、凶器を準備して又はその準備があることを知って集合した者は、2年以下の拘禁刑又は30万円以下の罰金に処する（208条の2第1項）。
> 前項の場合において、凶器を準備して又はその準備があることを知って人を集合さ

せた者は、3年以下の拘禁刑に処する（同条2項）。

本罪は、暴力団犯罪を事前に鎮圧するため、昭和33年の刑法の一部改正により新設された。本罪の保護法益については争いがある。本罪を騒乱罪（106条）の予備罪的なものと解釈し、保護法益を社会的法益とする見解（**公共危険罪説**）と殺人罪等の共同予備行為を処罰するものであり、保護法益を個人的法益とする見解（**予備罪説**）、およびその両者の性質を併せもつとする二元説が対立する。本罪は、抽象的危険犯であるとするのが判例である（最判昭58・6・23刑集37・5・555）。しかし、「集合」によって直ちに危険が発生したと擬制されるものとは言いがたいので、目的とされた加害行為の実行の危険性が判断されるべきである。

1項の**凶器準備集合罪**においては、「二人以上の者が集合した場合において」というのが、構成要件的状況を表すのか（構成要件的状況説）、それとも、構成要件的結果を表すのか（構成要件的結果説）につき争いがある。前者によれば、共同加害の目的で集合しているという行為の状況がある場合に、「凶器を準備して集合する」、または「それを知って集合する」という行為をした者が処罰される（最決昭45・12・3刑集24・13・1707=百選Ⅱ−7）。したがって、このような行為の状況において自らは幇助意思しかもたず、共同加害目的をもたないで集合した者も処罰の対象となりうる（最判昭52・5・6刑集31・3・544）。これに対して、構成要件的結果説からは、共同加害目的をもった者が集合したという結果が生じた場合において、上記のような行為をしたことが必要である。結果として共同加害目的をもった者が集合することが必要であるから、たんなる幇助意思であって、共同加害意思をもたない者が集合した場合には、その結果に寄与しないので、これを含まないことになる。後説が妥当である。「集合する」とは、二人以上の者が時間・場所を同じくすることを意味する。「凶器」の意義については、社会通念上人をして危険感を抱かせるに足りるものでなければならない。性質上の凶器のみならず、用法上の凶器でもよいから、「ダンプカー」も凶器である（最判昭47・3・14刑集26・2・187）。

2項の**凶器準備結集罪**においては、二人以上の者が共同加害目的をもって集合した場合であって、凶器を準備して、またはその準備があることを知って、人を「集合させた」場合に成立する。凶器準備集合状態を積極的に作り出し、その集合状態の形成に主導的役割を担った者を重く処罰する趣旨である。したがって、一人の者に集合を働きかけるだけでは本罪の正犯にはならない。

9．過失傷害の罪

刑法第28章は、「過失傷害の罪」として、過失傷害罪（209条）、過失致死罪（210条）、業務上過失致死傷罪（211条1項前段）、重過失致死傷罪（211条1項後段）の各犯罪類型を規定している。

(1) 過失傷害罪

> 過失により人を傷害した者は、30万円以下の罰金又は科料に処する（209条1項）。
> 前項の罪は、告訴がなければ公訴を提起することができない（同条2項）。

過失とは、注意義務違反をいう。本罪は親告罪である。

(2) 過失致死罪

> 過失により人を死亡させた者は、50万円以下の罰金に処する（210条）。

(3) 業務上過失致死傷罪

> 業務上必要な注意を怠り、よって人を死傷させた者は、5年以下の拘禁刑又は100万円以下の罰金に処する（211条前段）。

業務による場合を加重処罰する趣旨である。「業務」とは、社会生活上の地位にもとづき反復継続して行う事務である（最判昭33・4・18刑集12・6・1090）。

(4) 重過失致死傷罪

> 重大な過失により人を死傷させた者も、同様とする（211条後段）。

「重大な過失」とは、注意義務違反の程度がはなはだしい過失である。「業務」といえない行為であって「業務上過失致死傷罪」にあてはまらない重大な過失に対する規定であり、例えば、赤ん坊に対する親の授乳行為におけるはなはだしい不注意によって赤ん坊を死傷させた場合、本罪が成立する。

4　堕胎の罪

> 堕胎の罪は、胎児と妊婦の生命・身体の安全を保護する。胎児の生命は、人の生命の萌芽であるが、その保護の態様・程度は、宗教や政治ないし人口政策にもかかわっている。母体保護法によって、人工妊娠中絶が認められており、一定の事由があり、そして、一定の期間内であれば、堕胎罪の違法性が阻却される。

1．堕胎罪の趣旨

堕胎の罪（29章）は、胎児と妊婦の生命・身体の安全を保護法益とする。母体保護法により、**人工妊娠中絶**が許容され（同法14条）、堕胎罪に対する違法性阻却事由となっている。人工妊娠中絶は、一定の期間内に一定の要件のもとにのみ許容されるが、実際には、「社会的・経済的適応事由」を広く解して、極めて緩やかにこれを適用しているので、堕胎罪の適用される事例は多くない。

堕胎とは、自然の分娩期に先立って人為的に胎児を母体から分離・排出させ、胎児の生命・身体を危険に陥れることを内容とする犯罪であり、保護法益は、第1次的には、胎児の生命・身体であるが、第2次的には、母体の生命・身体の安全をも含む。したがって、妊婦の同意が処罰に影響する。自己堕胎罪、同意堕胎罪・同致死傷罪、業務上堕胎罪・同致死傷罪、不同意堕胎罪・同致死傷罪および不同意堕胎未遂罪を罰する。

堕胎罪は、胎児または母体の生命・身体に対する侵害の発生を要求せず、**危険犯**である。学説では、胎児の生命に対する侵害犯であるとするものも有力である。しかし、具体的危険犯というべきであろう。したがって、具体的危険が発生した限りで、生きたまま母体外に排出されたときにも成立しうる。

堕胎罪の正当化事由については、医療技術の進歩により人工妊娠中絶が安全に行われるようになり、産む産まないを決定する自己決定権が妊婦にあるという考えも強調されるようになったので、立法上は、一定期間であれば適応事由なしに許容する解決方法が実体法化されている諸国もある。わが国では、指定医が、一定の期間内に一定の適応事由のもとで人工妊娠中絶を施すことが許容されている。**人工妊娠中絶**とは、「胎児が、母体外において、生命を保続することのできない時期に、人工的に、胎児及びその附属物を母体外に排出することをいう」(母体保護法2条2項)。「生命を保続することのできない時期」とは、現在では、「妊娠満22週未満」をいう(平成2年3月20日厚生事務次官通知)。

2．堕胎罪の種類

(1) 自己堕胎罪

> 妊娠中の女子が薬物を用い、又はその他の方法により、堕胎したときは、1年以下の拘禁刑に処する(212条)。

妊婦にとっては、一種の自傷行為であり、法益は、胎児の生命・身体に限られるから、違法性が低い。不同意堕胎の減軽類型である。妊婦が自らの手で直接行う場合のみならず、他人に実施させる場合も自己堕胎の正犯である。

(2) 同意堕胎罪・同意堕胎致死傷罪

> 女子の嘱託を受け、又はその承諾を得て堕胎させた者は、2年以下の拘禁刑に処する。よって女子を死傷させた者は、3月以上5年以下の拘禁刑に処する(213条)。

堕胎につき、妊婦の同意がある場合を、不同意堕胎より軽く罰する趣旨である。堕胎行為により、妊婦を死傷させたときは、同意堕胎致死傷罪が成立する。

(3) 業務上堕胎罪・業務上堕胎致死傷罪

> 医師、助産師、薬剤師又は医薬品販売業者が女子の嘱託を受け、又はその承諾を得て堕胎させたときは、3月以上5年以下の拘禁刑に処する。よって女子を死傷させたときは、6月以上7年以下の拘禁刑に処する(214条)。

同意堕胎罪の身分による加重類型である。不真正身分犯である。

(4) 不同意堕胎罪・不同意堕胎致死傷罪

> 女子の嘱託を受けないで、又はその承諾を得ないで堕胎させた者は、6月以上7年以下の拘禁刑に処する(215条1項)。前項の罪の未遂は、罰する(同条2項)。前条の罪を犯し、よって女子を死傷させた者は、傷害の罪と比較して、重い刑により処断する(216条)。

妊婦の同意のない堕胎である。医師、薬剤師による場合も、同意がない場合には本条にあたる。

5　遺棄の罪

遺棄の罪は、扶助を必要とする者の生命や身体を危険にさらす行為を処罰する犯罪である。単純遺棄罪（217条）と保護責任者遺棄罪・不保護罪（218条）に分かれ、遺棄等致死傷罪（219条）が加重処罰される。

1．遺棄の罪の意義

遺棄の罪（30章）は、扶助を要する者の生命・身体を危険にさらすことを内容とする犯罪である。単純遺棄罪、保護責任者遺棄罪・不保護罪、それらの結果的加重犯としての遺棄等致死傷罪からなる。**保護法益**は、被遺棄者の生命・身体の安全（通説）であり、危険犯である。最近の有力説は、生命の安全に限定する。通説が妥当である。また、**抽象的危険犯**であるとするのが通説であるが、具体的危険犯であるとする見解もある。しかし、遺棄行為そのものが、危険性のある行為を前提にしており、抽象的危険犯説に立っても、処罰範囲が広がるわけではない。抽象的危険犯説が妥当である。

2．遺棄の概念

遺棄とは、扶助を要する者を場所的隔離をもって危険な不保護状態に置き、または置いたままにすることである。**遺棄の概念**については、次の四つの見解がある。①遺棄には移置と置き去りがあるが、217条（単純遺棄罪）の遺棄概念には「移置」のみ、218条のそれには「置き去り」も含む（通説）。②217条は作為による遺棄、218条はそれに加えて不作為による遺棄を含む。③217条および218条の遺棄は、すべての「移置」を意味し、その他は218条後段の不保護罪にあたる。④217条の遺棄も、218条の遺棄も、作為義務違反があれば不作為によって行いうるのであって、218条の「保護義務」とは、作為義務とは別の加重処罰の根拠である。

①通説によれば、移置とは、被遺棄者を危険な場所に移転させることをいう。置き去りとは、被遺棄者を危険な場所に遺留して行為者がその場を立ち

去ることをいう。移置は作為であるが、置き去りは、不作為であるというのである。②有力説は、不作為による移置も、作為による置き去りもありうるとして、217条の遺棄には、作為的形態の移置と作為的形態の置き去り（接近の遮断）が含まれるが、218条における遺棄は、不作為による移置、例えば、被遺棄者を立ち去るに任せる場合なども含むとする。③第3説は、218条における「遺棄」とは作為であるとし、不作為的形態の行為はすべて不保護罪にあたるとする。218条の遺棄概念には不作為的形態のものを含まないとする点で不当である。不保護は、**場所的離隔を伴わない場合**に限定すべきである。④第4説は、217条の遺棄にも不作為犯がありうるとする。この説によれば、作為義務と218条の保護義務とが区別されるが、218条固有の保護義務の内容が明らかではない。

この問題については、次のように解釈すべきである。まず、217条、218条を通じての「遺棄」概念の本質は、扶助すべき者と扶助されるべき者の間に場所的離隔を生じさせ、被扶助者を危険な状態に置くことにある。これに対して、218条後段の「不保護」概念の本質は、場所的離隔を伴わないで保護しないことにある。したがって、場所的離隔を生ぜしめる場合は、すべて「遺棄」でありうる。しかし、217条の遺棄は、作為による危険状態の積極的創出を意味するから、それのない「置き去り」は含まない。これに対して、218条前段の遺棄は、むしろ、場所的離隔を生ぜしめて危険状態を解消しない不作為を犯罪の内容とするのである。したがって、作為的な「移置」の要素が認められる場合であっても、場所的離隔を生ぜしめる方法による不作為の要素（不保護）を「遺棄」と解すべきである。これによれば、218条前段の保護責任者遺棄罪は、後段の不保護罪と同じく、真正不作為犯であるということになる。

3．遺棄罪の種類

(1)　単純遺棄罪

> 老年、幼年、身体障害又は疾病のために扶助を必要とする者を遺棄した者は、1年以下の拘禁刑に処する（217条）。

本罪の客体は、老年、幼年、身体障害または疾病のため扶助を必要とする者である。「扶助を必要とする者」とは、他人の助力がなければ、日常生活を営むに必要な動作をなしえず、生命・身体に対する危険状態に陥るおそれがある者をいう。

(2)　保護責任者遺棄罪

> 老年者、幼年者、身体障害者又は病者を保護する責任のある者が、これらの者を遺棄したときは、3月以上5年以下の拘禁刑に処する（218条前段）。

「遺棄」とは、**場所的離隔を保ちつつ不保護状態を解消しない不作為**をいう。「保護する責任のある者」とは、法律上、要扶助者の生命・身体の安全を保護する義務のある者をいう。

(3)　不保護罪

> 老年者、幼年者、身体障害者又は病者を保護する責任のある者が、その生存に必要な保護をしなかったときは、3月以上5年以下の拘禁刑に処する（218条後段）。

保護義務違反を処罰する不作為犯であり、場所的離隔を伴わない場合をいう。「不保護」を根拠づける「生存に必要な保護」とは、要保護状況の存在を前提として、その状況において必要とされる特定の保護行為をいう。本罪は、抽象的危険犯であるので、故意は危険の認識を含まない。しかし、抽象的危険を基礎づける事実を認識している必要がある。要保護状況の存在と保護行為の必要性の認識がこれにあたる。

この保護行為と故意について、詳しく判断した判例がある。子Ａと養子縁組をした夫と共に親権者として自宅でＡを監護していた実母である被告人が、夫と共謀の上、自宅等で、乳児重症型先天性ミオパチーにより発育が遅れていた３歳のＡに必要な保護をする責任があったにもかかわらず、十分な栄養を与えず、適切な医療措置を受けさせないで、Ａを低栄養に基づく衰弱により死亡させた事件につき、第１審（大阪地判平27・11・30 刑集72・1・56）は、保護を必要とする状態を認識していたことを認定できないとして無罪を言い渡したが、第２審（大阪高判平28・9・28刑集72・1・66）は、これを事実誤認として破棄・差戻しした。これに対し、最高裁（最判平30・3・19刑集72・1・1＝百選Ⅱ-9）は、原判決を破棄・自判した。「218条の不保護による保護責任者遺棄罪の実行行為」については、「老年者、幼年者」などの「生存のために特定の保護行為を必要とする状況（要保護状況）が存在することを前提として、その者の『生存に必要な保護』行為として行うことが刑法上期待される特定の行為をしなかったことを意味する」とし、「広く保護行為一般」(例えば、幼年者の親ならば当然に行っているような監護, 育児, 介護行為等全般) を行うことを刑法上の義務として求めているのではなく、本事案における生存に必要な保護行為とは、「適切な栄養摂取方法について医師等の助言を受けるか又は適切な医療措置をAに受けさせること」であり、被告人および夫は、いずれもそのような保護行為を行っていなかったとした。しかし、子Aが保護行為を必要とする状態にあることを認識していたか、すなわち故意があったかについては、第1審と同様、これを合理的な疑いなく推認することはできないとして、無罪とした。

(4) 遺棄等致死傷罪

> 前2条の罪を犯し、よって人を死傷させた者は、傷害の罪と比較して、重い刑により処断する(219条)。

遺棄罪、保護責任者遺棄罪、不保護罪の結果的加重犯である。院内で出生した未熟児を放置して死亡させた産婦人科医師は、保護責任者遺棄致死罪にあたる(最決昭63・1・19刑集42・1・1=百選Ⅱ-8)。

第２講

自由に対する罪

第２講へのアクセス

【Q１】①生後間もない赤ん坊のいる部屋の鍵をかけて閉じ込めたとき、②自力で這いまわったり、壁等を支えにして立ち上がり、歩き回ったりする行動力を有しているものの、睡眠中の生後１年７か月の幼児を閉じ込めたとき（京都地判昭45・10・12刑月2・10・110＝百選Ⅱ-10参照)、③それぞれの状況で、母親が部屋に入ろうとしたが入れなかったとき、監禁罪は成立するだろうか。

【Q２】脅迫罪における「脅迫」には、どの程度の害悪の告知が求められるのであろうか。抗争相手に対し、「出火御見舞申上げます、火の元に御用心」という文面の葉書を送った場合、脅迫罪の成立は認められるだろうか（最決昭35・3・18刑集14・4・416＝百選Ⅱ-11参照)。

【Q３】強制わいせつ罪の主観的要件として、「性的意図」は必要だろうか。全裸の７歳の女児に対してわいせつな行為をし、その姿態を撮影するなどしたが、その目的がただ撮影データの提供相手から融資を受けることにしかなかった場合、強制わいせつ罪は成立しないのだろうか（最大判平29・11・29刑集71・9・467＝百選Ⅱ-14参照)。

【Q４】強制わいせつ罪および強制性交等罪の手段である暴行・脅迫が、被害者の反抗を著しく困難にする程度に満たない場合、性交等が被害者の意思に反する場合であっても、強制性交等罪は成立しないのだろうか。

1　総　説

刑法においては、個人のさまざまな自由が保護されるべきであるが、自由に対する罪においては、意思決定・意思活動の自由（脅迫罪・強要罪）、身体の行動の自由（逮捕監禁罪）のほか、既存の社会的環境の中で生活する自由（略取誘拐罪）や性的自由（強制わいせつ罪）が位置づけられる。そのほかに、「住居を侵害する罪」および「秘密を侵す罪」が自由に対する罪に属するか、それとも、この両者を「私生活の平穏を害する罪」としてまとめるかが問題である。そのほかにも、もろもろの分類法があるが、本書では、これらを私的領域の自由に対する罪として次講に委ねる。

2　逮捕および監禁の罪

逮捕・監禁の罪は、人の行動の自由・場所的移動の自由を奪う罪である。監禁罪においては、眠っている間に部屋に鍵をかけ、起きる前に開けたというような場合にも、監禁罪が成立するかが争われている。被監禁者には自由を剥奪されているという意識がないことが考慮されるかが論点である。監禁に対する被害者の同意も問題となる。

人の身体の拘束によって人の行動の自由、場所的移動の自由を奪うことが、この犯罪の内容であり、侵害犯である。身体活動の自由が侵害されている限り既遂に至った後も犯罪は継続するので、継続犯である。

1．逮捕・監禁罪

> 不法に人を逮捕し、又は監禁した者は、3月以上7年以下の拘禁刑に処する（220条）。

(1)　保護法益

人の身体活動の自由である。意思活動能力ないし身体的活動能力がない人は、身体活動の自由を侵害されるのであろうか。例えば、植物状態で眠っている人を部屋に監禁したとき、監禁罪は成立するのであろうか。意思活動能力とは、事実上の意思活動をなしうる能力をいう。意思活動能力を前提とする身体的活動能力は、自ら移動する能力をいう。意思活動能力と身体的活動能力とは齟齬することがありうる。例えば、手足を切断され、移動の自由はないが、意思活動能力はある場合がある。逆に、移動の能力はあるが、意思活動能力がない場合もある（京都地判昭45・10・12刑月2・10・1104=百選Ⅱ-10）。例えば、夢遊病者や高度の精神病により意識はないが、歩き回ることができる場合がそうである。前者の場合については、逮捕監禁罪は成立しない。もちろん、移動の自由のない人を縛りあげれば暴行罪は成立する。後者の場合については、保護法益が、**現実的自由**であるか、**可能的自由**で足りるかが問題である。現実的自由であるとした場合、自由剥奪の意識のない人の現実的自由は奪えない。したがって、睡眠中の者を部屋に閉じ込めた場合も、監禁罪は成立しない。可能的自由であるとした場合、睡眠中の人と異なり、植物状態に陥った人に「自由の可能性」があるかが問われなければならない。現実的自由が保護法益であり、自由剥奪の意識がなければ監禁罪は成立しないと解するべきである。例えば、離れ小島に住む人の唯一の交通手段であるボートを海に沈めて脱出できなくしたが、1週間の間、被害者がそれに気づかず、島を離れようとも思わなかった場合でも、その間、監禁罪が成立するというのは不合理であろう。

(2) 逮捕・監禁の意義

逮捕とは、人の身体を直接的に拘束して行動・移動の自由を奪うことをいう。逮捕は、身体的拘束が一定の時間継続することを要する。**監禁**とは、一定の場所から脱出することを不可能または著しく困難にして間接的に人の移動の自由を奪うことをいう。監禁場所は、必ずしも「囲い場所」であることを要しない。したがって、高速度で走行する原動機付自転車の荷台に乗せて疾走した場合も、監禁にあたる。監禁の方法は、施錠する、出口に監視人を置くといった物理的な方法のみならず、脅迫や錯誤を利用したり、あるいは羞恥心を利用したりして脱出を困難にする場合でもよい。

(3) 被害者の同意

動機の錯誤がある場合の被害者の**同意が有効か**どうかは、法益関係的錯誤説に立つか、本質的錯誤説に立つかによって異なる（☞総論4講2-3 (3)

(vi))。強姦目的で、家まで送ってやると騙して、同意を得てオートバイの荷台に乗せて疾走する行為をした判例（最決昭38・4・18刑集17・3・248参照）の事案においては、監禁罪は、乗せて走りだしたときにすでに成立するのか、実際に家に向かわずに山林に向かっていることに気づいたときなのかが問題となる。本質的錯誤説に立つと、違法な目的を知っていたなら同意しなかったといえるのであるから、乗るときにすでに錯誤があり、同意は無効である（最決昭33・3・19刑集12・4・636）。**法益関係的錯誤説**に立つと、違法な目的を隠していたとしても同意は有効であるから、自由の剥奪を意識して「降ろしてほしい」と頼んでも降ろさなかったときに、監禁罪が成立する。

逮捕監禁罪においては、「不法に」という文言がみられる。この「不法に」は構成要件要素である。したがって、適法な令状による被疑者・被告人の逮捕・勾引・勾留（刑訴法199条・210条・58条・60条・62条・207条など）は、構成要件該当性を阻却する。

2．逮捕監禁致死傷罪

> 前条の罪を犯し、よって人を死傷させた者は、傷害の罪と比較して、重い刑により処断する（221条）。

逮捕監禁罪の結果的加重犯である。

3　脅迫の罪

> 脅迫罪は、害悪を告知して畏怖させることが行為の内容であるから、個人の意思決定・意思活動の自由が保護法益である。強要罪は、暴行・脅迫を手段として、作為や不作為を強要することが行為の内容であるから、それに加え、身体活動の自由も含まれる。それぞれの要件が重要であるが、脅迫罪では、とくに「害悪の告知」の意義が重要である。

1．総　説

脅迫の罪は、脅迫罪（222条）および強要罪（223条）からなる。脅迫罪の保護法益は、個人の意思決定・意思活動の自由であり、強要罪の保護法益はそれに加えて身体活動の自由をも含む（通説）。これによれば、脅迫罪は、身体的自由の侵害は必要でないので危険犯であり、強要罪は、一定の作為・不作為が行われることで意思活動の自由が侵害されるので侵害犯である。これに対して、脅迫罪の保護法益について、有力説は、人の法的安全に対する安全感・平穏ないし私生活の平穏であるとする。これによれば、脅迫罪は、安全感などの心理状態を侵害する侵害犯であると解することになる。しかし、その侵害の危険を生じさせる危険犯であると解することもできる。

2．脅迫罪

> 生命、身体、自由、名誉又は財産に対し害を加える旨を告知して人を脅迫した者は、2年以下の拘禁刑又は30万円以下の罰金に処する（222条１項）。親族の生命、身体、自由、名誉又は財産に対し害を加える旨を告知して人を脅迫した者も、前項と同様とする（同条２項）。

(1) 脅迫の意義

これについては、脅迫概念は、脅迫の程度に応じて３種に分類される。第１に、**広義の脅迫**は、恐怖心を生じさせる目的で害悪を告知する行為の一切をいう。害悪の種類が①特定されている場合（脅迫罪）と②いない場合（公務執行妨害罪等）とがある。第２に、**狭義の脅迫**とは、害悪の告知によって生ぜしめられた恐怖心にもとづいて、相手方が特定の作為または不作為へと強要される程度のものをいう。強要罪にいう脅迫がその例である。第３に、**最狭義の脅迫**は、人の反抗を抑圧するに足りる程度、ないしそれを著しく困難にする程度のものをいう。強盗罪、強制性交等罪などにおける脅迫はこの意味である。

加害の対象は、告知の相手方の生命・身体・自由・名誉・財産に限定される。制限的列挙であるが、拡張解釈は許される。したがって、貞操は、自由に含まれる。脅迫の相手方に法人を含むかについては、法人を含まないとするのが通説である。２項では、告知の相手方の親族にまで加害の対象が広げられている。子供に害悪を加えることを親に告知する場合がこれにあたる。

(2) 害悪の告知

害悪は、一般に人を畏怖させる程度と内容のものでなければならない（最判昭35・3・18刑集14・4・416=百選Ⅱ-11）。一般に人を畏怖させる程度のものかどうかは、告知の内容を四囲の状況に照らして客観的に判断しなければならない。脅迫罪は抽象的危険犯である。

将来加えられるべき害悪の告知であることが必要である。その害悪の発生につき、**告知者が何らかの形で影響を及ぼすことができるかのような外観**がなければならない。現実にその発生を左右しうる地位・立場にある必要はなく、一般人が客観的に判断して告知者がその第三者に対して影響力を及ぼしうることを印象づければよい。したがって、第三者は虚無人であってもよい。脅迫は、害悪の発生を左右できると感じさせる場合をいう点で、警告が、行為者の支配できない害悪を告知することであるのと異なる。一般人が恐怖心を抱かない吉凶禍福・天変地異を説く行為（警告）は、脅迫にはならない。害悪は、違法であり、犯罪となりうるものであることを要するかについては、見解が分かれる。

正当な権利として害悪を告知したときは、違法性を阻却する。しかし、実質的に権利の濫用であるときは、違法性を阻却しない。自己の権利を実現するために脅迫的手段を用いた場合、脅迫罪が成立するか。とくに債務の弁済を脅迫ないし恐喝的手段によって要求する場合が問題となる。これについては、恐喝罪との関係で問題となるので、詳細は後述する（☞６講[2]－３権利行使と恐喝）。

３．強要罪

> 生命、身体、自由、名誉若しくは財産に対し害を加える旨を告知し脅迫し、又は暴行を用いて、人に義務のないことを行わせ、又は権利の行使を妨害した者は、3年以下の拘禁刑に処する（223条１項）。
> 親族の生命、身体、自由、名誉又は財産に対し害を加える旨を告知して脅迫し、人に義務のないことを行わせ、又は権利の行使を妨害した者も、前項と同様とする（同条２項）。
> 前２項の罪の未遂は、罰する（同条3項）。

相手方またはその親族の生命・身体・自由・名誉・財産に対して害を加える旨を告知して脅迫し、または暴行を用いて、人に義務のないことを行わせ、または権利の行使を妨害する罪である。保護法益は、**意思決定の自由**および**意思活動（行動）の自由**である。

暴行は、人に向けられておれば足り、人の身体に加えられる必要はない。暴行は、相手方に恐怖を与えることによって一定の作為または不作為へと強要するに足りるものであればよく、したがって、近親者など被害者と一定の共感関係に立つ第三者に対する暴行や物に対する暴行でもよい。

第2項の「**親族の生命**」等に関する加害行為の手段は、「暴行」はなく、「脅迫」のみである。通説は、親の前で子供の身体に暴行を加えて親に義務のないことを行わせようとする場合には、暴行は、子供の身体に加えられているが、親に向けられているものと解する。したがって、1項の適用の場合である。しかし、この事例は、2項にあてはまるものと解すべきである。子供に対する現在の暴行は、将来の暴行の黙示の予告であり、したがって、脅迫である。

法人は強要罪の被害者になりうるか。肯定説もあるが、安全感を脅かされない法人は強要罪の被害者にならないというべきである。

強要とは、暴行または脅迫の結果、それにもとづいて人に義務のないことを行わせ、または権利の行使を妨害することをいう。行動の自由が侵害されたことを要する。暴行・脅迫者の意のままにまったく機械的に行動させられたときには、暴行罪や脅迫罪は成立しうるが、もはや強要罪は成立しない。自らの意思にもとづく行為が強要される必要があるからである。

4 略取誘拐の罪

人の従来の社会環境で生活する自由を奪うのは、略取誘拐の罪である。被拐取者が未成年の場合と成人の場合とで、犯罪類型は分けられている。未成年者の場合、被拐取者が同意していても、監護権者の監護権が侵害されているのではないかが問題となるからである。また、わいせつ目的か営利目的かなど「目的」によっても、分けられている。身の代金目的の略取誘拐も処罰されている。さらに、国際的に人身売買の取締りが課題となり、わが国の刑法も平成17年に改正されて、人身売買罪（226条の2）が付け加えられた。

1．総　説

略取と誘拐は、人を現在の生活環境から離脱させ、自己または第三者の実力支配下に移して**従来の生活環境の中で生活する自由**を侵害することを内容とする犯罪である。略取は、暴行または脅迫を手段とする場合をいい、誘拐とは、欺罔または誘惑を手段とする場合をいう。

被拐取者を**場所的に移転させることを要するか**については、必要説と不要説に分かれる。例えば、未成年者の保護監督者に欺罔・誘惑を用いることなどにより未成年者のいる場所から立ち去らせた場合、誘拐にあたるかどうかが問題となる。人的関係の離隔が生じれば、それにあたるから、不要説が妥当である。

2．略取誘拐罪の諸類型

略取・誘拐の罪には、未成年者略取・誘拐罪（224条）、営利目的等略取・誘拐罪（225条）、身の代金目的略取・誘拐罪（225条の2第1項）、身の代金要求罪（同条2項・227条4項後段）、所在国外移送目的略取・誘拐罪（226条）、人身売買罪（226条の2）、被略取者等所在国外移送罪（226条の3）、被略取者引渡し等罪（227条）、未遂罪（228条）、身の代金目的略取・誘拐予備罪（228条の3）が属する。

(1)　未成年者略取・誘拐罪

> 未成年者を略取し、又は誘拐した者は、3月以上7年以下の拘禁刑に処する（224条）。未遂は、罰する（228条）。

未成年者の監護者も本罪の主体になりうる。したがって、判例によると、離婚係争中の妻が養育している長男を連れ去った場合も、未成年者略取であり、正当化されない（最決平17・12・6刑集59・10・1901＝百選Ⅱ−12）。被監護者の自由・生活の安全ないし現在の生活環境も保護法益だからである。未成年者とは、18歳に満たない者をいう（民法4条）。被害者の意思能力・行動能力を前提としないから、本罪は、えい児に対しても成立する。なお、民法改正により、「婚姻は、18歳にならなければ、することができない」（民731条）とされたので、婚姻によって成年に達したものとみなす規定（民旧753条）は削除された。営利・わいせつ・結婚の目的があるなど、別の構成要件に該当する場合にはそれらの罪が成立し、本罪はそれらに吸収される。

略取とは、暴行・脅迫を手段として人が現在の生活環境の中で生活する自由を侵害することをいう。**誘拐**とは、欺罔または誘惑を手段とする場合をいう。**欺罔**とは、相手方を錯誤に陥れることをいう。**誘惑**とは、欺罔の程度に至らないが、甘言を用いて相手方を動機づけ、その判断の適正を誤らせることをいう。被拐取者を場所的に移転することを要しない。**現在の生活環境から離脱させること**に本罪の中核があるから、監護者に対し欺罔・誘惑して未成年者のいる場所から立ち去らせた場合には、誘拐にあたる。未成年者を「保護された状態」から離脱させることも不要である。したがって、被拐取者をさらに略取・誘拐する場合もこれにあたる。

監護権者の同意があった場合、未成年者に同意能力のない限り、本罪は不成立である。未成年者に同意能力がある限り、未成年者の同意があれば本罪は成立しない。

(2)　営利目的等略取・誘拐罪

> 営利、わいせつ、結婚又は生命若しくは身体に対する加害の目的で、人を略取し、又は誘拐した者は、１年以上10年以下の拘禁刑に処する（225条）。未遂は、罰する（228条）。

本罪の客体は、「人」である。本罪の行為は、略取または誘拐である。被拐取者を**行為者または第三者の実力支配下に置いたとき**、本罪は既遂となる。本罪は、目的犯であり、営利・わいせつ・結婚または生命もしくは身体に対する加害の目的で行われることを要する。「営利の目的」とは、拐取行為によって自ら財産上の利益を得、または第三者に得させる目的をいう（最決昭57・6・28刑集36・5・681）。「わいせつの目的」とは、被拐取者をわいせつ行為の主体または客体として利用する目的をいう。「結婚の目的」とは、被拐取者を行為者自身または第三者と結婚させる目的をいう。「結婚」とは、事実上の結婚、すなわち、内縁関係があれば十分である。「生命若しくは身体に対する加害」の目的が追加されたのは、臓器摘出目的を含めるためであった。

(3)　身の代金目的略取・誘拐罪、身の代金要求罪

> 近親者その他略取され又は誘拐された者の安否を憂慮する者の憂慮に乗じてその財物を交付させる目的で、人を略取し、又は誘拐した者は、無期または3年以上の拘禁刑に処する（225条の2第１項）。未遂は、罰する（228条）。
> 人を略取し又は誘拐した者が近親者その他略取され又は誘拐された者の安否を憂慮する者の憂慮に乗じて、その財物を交付させ、又はこれを要求する行為をしたときも、

> 前項と同様とする（225条の2第2項）。
> 略取され又は誘拐された者を収受した者が近親者その他略取され又は誘拐された者の安否を憂慮する者の憂慮に乗じて、その財物を交付させ、又はこれを要求する行為をした者は、2年以上の有期拘禁刑に処する（227条4項後段）。

本罪は、昭和39年に新設された。225条の2第1項は、身の代金目的略取・誘拐罪の規定であり、近親者や、被拐取者の安否を憂慮する者の憂慮に乗じて、その財物を交付させる目的で、人を拐取することを内容とする犯罪である。「**近親者その他略取され又は誘拐された者の安否を憂慮する者**」とは、親子、夫婦、兄弟のような近親関係にある者のほか、被拐取者と密接な人間関係にあるために、被拐取者の安全につき親身になって憂慮するのが社会通念上当然とみられる特別な関係にある者をいう（最決昭62・3・24刑集41・2・173=百選Ⅱ-13）。交付される対象は、金銭、動産・不動産を問わないが、財物に限られ、財産上の利益は含まない。

同条2項は、人を略取・誘拐した者が近親者その他略取・誘拐された者の安否を憂慮する者の憂慮に乗じて、拐取の後、その財物を交付させ、またはこれを要求する行為を罰する。身分犯である。行為は、財物を交付させ、または要求することである。**解放による刑の減軽**が認められる（228条の2）。

227条4項後段は、被拐取者を収受した者（身分犯）が、近親者その他略取され誘拐された者の安否を憂慮する者の憂慮に乗じてその財物を交付させ、またはこれを要求する行為を処罰する。

(4)　所在国外移送目的略取・誘拐罪

> 所在国外に移送する目的で、人を略取し、又は誘拐した者は、2年以上の有期拘禁刑に処する（226条）。未遂は、罰する（228条）。

226条は、所在国外に移送する目的で人を略取しまたは誘拐することを処罰する。当初の規定は、日本国外に移送する目的となっていたが、改正により、日本国内から外国へではなく、**所在国から国外に移送**する場合をも処罰することになった。所在国外に移送する目的とは、被拐取者を所在国の領土・領海または領空外に移送する目的をいう。目的犯である。オランダ人である被告人が、別居中の日本人妻が監護養育していた長女（2歳4か月）をオランダに連れ去る目的で病院のベッドから連れ去ったとき、本罪にあたる（最決平15・3・18刑集57・3・371）。

(5) 人身売買罪

> 人を買い受けた者は、3月以上5年以下の拘禁刑に処する（226条の2第1項）。
> 未成年者を買い受けた者は、3月以上7年以下の拘禁刑に処する（同条2項）。
> 営利、わいせつ、結婚又は生命若しくは身体に対する加害の目的で、人を買い受けた者は、1年以上10年以下の拘禁刑に処する（同条3項）。
> 人を売り渡した者も、前項と同様とする（同条4項）。
> 所在国外に移送する目的で、人を売買した者は、2年以上の有期拘禁刑に処する（同条5項）。
> 本条の未遂を罰する（228条）。

平成17年の刑法改正により新設された犯罪類型である。**1項は、人を買い受ける行為**を、客体・目的の限定なく処罰の対象とする。客体が「未成年」である場合には、**2項**で法定刑の上限が「7年以下の拘禁刑」に加重されている。買受けは、経済的出捐を伴うため、売渡しのようにつねに営利の目的を伴うとはいえない。しかし、買受けは、売渡しの必要的共犯の関係に立ち、これを不処罰にする理由はなく、むしろ営利目的がなくても処罰する必要があるとされたのである。

3項では、「営利、わいせつ、結婚又は生命若しくは身体に対する加害の目的」での**買受け行為**に対し「1年以上10年以下の拘禁刑」として、法定刑を加重した。

4項は、**売渡し行為**を処罰する規定である。売渡し行為については、代金の取得を伴うものであるから、概念上、つねに営利の目的があるものと解され、特別の目的要件は設けられなかった。したがって、法定刑も、前項と同じとされた。

買受けとは、金銭もしくは利益を与えて人に対する不法な支配の移転を受けることであり、**売渡し**とは、金銭もしくは利益を得て人に対する不法な支配の移転を行うことをいう。買受けと売渡しとは、それぞれ売買の一側面であり、売買とは、有償で人に対する不法な支配を移転することを意味するからである。

5項は、所在国外に移送する目的で人を売買することを罰する。**売買**とは、対価を得て被売者の身体を授受することをいう。本罪は、売主・買主の双方に対して成立する対向犯である。

(6) 被拐取者等所在国外移送罪

> 略取され、誘拐され、又は売買された者を所在国外に移送した者は、2年以上の有期拘禁刑に処する（226条の3）。未遂は、罰する（228条）。

226条の3は、被拐取者・被売者を所在国外に移送することを罰する。被害者が所在国外に出たときに既遂となる。

(7) 被略取者引渡し等罪

> 第224条、第225条又は前3条（226条・226条の2・226条の3）の罪を犯した者を幇助する目的で、略取され、誘拐され、又は売買された者を引き渡し、収受し、輸送し、蔵匿し、又は隠避させた者は、3月以上5年以下の拘禁刑に処する（227条1項）。
> 第225条の2第1項の罪を犯した者を幇助する目的で、略取され又は誘拐された者を引き渡し、収受し、輸送し、蔵匿し、又は隠避させた者は、1年以上10年以下の拘禁刑に処する（同条2項）。
> 営利、わいせつ又は生命若しくは身体に対する加害の目的で、略取され、誘拐され、又は売買された者を引き渡し、収受し、輸送し、又は蔵匿した者は、6月以上7年以下の拘禁刑に処する（同条3項）。
> 1項ないし3項の未遂は罰する（228条）。
> 第225条の2第1項の目的で、略取され又は誘拐された者を収受した者は、2年以上の有期拘禁刑に処する（227条4項前段）。本罪の未遂は罰する（228条）。

被拐取者引渡し等罪（227条1項）は、略取・誘拐または人身売買の犯人を幇助する目的で、被拐取者・被売者を収受・輸送・蔵匿・隠避することを処罰する。**収受**とは、有償・無償を問わず、被拐取者・被売者の交付を受け、それらの者を自己の実力支配下に置くことを意味する。**蔵匿**とは、それらの者の発見を妨げる場所を提供することをいう。**隠避**は、蔵匿以外の方法で発見を困難にさせる一切の行為をいう。227条2項は、身の代金目的拐取罪の犯人を幇助する目的による場合を規定する。同条3項は、営利・わいせつ等の目的による場合を罰する。同条4項前段は、身の代金目的で、被拐取者を収受する行為を罰する。

(8) 身の代金目的略取・誘拐予備罪

> 第225条の2第1項の罪を犯す目的で、その予備をした者は、2年以下の拘禁刑に処する。ただし、実行に着手する前に自首した者は、その刑を減軽し、又は免除する（228条の3）。

早期検挙により身の代金目的拐取罪を予防するために、予備罪を処罰する。自首による必要的減免を認める。自首の時期は、捜査機関に発覚する前ではなく、「実行に着手する前」である。

(9) 解放による刑の減軽

> 第225条の2又は第227条第2項若しくは第4項の罪を犯した者が、公訴が提起される前に、略取され又は誘拐された者を安全な場所に解放したときは、その刑を減軽する（228条の2）。

被拐取者の生命・身体の安全を図るための政策的規定である。**解放**とは、被拐取者に対する実力支配を解くことをいう。安全な場所とは、被拐取者が安全に自由を回復しうると認められる場所をいう。解放は、公訴が提起される前になされなければならない。その効果は、必要的減軽である。

(10) 親告罪

> 第224条の罪及び同条の罪を幇助する目的で犯した第227条第1項の罪並びにこれらの罪の未遂罪は、告訴がなければ公訴を提起することができない。（229条）。

被拐取者と拐取者との人的関係ないし被拐取者の名誉に配慮して親告罪とされている。人身売買罪および営利目的等略取・誘拐罪については親告罪ではない。告訴権は、被害者・被害者の法定代理人に認められる（刑訴法230条・231条）。

5 強制わいせつの罪

性的自由・性的不可侵性を侵害する罪である。強制わいせつ罪のほか、強制性交等罪、準強制わいせつ罪・準強制性交等罪、監護者わいせつ罪・監護者性交等罪、これらの罪の未遂罪、強制わいせつ・強制性交等致死傷罪がある。強制性交等罪は、13歳以上の者に対し、暴行または脅迫を用いて性交等をし、13歳未満の者に対しては性交等を行う罪である。準強制わいせつまたは準強制性交等は、被害者を抵抗不能の状態に陥れまたはその状態を利用してわいせつ行為又は強制性交等を行う点に特徴がある。監護者わいせつ罪・監護者性交等罪は、暴行等の手段を用いなくとも、18歳未満の者に対し、その者を現に監護する者であることによる影響力があることに乗じて、わいせつ行為または性交等を行う行為を処罰する。

強制わいせつの罪は、刑法典においては社会的法益に関する罪（174条・

175条）も混ざった「わいせつ、強制性交等及び重婚の罪」（22章）に規定されるが、個人的法益に関する罪である。通説によれば、性的自由を侵害する罪の総称である。性的自由は、積極的自由ではなく、みだりに侵害されないという消極的自由を意味する。しかし、幼児や心神喪失者・抗拒不能者の「性的自由」は、自由の意識とは独立に侵害されうる。ここでは、個人がもつ自己決定権ないし身体・精神の性的不可侵性（性的完全性）が侵害されている。淫行勧誘罪については、個人的法益に関する罪に位置づけるか、社会的法益に位置づけるかにつき未だ争いがある。

本章の罪は、平成16年の改正によって、強制わいせつ罪（176条）、旧強姦罪（旧177条）、および強制わいせつ等致死傷罪（181条）につき、法定刑の引上げがあり、集団強姦罪（旧178条の２）、同致死傷罪（旧181条３項）が付け加えられたが、平成29年の性犯罪の抜本的な改正により現在の形となった。従来の強姦罪は、強制性交等罪となり、被害者は男女を問わず、また、性交のみならず、性交類似行為をも処罰対象とし、法定刑の下限も（３年以上の有期懲役から）「５年以上の有期懲役（有期拘禁刑）」に引き上げられた。さらに、強制性交等罪は、強制わいせつ罪とともに非親告罪とされた。前の改正で新設された集団強姦罪は廃止され、新たに「監護者わいせつ及び監護者性交等」（179条）が新設された。これは、親などの地位・影響力を利用した18歳未満の者に対する性犯罪につき、暴行・脅迫要件をなくした構成要件を設けたものである。海外では、欧州会議のイスタンブール条約36条１項において取り決められた「承諾なき性行為の禁止」条項にもとづく、「承諾なき性行為」の処罰が立法化されているが、平成29年改正では採用されなかった。その後、令和５年２月には、法制審議会刑事法部会がさらなる改正の要綱案を取りまとめた。その中では、暴行・脅迫要件および心神喪失・抗拒不能要件の改正、性交同意年齢の引上げ、公訴時効の見直し、グルーミング（性交等の目的で若年者を懐柔する行為）罪の新設等が示されている。

１．強制わいせつ罪

> 13歳以上の者に対し、暴行又は脅迫を用いてわいせつな行為をした者は、6月以上10年以下の拘禁刑に処する。13歳未満の者に対し、わいせつな行為をした者も、同

様とする（176条）。未遂は罰する（180条）。

本罪の保護法益は、**性的自由**ないし**性的不可侵性**である。性的感情を含むという説があるが、性的感情をもちえない人に対しても本罪は成立するから、これを含める必要はない。13歳未満の者についてはわいせつ行為の意味を正しく理解せず、暴行・脅迫がなくても抗拒困難であることが類型的に多いので、暴行・脅迫を要件としないものとした。この場合、被害者の承諾は無効である。

わいせつ行為とは、いたずらに性欲を興奮・刺激させ、かつ、普通人の正常な性的羞恥心を害し、善良な性的道徳観念に反する行為をいう。性的に未熟な児童に対して客観的にわいせつと感じられるような行為をすれば、これにあたる。

わいせつ行為の手段として、**13歳以上の者**に対しては、暴行または脅迫が用いられることが必要である。暴行・脅迫は、**被害者の反抗を著しく困難にする程度**のものでなければならない。すれ違いざまに不意に女性の胸に触れる行為がこれにあたるかについては見解が分かれる。通説は、わいせつ行為自体が暴行であればよいとし、これを肯定する。否定説は、暴行には脅迫と同様「反抗を著しく困難にする程度」の暴行を要求し、これを否定する。暴行にはあたらないとする場合、「抗拒不能」に乗じており、準強制わいせつ罪にあたるとする見解もある。しかし、「反抗を著しく困難にする程度」の暴行とは、心理的・身体的に反抗を困難にするだけではなく、被害者の置かれた防備困難な状況にも依存するから、「不意打ち」も暴行に属すると解することが可能である。

主観的要件として、故意以外に「性的な意図ないし傾向」が必要かどうかについては従来見解が分かれており、最高裁は、それを必要としていた（最判昭45・1・29刑集24・1・1）が、その後、「故意以外の行為者の性的意図を一律に強制わいせつ罪の成立要件とすることは相当でなく、昭和45年判例の解釈は変更されるべきである」として判例を変更した（最大判平29・11・29刑集71・9・467＝百選Ⅱ-14）。

２．強制性交等罪

> 13歳以上の者に対し、暴行又は脅迫を用いて性交、肛門性交又は口腔性交（以下「性交等」という。）をした者は、強制性交等の罪とし、５年以上の有期拘禁刑に処する。13歳未満の者に対し、性交等をした者も、同様とする（177条）。未遂は罰する（180条）。

かつての強姦罪が改正され、新たに設けられた犯罪類型である。被害者が「女子」に限定されていたのが、男女を問わず「者」とされるに至った。これによって、強姦行為の特質上、直接「正犯」は、男性に限られた身分犯と解釈されていたが、これも男女を問わないことになった。従来は「姦淫」行為が対象であったが、「性交、肛門性交又は口腔性交」（「性交等」）に拡大された。「肛門性交」とは肛門に男性器を挿入する（させる）こと、「口腔性交」とは口腔に男性器を挿入する（させる）ことを意味し、指などの異物の挿入を含まない。13歳未満の者に対しては、強制性交等を行うことで足りるが、13歳以上の者に対しては「**暴行または脅迫を用いて**」行なわなければならない。夫婦間においても、強制性交等は認められる。婚姻関係が実質的に破綻していた場合にこれを認めた判例（東京高判平19・9・26高刑速平19・312）がある。暴行・脅迫の程度は、通説・判例によれば、必ずしも被害者の反抗を抑圧する程度のものであることを要せず、著しく困難にする程度のもので足りる。実行の着手時点は、暴行・脅迫を手段とする場合にはその開始時点である。旧規定時代の判例には、強制性交等を行う意思でダンプカーの車内に被害者を引きずり込んで数キロ離れた場所で車を停めて性交したという事案で、引きずり込むという暴行の段階で強制性交等に至る客観的危険性があるとして、すでに実行の着手を認めたものがある（最決昭45・7・28刑集24・7・585＝百選Ⅰ-62）。

３．準強制わいせつ罪・準強制性交等罪

> 人の心神喪失若しくは抗拒不能に乗じ、又は心神を喪失させ、若しくは抗拒不能にさせて、わいせつな行為をした者は、第176条の例による（178条1項）。未遂は罰する（180条）。
>
> 人の心神喪失若しくは抗拒不能に乗じ、又は心神を喪失させ、若しくは抗拒不能にさせて、性交等をした者は、前条の例による（178条2項）。未遂は罰する（180条）。

本罪は、被害者を抵抗不能の状態に陥れ、またはその状態を利用して行っ

たわいせつ行為または性交等の行為を罰する。

「**心神喪失**」とは、精神の障害によって性行為につき正常な判断力を失っている状態にあることをいう。失神・泥酔・高度の精神病により自己の性的自由が侵害されていることの認識がない場合がそうである。「**抗拒不能**」とは、心神喪失以外において、心理的または物理的に抵抗不能かまたは著しく困難な状態にあることをいう。熟睡している場合、手足を縛られている状態などがその例である。「**乗じ**」とは、既存の状態を利用することである。欺罔によって錯誤に陥れて性交等の行為をした場合も、抗拒不能に乗じたものといえるが、この場合の**被害者の同意**には、性交等の行為ではないと錯誤したといった法益関係的錯誤があることが必要であろう。ただし、深夜、暗さや眠気のため夢うつつで犯人を自分の夫と誤信しているのに乗じて性交等の行為をした場合（仙台高判昭32・4・18高刑集10・6・491）には、同意能力に問題があるので、純粋に錯誤の問題ではない。霊感による治療と称して女性を騙して性交等の行為をした事案では、抗拒不能に陥っていたとはいえない（東京地判昭58・3・1刑月15・3・255）。しかし、被害者が医師を信頼し、正当な治療が行われるものと信じて処置台に仰臥（ぎょうが）し、羞恥心から治療中瞑目していたのに乗じて性交等の行為を遂げたときは、抗拒不能に乗じたものである（東京高判昭33・10・31判タ85・75）。

「心神を喪失させ、若しくは抗拒不能にさせる」手段には、麻酔薬の注射、催眠術の施用、欺罔などがある。

4．監護者わいせつ罪・監護者性交等罪

> 18歳未満の者に対し、その者を現に監護する者であることによる影響力があることに乗じてわいせつな行為をした者は、第176条の例による（179条1項）。
> 18歳未満の者に対し、その者を現に監護する者であることによる影響力があることに乗じて性交等をした者は、第177条の例による（同条2項）。未遂は罰する（180条）。

18歳未満の未熟で完全に自立しているとはいえない13歳以上の者に対しては、「暴行または脅迫」により、あるいは、「抗拒不能」「心神喪失」に乗じ、またはその状態に陥れるという手段によらなくても、「その者を現に監護する者」が、それによる「影響力があることに乗じて」わいせつ行為または性

交等を行えば処罰する趣旨の規定であり、強制わいせつ罪・強制性交等罪の補充規定である。13歳以上の者については、一応の性的自己決定権が認められるが、本罪は、監護者と被監護者という「依存関係」「支配関係」などを通じて、被監護者に対する監護者の継続的・構造的な「影響力」によって自立した自己決定が事実上困難な場合につき、自己決定権にもとづく有効な同意はないと推定したものであり、平成29年の刑法改正により設けられた。本罪を児童の心身の健全な成長・発展をも保護法益としていると解する見解が唱えられているが、性的自由ないし性的不可侵性に対する侵害犯としての性犯罪にそれ以外の法益を持ち込み、抽象的危険犯とするこの見解には疑問がある。

「現に監護する者」とは、事実上対象者を監督し保護する者をいう。法律上監護権を有している（例えば、民820条）だけでは十分でないが、法律上でなくても現実に監護している者であればよい。父母、養父母のほか、それらの者と同様に、全面的・継続的にその生活を支え、生活全般に渡って指導監督・保護をする立場にある者がそれである。教師のような一時的・部分的な指導者・援助者はこれに含まれない。

「影響力があることに乗じて」わいせつ行為や性交等を行えば足り、暴行・脅迫はもとより、指示・命令や懇願・依頼なども不要である。

5．強制わいせつ等致死傷罪

> 第176条、第178条第1項若しくは第179条第1項の罪又はこれらの罪の未遂罪を犯し、よって人を死傷させた者は、無期又は3年以上の拘禁刑に処する（181条1項）。
> 第177条、第178条第2項若しくは第179条第2項の罪又はこれらの罪の未遂罪を犯し、よって人を死傷させた者は、無期又は6年以上の拘禁刑に処する（同条2項）。

第1項は、強制わいせつ罪（176条）・準強制わいせつ罪（178条1項）・監護者わいせつ罪（179条1項）、これらの罪の未遂罪の**結果的加重犯**であり、「無期又は3年以上の拘禁刑」に処される。これに対して、第2項は、強制性交等罪（177条）、準強制性交等罪（178条2項）、監護者性交等罪（179条2項）、これらの罪の未遂罪の**結果的加重犯**であり、「無期又は6年以上の拘禁刑」に処される。本罪は、殺人の故意ある場合を含まないことは明らかであるが、その場合に殺人罪と本罪の観念的競合になるのか、殺人罪と強制性交等致死罪の観念的競合になるのかは見解が分かれている。傷害の故意のある場合については、強制性交等罪と傷害罪の観念的競合とする見解によれば、処断刑が、強制性交等致傷罪の適用が可能な傷害につき過失があるにすぎない場合（無期または６年以上の拘禁刑）より、軽くなる（５年以上の有期拘禁刑）。そこで、傷害につき故意がある場合にも本罪の適用があると解すべきである。

「死傷」が、基本犯たる上述の性犯罪の危険が現実化した結果であり、予見可能なものであることが必要である。被害者がPTSDやパニック障害を発症した場合も、「傷害」結果にあたり、被害者が強制性交から逃れるために２階から飛び降りて負傷した場合、逃走中転倒して負傷した場合も、危険の現実化が認められる。しかし、就寝中の被害者にわいせつ行為を行ったが、被害者が目覚め、逃走する行為者のＴシャツを掴んだときに、指に傷害を負った場合、傷害は、強制わいせつ行為に随伴するものではある（最決平20・1・22刑集62・1・1=百選Ⅱ-15）が、わいせつ行為の終了後の行為から生じたので、これに含まれないと解すべきである。

６．淫行勧誘罪

> 営利の目的で、淫行の常習のない女子を勧誘して姦淫させた者は、３年以下の拘禁刑又は30万円以下の罰金に処する（182条）。

保護法益は、女性の性的自由である。「淫行の常習のない女子」が行為客体である。「勧誘」とは、姦淫の決意を生じさせる一切の行為をいう。欺罔も含む。「営利の目的」で行われることが必要である。

第3講

私的領域の自由・名誉・信用・業務に対する罪

第3講へのアクセス

【Q1】正門に守衛がいる大学のキャンパスに他大生が入講したが、どこにも「関係者以外立入禁止」の標識がなかった場合、建造物侵入罪は認められるだろうか。また、キャッシュカードの暗証番号を盗撮する目的で、ATMが設置されている銀行支店出張所に、一般客を装って営業中に立ち入った場合は、どうだろうか（最決平19・7・2刑集61・5・379＝百選Ⅱ-18参照）。

【Q2】名誉毀損罪が、真実性の証明により不処罰になるのは、どのような場合だろうか。ある宗教団体の教義ないしあり方を批判しその誤りを指摘するにあたり、同会の会長の女性関係が乱脈をきわめており、会長と関係のあった女性が国会に送り込まれていることなどの事実を摘示した場合、このような事実は、「公共の利害に関する事実」にあたるだろうか（最判昭56・4・16刑集35・3・84＝百選Ⅱ-20参照）。

【Q3】侮辱罪と名誉毀損罪の保護法益や構成要件の違いは何だろうか。名誉に対する罪を処罰することは、言論の自由の保障との関係をめぐって、どのような問題があるか考えてみよう。

【Q4】大学入試において、受験生が試験問題を密かに撮影・送信し、外部の協力者に回答してもらった回答を記載するという方法でカンニングを行った場合、通常どおり試験が実施されたとしても、業務妨害罪は成立するだろうか。

1　私的領域の自由に対する罪

住居を侵害する罪および秘密を侵す罪は、私的領域の自由に対する罪である。住居を侵害する罪の保護法益については、自由なのか、住居の事実上の平穏なのかにつき、争いがある。秘密を侵す罪は、人の秘密を保護するが、一定の身分者のみが主体となりうる身分犯である。

私的領域の自由とは、私的領域において他人からみだりに干渉されない自由である。私的領域には、個人の場所的な支配領域と個人の情報管理の領域がある。前者における自由は、一定の空間における支配権・管理権があることを意味し、後者における自由は、自己に関する情報の管理権があることを意味する。

1．住居を侵す罪の意義

住居を侵す罪は（12章）、住居侵入罪（130条前段）と不退去罪（130条後段）からなる。住居を侵す罪の保護法益が、**住居に対する事実上の支配・管理権**（新住居権説）か、**住居の事実上の平穏**（事実上の平穏説）かにつき争いがある。戦前は、家長の住居権が保護法益であるとされた（旧住居権説）が、戦後、住居に対する権利ではなく事実上の平穏が保護法益であるとされ、戦前の家父長制に対する反省もあって、**事実上の平穏説**が通説となった。その後は、「事実上の平穏」概念が広すぎるとされ、むしろ、住居に対する支配権・管理権と構成する方が、すなわち、住居権者・管理権者の意思に反する立ち入りが犯罪の内容であるとする方が説明しやすいと考えられ、家父長制によらない**新住居権説**が有力になっている。ここで、住居権とは、一定の場所内に誰を立ち入らせ、誰をとどまらせないかを決定する自由・権利であるとされる。住居に対する罪は、住居権者・管理権者の住居・建造物への立入りを許諾する形式的な許諾権を保護しているのではなく、私的領域に対する実質的な支配・管理状態が保護されている。私的領域において、個人がさまざまな自由を享受しうる状態の保障が、一定の空間における支配権・管理権の実質的意義である。

2．住居侵入罪

> 正当な理由がないのに、人の住居若しくは人の看守する邸宅、建造物若しくは艦船に侵入し、又は要求を受けたにもかかわらずこれらの場所から退去しなかった者は、3年以下の拘禁刑又は10万円以下の罰金に処する（130条）。未遂は、罰する（132条）。

客体は、人の住居、人の看守する邸宅・建造物・艦船である。「住居」とは、人の起臥寝食に使用される場所である。したがって、事務室、研究室、店舗等は住居ではない。住居は、日常生活に使用されるためにある程度の設備を備えた場所であることを要するか。問題となるのは、野外の土管の中、神社・寺院の床下、洞窟である。住居として用いられていれば住居であるという見解もありうるが、他の場所と一定の堅固性をもって人為的に仕切りが設けられていることが必要と解すべきであるから、土管の両端にムシロを垂らすなどのある程度の仕切りがなければ住居とはいえないであろう。住居は、区画された一部でもよい。雑居ビルは、独立した部分を個別的に住居かどうかを判断すべきである。建物の周辺部分や居室の周辺の共用部分も住居である。判例には、分譲マンションの各住戸にビラ等を投函する目的で、パンフレットの投函等を厳禁する旨のはり紙が貼付されているマンションの共用部分に立ち入った行為が、マンションの構造および管理状況、玄関ホール内の状況、はり紙の記載内容、立入りの目的などからみて、「管理組合の意思に反する」として住居侵入を認めたもの（最判平21・11・30刑集63・9・1765＝百選Ⅱ-17）がある。このように、アパートの1階出入口、エレベーター、外階段踊り場、階段通路、屋上なども住居である。住居である建物の囲繞地も住居である。囲繞地とは、垣根、塀、門のような建物の周囲を囲む土地の境界を画する設備が施され、建物の付属地として建物使用に供されることが明示されている土地をいう。

邸宅とは、住居用に建てられた建造物とその囲繞地をいう。閉鎖された別荘や空き家などがそうである。**建造物**とは、一般に、屋根を有し、障壁または支柱により支えられた土地の定着物であって、少なくともその内部に人が出入りしうる構造のものをいう。公官署の庁舎、学校、事務所、倉庫などがそうである。**艦船**とは、軍艦および船舶をいう。少なくとも人が居住しうる程度の大きさのものでなければならない。

「**人の看守する**」とは、人が事実上管理支配していることをいう（最判昭59・12・18刑集38・12・3026）。「**侵入**」とは、居住者・看守者の意思に反する立入りをいう（最判昭58・4・8刑集37・3・215=百選Ⅱ-16）。身体の全部が住居・囲繞地等に入れば既遂である。本罪は、継続犯である。立入拒否の明示的な意思表示があるにもかかわらず、住居内に立ち入る行為は侵入にあたる。**明示的な立入拒否**の意思表示がなくても、「該建造物の性質、使用目的、管理状況、管理権者の態度、立入りの目的などからみて、現に行われた立入り行為を管理権者が容認していないと合理的に判断されるとき」（前掲最判昭58・4・8）、反対意思が推定される。陸上競技場は、人の看守する建造物である（仙台高判平6・3・31判時1513・175）。盗撮目的で、現金自動預払機が設置されている銀行支店出張所に営業中に立ち入り、盗撮用ビデオカメラを設置するなどした事案につき、「そのような立入りが同所の管理権者である銀行支店長の意思に反するものであることは明らかであるから、その立入りの外観が一般の現金自動預払機利用客のそれと特に異なるものでなくても、建造物侵入罪が成立する」としたもの（最決平19・7・1刑集61・5・379=百選Ⅱ-18）がある。

「要求を受けたにもかかわらずこれらの場所から退去しなかった」場合、不退去罪である。退去しないという不作為が実行行為であるから、真正不作為犯であり、継続犯である。退去要求権者は、居住者、看守者またはこれらの者から授権された者である。要求後退去に必要な時間の経過によって既遂となる。

3．秘密を侵す罪

秘密を侵す罪（13章）には、信書開封罪（133条）と秘密漏示罪（134条）が属する。保護法益は、情報上の私的領域ともいうべき「個人の秘密」である。ここでは、国家機密や企業秘密ではなく、個人の秘密が保護法益である。

(1)　信書開封罪

> 正当な理由がないのに、封をしてある信書を開けた者は、1年以下の拘禁刑又は20万円以下の罰金に処する（133条）。
> 告訴がなければ公訴を提起することができない（135条）。

封をした信書が本条の客体である。信書とは、特定人から特定人に宛てた文書をいう。特定人は、信書の内容が個人の秘密に関するものであれば、法人、法人格のない団体、国・公共団体でもよい。信書とは、意思を伝達する文書に限られるかについては、単に事実を記載したもの、感情を表示したにすぎないものも含まれるというのが、通説である。しかし、小包、印刷物封筒などは信書にはあたらない。「封をしてある」とは、信書と一体となって信書の内容を認識されないために施された外包装置をいう。「開け」るとは、封を開き、内容を知りうる状態に置くことをいう。内容が了知されることを要しない。抽象的危険犯である。

本罪は、親告罪である。本罪の告訴権者は、発信者および受信者の両者である（通説）。

(2) 秘密漏示罪

> 医師、薬剤師、医薬品販売業者、助産師、弁護士、弁護人、公証人又はこれらの職にあった者が、正当な理由がないのに、その業務上取り扱ったことについて知り得た人の秘密を漏らしたときは、6月以下の拘禁刑又は10万円以下の罰金に処する（134条1項）。
> 宗教、祈祷若しくは祭祀の職にある者又はこれらの職にあった者が、正当な理由がないのに、その業務上取り扱ったことについて知り得た人の秘密を漏らしたときも、前項と同様とする（同条2項）。
> 告訴がなければ公訴を提起することができない（135条）。

本罪の主体は、列挙された者に限る。真正身分犯である。本罪の客体は、業務上取り扱ったことについて知り得た人の秘密である。**秘密**とは、特定の小範囲の者にしか知られていない事実であって（**秘密事実**）、それを他人に知られないことが、一般的にみて本人の利益と認められるもの（**秘密利益**）をいう。秘密概念の構成要素として、三つのものがありうる。先に掲げた秘密事実と秘密利益と並んで秘密意思がそれである。**秘密意思**とは、本人が他人に知られないことを欲している事実であることをいう。通説は、客観的秘密概念を認め、秘密意思を不要とする。秘密の主体は、自然人のほか法人や法人格のない団体でもよい。死者、国家・公共団体は、本罪の秘密の主体とはならない。

行為は、秘密を「漏ら」すことである。漏らすとは、いまだ秘密を知らない他人に告知することをいう。

本罪も、親告罪である。告訴権者は、被害者としての秘密の主体に限る。

２　名誉に対する罪

名誉に対する罪は、人の社会的な人格的評価（外部的名誉）を保護するものである。名誉毀損罪のほか、侮辱罪も含まれる。名誉毀損罪の保護法益が外部的名誉に限られるか、侮辱罪については名誉感情も保護法益なのかが争われている。名誉毀損は、「事実を摘示して」行われることを要するが、事実が真実であったときは、一定の要件のもとで、罰せられない。どのような根拠から罰せられないのかにつき、処罰阻却事由説や違法性阻却事由説がある。事実が真実だと誤信した錯誤の場合の処理も問題である。

１．総　説

名誉および信用は、人が社会から受ける人格的・経済的な積極的評価である。名誉は、**人格に対する社会的評価**であるのに対して、信用は、**その人格の経済的能力の社会的評価**である。

名誉に対する罪（34章）は、憲法が、個人の人格権の尊重を掲げる（憲法13条）のに即応して人格に対する社会的評価を刑法上保護しようとするものである。名誉毀損罪（230条）および侮辱罪（231条）の二罪がある。名誉毀損罪は、生存者に対するもの（１項）と死者に対するもの（２項）とに分かれる。生存する人に対しては、原則として、摘示された事実が真実であったとしても保護される。しかし、公共の関心の深い事実である場合、表現の自由や国民の知る権利の観点からみて真実の表現や報道が妨げられてはならない。刑法は、一定の要件のもとで、摘示された事実が真実であった場合には処罰しないという規定を設けて（230条の２）、名誉の保護と表現の自由との調和を図った。個人がSNSなどを使って容易に情報発信することが可能となり、社会の誰でもそれらの情報にアクセス可能となった今日、刑法による処罰以外の手段を用いていかにこの調和を図っていくかも重要な課題である。

名誉に対する罪の保護法益に関しては、名誉概念を三つに分類するのが一般的である。第１に、人の内部的価値としての名誉（**内部的名誉**）、第２に、人の社会的評価としての名誉（**外部的名誉**）、第３に、自己価値の意識（**名誉感情**）である。内部的名誉は、外部から侵害されることのない人格固有の価値であるとされる。人格に対する社会的評価である外部的名誉こそが名誉を害する罪の保護法益であるというのが通説である。これに対して、侮辱罪については、名誉感情が保護法益であるとする有力な見解が展開されている。

名誉に対する罪は、抽象的危険犯である。事実の摘示行為によって本人に対する社会的評価が低下したことを訴訟法上立証するのは困難である。そこで、名誉毀損の危険についても立証の不要な抽象的危険犯であるとするのが通説である。しかし、抽象的危険犯ではあっても、構成要件的行為としての「名誉を**毀損**した」というのは、外部的名誉を低下させるある程度の具体的危険のある行為を意味するので、公然と事実の摘示があれば名誉侵害の危険が擬制されているというのではないと解すべきである。名誉毀損罪は、継続犯（大阪高判平16・4・22判タ1169・316）か状態犯かについては争いがあるが、告訴期間（刑訴法235条）を考慮すると、状態犯と解すべきであろう。名誉毀損の内容を含む出版物等が出版され、図書館等で閲覧しうる限り犯罪が継続することとなるのは、不当だからである。

2．名誉毀損罪

> 公然と事実を摘示し、人の名誉を毀損した者は、その事実の有無にかかわらず、3年以下の拘禁刑又は50万円以下の罰金に処する（230条1項）。告訴がなければ公訴を提起することができない（232条）。

保護客体は**人の名誉**である。人とは、自然人、法人、法人格のない団体を含む。ここでいう団体の中には、構成員の範囲等の不明確なたんに漠然とした集団を含まない。

行為は、公然と事実を摘示して人の名誉を毀損することである。**公然**とは、**不特定または多数人の知りうる状態**をいう。不特定人とは、相手方が特殊の関係によって限局されない者をいう（大判大12・6・4刑集2・486、最判昭34・5・7刑集13・5・641=百選Ⅱ-19）。多数人とは、数名では足りず、相当の員数であることを要する。不特定または多数人の知りうる状態に置く方法は、順次、伝播する形態であってもよい。判例は、いわゆる**伝播性の理論**を肯定する（大判大8・4・18新聞1556・25、東京高判昭58・4・27高刑集36・1・27）。他に伝播するおそれがなかった場合には、公然性は否定される。取調べ担当検事と検察事務官の二人だけが在室する検事取調べ室内での被告訴人による告訴人の名誉を害する発言につき、「検事及び検察事務官は公務員として職務上知ることのできた秘密を守らなければならない法律上の義務があるのみならず、右両名は捜査官としてその職務に従事中であったから」、その発言は伝播性がないとした最高裁決定（最決昭34・2・19刑集13・2・186）がある。これに対して、学説には、一般の人が直接に認識できるように摘示する必要があるとして、**伝播性の理論**を否定するものが有力である。伝播性の理論は、不特定・多数の人の認識に達しうる状態が生じたことを前提として肯定しうるものと解すべきである。事前の伝播可能性があるというだけでは公然と摘示したことにはならない。このように解するなら、伝播性の理論を肯定すると危険の程度を抽象化することになるといった批判はあたらない。

事実の摘示とは、人の社会的評価を低下させるに足りる具体的な事実を告知することをいう。価値判断・評価の表明は、事実の摘示ではない。特定人の名誉に関する事実であることを要するが、被害者の氏名が明示される必要はなく、他の事情と相まって特定できればよい。適時の手段・方法については、口頭・文書・図画によっても、身振り・動作によってもかまわない。

「名誉を毀損した」とは、人に対する社会的評価を低下させる危険のある状態を生じさせることをいう。現実に評価が低下したことを要しない。

本罪の故意は、人の社会的評価を低下させるに足りる事実を公然と摘示することの認識、および名誉を毀損する危険性の予見を含む。

３．真実性の証明による不処罰

> 前条第１項の行為が公共の利害に関する事実に係り、かつ、その目的が専ら公益を図ることにあったと認める場合には、事実の真否を判断し、真実であることの証明があったときは、これを罰しない（230条の2第１項）。
> 前項の規定の適用については、公訴が提起されるに至っていない人の犯罪行為に関する事実は、公共の利害に関する事実とみなす（同条２項）。
> 前条第１項の行為が公務員又は公選による公務員の候補者に関する事実に係る場合には、事実の真否を判断し、真実であることの証明があったときは、これを罰しない（同条３項）。

名誉毀損罪は、「事実の有無にかかわらず」成立する。しかし、前述のように、名誉の保護と表現の自由との調和を図ることが必要である。そこで、刑法は、一定の要件のもとで、摘示された事実が真実であることの証明があったときは、これを罰しないこととした。その要件とは、①摘示された事実が公共の利害に関するものであること、②摘示の目的がもっぱら公益を図るためのものであったこと、③事実の真実性が証明できたことである。

(1) 事実証明の要件

①事実の公共性 摘示された事実は、公共の利害に関する事実でなければならない。公共の利益増進に役立つ限りで、私人の行状に関するものでもかまわない。公共の利害に関する事実にあたるかどうかは、摘示された事実自体の内容・性質に照らして客観的に判断されるべきである（最判昭56・4・16刑集35・3・84=百選Ⅱ-20）。**私人の私生活上の行状**が、公共の利害に関する事実である条件は何か。最高裁は、私人の私生活上の行状であっても、その携わる社会的活動の性質およびこれを通じて社会に及ぼす影響力の程度などのいかんによっては、その社会的活動に対する批判ないし評価の一資料として、刑法230条の２第１項にいう「公共の利害に関する事実」にあたる場合があるとする（前掲最決昭56・4・16）。その私人が、「**公的存在**」である場合には、私生活でも公共の利害に関する事実であるというのである。

これには、**特例**がある。まだ公訴が提起されていない人の犯罪行為に関する事実は、公共の利害に関する事実とみなされる（230条の２第２項）。その公表が、捜査の端緒を与え、捜査を世論の監視下に置くことになるからである。公務員または公選による公務員の候補者に関する事実に係る場合には、利害の公共性・目的の公益性を問わず、ただ事実の存否を判断し、真実であることの証明があったときは、罰しない（同条３項）。公務員は、全体の奉仕者であり、公務員を選定・罷免するのは国民固有の権利である（憲法15条１項・２項）ことによる。

②目的の公益性 もっぱら公益を図る目的に出たことを要する。「もっぱら」とは、主たる動機が公益を図る目的であればよいという意味である。

③真実性の証明 ①および②の要件が充足されたとき、裁判所は、事実の真否を判断しなければならない。証明の対象は、摘示された事実の重要部分が真実であると証明されれば足りる。「～という噂である」と書かれた場合には、噂・風聞の内容が証明の対象である。真実であったことの証明は、積

極的になされなければならない。その証明の負担は、被告人が負う。したがって、挙証責任は被告人に転換されている。証明の方法・程度については、厳格な証明により、合理的な疑いを容れない程度に証明される必要があるというべきである。自由な証明で足りるという見解ないし証拠の優越の程度で足りるという見解は不当である。

(2)　事実証明の効果

「罰しない」という効果の意味については争いがある。①処罰阻却事由とする見解、②違法性阻却事由とする見解、③責任阻却事由であるとする見解などがある。「真実であることの証明があったとき」に「罰しない」というのであるが、「真実であることの証明」は、誰がどのように行うのであろうか。これが裁判所であるとすると、「事実の証明」とは、**訴訟法上の要件**であり、それを実体法上どのように評価するかが問題となっているのである。犯罪の成否は、行為の構成要件該当性、違法性、責任の有無によって定まる。それは、裁判上の証明とは無関係であるはずである。そうだとすると、裁判上証明があったこととは、実体法上は、犯罪の成否とは関係のない、処罰阻却事由でしかないというべきであろう。**処罰阻却事由説**は、その意味では体系的に説明しやすい見解である。しかし、実際には、処罰阻却事由は故意の対象ではないので、錯誤があっても故意を阻却せず、行為者が錯誤によって真実だと信じて事実を摘示した場合でも、処罰を免れず、行為者に不利である。したがって、真実性の証明という訴訟法的概念と「罰しない」という実体法上の概念とは、犯罪の成立要件の中でどのように調和させられるべきかが問題なのである。わが国で唱えられている責任阻却事由説は、摘示した事実が真実であったときは予防の必要性がないとして責任を否定するのであるが、責任が予防に尽きるものとはいえないので、本説は採れない。そうだとすると、**違法性阻却事由説**が検討に値することになる。

問題は、行為規範違反を違法とする犯罪の成立要件としての違法性の要件ないしその阻却に関係する事由に、犯罪の成否とは無関係の、事後的な裁判上の「真実性の証明」が含まれるといえるかどうかである。違法性阻却事由となりうるのは、犯罪行為ないしその結果と関係する事実でなければならない（次頁図１参照）。ここで、事実が真実であったことの証明を違法性阻却事由とするには、事後の証明を事前判断の中に取り込まなければならない。つまり、事後の証明は、事前には証明の可能性にほかならず、**「証明可能な程度の真実性」**があれば違法性阻却事由となると解すると、それは犯罪の時点でのその成否にかかわる事実となり、違法性阻却事由といいうるのである(下図2参照)。証明可能な程度の真実性は、行為者が証明可能な程度の資料・根拠をもって事実を摘示しているかどうかによって判断される。

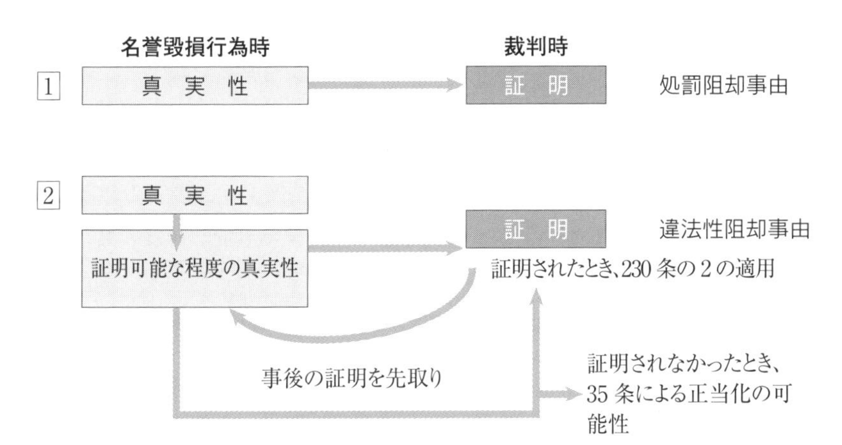

この理は、230条の2の真実性の証明の問題を超えて、35条の**正当化事由一般に普遍化**しうるのではないか。つまり、合理的根拠にもとづく言論は、それ自体で行為無価値を欠き、違法性が阻却されるのではないかが問われうる。そこで、次のように主張される。合理的根拠にもとづく事実の摘示行為は、35条により正当化される。230条の2は、「証明」があったとき、「罰しない」というのであるから、合理的な根拠にもとづかない行為であっても、事後的に裁判において証明できた場合に適用される。

しかし、合理的根拠がある場合には正当化されるという違法性阻却事由についての見解を採ることはできない。この見解は、誤想防衛でも誤想に陥ったことが合理的であれば正当であるという行為無価値論の見解と同根である。230条の2は、名誉の保護と表現の自由の調和を図る規定である。真実性の証明に成功した限りで、表現の自由を優越させるというのがその規定の趣旨である。35条の解釈によってこの規定を不要ならしめる解釈は不当であるといわざるをえない。

結局、230条の２は、その要件を充たす行為につき、違法行為から可罰性を剥奪する意味をもつ規定だと解するのが体系論的に一貫する解釈であると思われる。それは、証明可能な真実性があり、裁判上の証明があるという場合に可罰的違法性が阻却されるという規定なのである。

(3)　真実性の誤信

摘示した事実が真実であると信じていたが、裁判でそれを証明できなかったとき、その錯誤はどのように考慮されるのであろうか。

錯誤論からこの問題をみると、違法性阻却事由説に立ったとしても、事実の真実性か証明可能な程度の真実性かいずれが違法性阻却事由かに応じて異なる。前者であれば、その事実を真実であると誤信すれば事実の錯誤があり、故意を阻却することになる。後者であれば、証明可能な程度の真実性がある、すなわち、十分な資料根拠があると誤信しているときのみ、故意を阻却する（最大判昭44・6・25刑集23・7・975=百選Ⅱ-21）。厳格責任説に立てば、違法性阻却事由の錯誤は、違法性の錯誤であり、そう信じたことが相当であったときのみ責任を阻却する。

違法論からアプローチしてこの問題を解決しようとする立場からは、確実な証拠資料にもとづく場合には、裁判上真実性が証明されなかったときでも、35条により正当化されると主張される。この見解は、上述のような行為無価値論的違法観からではなく、相当な資料・根拠にもとづく言論の客観的な価値の高さという利益衡量的見地からも唱えられていることに注意すべきである。

最近では、さらに**過失犯の見地からのアプローチ**も登場している。そのうちの一つの立場は、230条の２を38条１項但し書の「特別の規定」がある場合の過失犯の処罰規定と解釈する。特別の規定は、明文でなくとも当該規定の趣旨から解釈によっても認められるという見解もありうるから、この見解がいちがいに不合理であるとは言い切れない。ドイツ刑法においても、違法性阻却事由の事実的前提に関する錯誤につき、故意を阻却しないが、責任が減少するがゆえに過失犯の法律効果が科せられる場合であるとする解釈（法律効果を指示する責任説）があるが、本説はこの見解に類似する。しかし、230

条の2の解釈の結果、過失名誉毀損罪の処罰を肯定するというのは、合理的根拠を欠き、罪刑法定主義にも反する。

4．死者の名誉毀損

> 死者の名誉を毀損した者は、虚偽の事実を摘示することによってした場合でなければ、罰しない（230条2項）。告訴がなければ公訴を提起することができない（232条）。

本罪の保護法益は、死者自体の名誉である（通説）。ほかに、遺族の名誉とする見解、遺族が死者に対して抱く敬虔感情とする見解および死者に対する社会的評価とする見解がある。死者自体の名誉とする通説は、死者が生前にもっていた名誉の保護が死後にまで延長されているとみる。

本罪の行為は、公然と事実を摘示して死者の名誉を毀損することである。「虚偽の事実」を摘示することを要するから、真実であるときは構成要件該当性が否定される。

5．侮辱罪

> 事実を摘示しなくても、公然と人を侮辱した者は、1年以下の拘禁刑若しくは30万円以下の罰金又は拘留若しくは科料に処する（231条）。告訴がなければ公訴を提起することができない（232条）。

(1) 保護法益

本罪の保護法益については、外部的名誉と解すべきである（通説）。名誉感情であると解する少数説は、名誉毀損罪と比較して本罪の法定刑が極めて低いのは、事実の摘示の有無といった行為態様では説明がつかず、保護法益の差からしか説明できないとするが、刑法は名誉感情ではなく、行為の「公然性」を要求していることからも、人格の社会的評価を保護していると解すべきである。本罪の保護法益が名誉毀損罪と同じ外部的名誉であるとすれば、その差は、名誉毀損罪が「事実を摘示して」行われるのに対して、本罪は、それをせずに侮辱する点に認められる。事実の摘示は、**具体的な事実の摘示**が必要であり、**抽象的価値判断**のみを加えるのは侮辱である。

外部的名誉が保護法益であるという見解からは、感情を抱くことのない、幼児、精神病者、法人、法人格のない団体に対しても本罪が成立する（最決昭58・11・1刑集37・9・1341＝百選Ⅱ-22)。名誉感情が保護法益であるとする見解からは、このような人・団体に対しては侮辱罪は成立しない（前掲最決における団藤・谷口両裁判官の反対意見)。

(2)　行　為

侮辱とは、他人の人格に対する軽蔑の価値判断を表示することである。法文上「事実を摘示しなくても」というのは、「事実を摘示しないで」と解すべきである。他人の人格に対する抽象的価値判断の表示とは、例えば、「馬鹿野郎」「税金泥棒」「売国奴」などといった表示をいう。本条には、230条の2の適用はない。

(3)　法定刑の重罰化

本罪の法定刑は、令和4（2022）年通常国会において改正された。従来、「拘留」または「科料」のみであったのが、「拘禁刑」「罰金」を加え、重罰化された。改正の理由は、近年、SNSなどを利用し、誰もが簡単にインターネット上に意見を公表することができるようになり、インターネット上で他人を誹謗中傷する事件が増えてきたが、具体的な事実の摘示を伴わない場合、名誉毀損罪に問いえず、侮辱罪の適用に頼らざるをえないにもかかわらず、侮辱罪の法定刑が、拘留（30日未満）または科料（1万円未満）に限られていたことにある。なお、この改正によって公訴時効も1年（刑訴法250条2項7号）から3年（同条2項6号）に延びた。

(4)　適用上の課題

侮辱罪重罰化と**言論の自由の保障**の衝突に伴う課題の解決が、残された問題である。インターネット上の人の言動に対する批判的意見の表明が、安易に誹謗中傷にあたると判断されるならば、言論・表現の自由が守られないことになり、また、名誉毀損罪と異なり「真実性の証明」による不処罰の可能性もないので、重罰化された刑を処断するには「言論の自由」の保障とのバランスを考慮し、重大で持続的ないし継続反復的な法益侵害を引き起こす「侮辱」行為を要求するような構成要件の厳格解釈をしたり、あるいは公共の利益に関わる言論には可罰的違法性を否定したりするなど、解釈論の展開が必要であろう。

6．親告罪

この章の罪は、親告罪である（232条1項）。告訴権者は、刑事訴訟法（230条以下）の定めるところにより、被害者その他の者である。死者の名誉を毀損する罪については、死者の親族または子孫が告訴権を有する（刑訴法233条）。

告訴をすることができる者が天皇、皇后、太皇太后、皇太后又は皇嗣であるときは内閣総理大臣が、外国の君主又は大統領であるときはその国の代表者がそれぞれ代わって告訴を行う（同条2項）。

3 信用・業務に対する罪

信用および業務に対する罪は、人の経済的な信用ないし人の業務を保護する。刑法の法益保護が人格の保護から財産の保護へと移行する罪に位置づけられ、保護法益はそれらの両側面を併有する。

信用及び業務に対する罪（35章）は、信用毀損罪（233条前段）、偽計業務妨害罪（233条後段）、威力業務妨害罪（234条）、電子計算機損壊等業務妨害罪（234条の2）からなる。

1．信用毀損罪

> 虚偽の風説を流布し、又は偽計を用いて人の信用を毀損した者は、3年以下の拘禁刑又は50万円以下の罰金に処する（233条前段）。

(1) 客 体

行為客体は、人の信用である。信用とは、人の経済的価値に対する社会的評価、すなわち、**支払能力または支払意思に対する社会的信頼**をいう（通説・従来の判例）。これに対しては、より広く、商品の品質・効能、人の技量等についての信用をも含むとする見解が唱えられている。最高裁は、「『信用』とは、人の支払能力又は支払意思に対する社会的な信頼に限定されるべきものではなく、**販売される商品の品質に対する社会的な信頼**をも含む」と解した（最判平15・3・11刑集57・3・293）。従来、信用概念を広く解すると、業務妨害罪との区別がつかなくなるとして、**狭義説**が採られていた。例えば、酒店の酒が腐っているという虚偽の風評を流布した場合、業務妨害罪が成立する（大判大5・12・18刑録22・1909）のか、信用毀損罪が成立するかの区別は困難である。理論的には、商品を含めた人の履行能力や意思に対する社会の信頼が揺るがされたのか、それによって、人の社会・経済活動が妨害される危険が発生したのかの区別が基準となるべきであり、金銭的な支払の能力・意思に限定されないというべきであろう。

(2)　行　為

本罪の行為は、虚偽の風説を流布し、または偽計を用いて人の信用を毀損することである。「**虚偽の風説の流布**」とは、事実に反する内容の噂を不特定または多数人に伝播させることをいう。「**偽計**」の概念については、広狭があり、①他人を欺罔することをいうとする見解、②他人の錯誤・不知を利用し、または欺罔・誘惑の手段を用いることをいうとする見解、③あまねく陰険な手段を用いることをいうとする見解がある。第２説が妥当である。

「**毀損**」とは、経済面における人の価値に対する社会的信頼を低下させるおそれのある状態を生じさせることをいう。本罪は、抽象的危険犯である。しかし、具体的危険犯であるとする見解および侵害犯であるとする見解もある。

2．業務妨害罪

> 虚偽の風説を流布し、又は偽計を用いて、人の業務を妨害した者は、３年以下の拘禁刑又は50万円以下の罰金に処する（233条後段）。
> 威力を用いて人の業務を妨害した者も、前条の例による（234条）。

(1)　客　体

本罪の客体は、人の業務である。業務とは、社会生活上の地位にもとづき反復・継続して行う人の事務をいう（大判大10・10・24刑録27・643）。刑法上保護を要する事務であれば、適法な事務であることを要しない。例えば、行政取締法規に違反したパチンコ景品買入営業も刑法上保護を要する事務である（横浜地判昭61・2・18刑月18・1=2・127）。しかし、たとえ事実上平穏に行われていても、保護に値するとは限らない。例えば、覚醒剤取引が事実上平穏に行われていたとしても、保護に値するとはいえないからである。

(2) 公務と業務

公務は、業務に含まれるか（☞13講1－1 (2)）。公務は、公務執行妨害罪（95条1項）で保護されているので、それとの関係が問題である。まず、業務妨害罪の手段は、①虚偽の風説の流布、②偽計、③威力を用いることである。公務執行妨害の手段は、暴行または脅迫であり、上の列挙した手段よりは強い手段であるといえる。したがって、本来、虚偽の風説の流布、偽計、威力を用いて公務を妨害しても公務執行妨害罪は成立しない。しかし、公務も業務に含まれるとすると、これも業務妨害罪として処罰されることになる。

学説を分類すると、①公務も業務に含まれるとする**積極説**、②含まれないとする**消極説**、③公務員の行う公務は含まれないが、非公務員の行う公務は含まれるという**身分振分け説**、④権力的・支配的公務は業務に含まれないが、非支配的公務は含まれるとし、両者は競合的に成立しうるとする見解（**限定積極説**・競合的二分説）、さらに、⑤権力的・支配的公務については、公務執行妨害罪のみが成立し、非権力的・非支配的公務に対しては、業務妨害罪のみが成立するという見解（**公務振分け説**・配分的二分説）に分かれる。ここで用いられている**権力的・支配的公務**かそうでないかという基準は、どちらに属するかはっきりしない中間的な領域をもつということから出発しなければならない。すなわち、例えば、議会で立法のための審議が行われているときなどが、どちらに属するのかについてはどちらともいえそうである。他方、警察官が実力で逃走者を取り押さえるときなどは、典型的な権力的・支配的公務であるが、市役所職員が、行事日程のコピーをとっている作業は、私企業の業務と違いはなく、非権力的・非支配的公務である。そこで、権力的・支配的公務を、逮捕の際の実力行使などの**強制力の伴う公務**と、議会の審議といった**強制力を伴わない公務**に分類し、公務を三分類するのが妥当であると思われる。自力排除力・強制力をもつ権力的・支配的公務は、公務執行妨害罪の対象であり、業務妨害罪の対象とはならないが、それをもたない権力的・支配的公務は、公務執行妨害罪の対象でもあるが、公務も業務に含まれるから、業務妨害罪にもあたる。これに対して、非権力的・非支配的公務であって、私企業的・現業的公務は、業務妨害罪のみの対象となると解すべきである（**交差型振分け説**）。

公務と業務に関する判例は、戦前には、公務は業務に含まれないという消極説に立っていた。偽計を用いて小学校長の教育勅語謄本の保管職務を妨害した事案において業務妨害罪の成立を否定したのがその例である（大判大4・5・21刑録21・663）。しかし、郵便配達夫に暴行を加えた事案については、郵便配達夫は公務員でないとして、業務妨害罪の成立を肯定した（大判大8・4・2・刑録25・375）。戦後、最高裁は、警察官に威力を加えたにすぎない事案に関し、公務員の職務は業務に含まれないとした（最大判昭26・7・18刑集5・8・1491）。しかし、昭和35年には、**旧国鉄職員の職務**を、威力を用いて妨害した事案につき業務妨害罪の成立を認めた（最判昭35・11・18刑集14・13・1713）。昭和41年にも、国鉄が運営する**青函連絡船摩周丸**の出港を実力で妨害した事案につき、権力的作用を伴う職務ではないとして業務妨害罪の成立を肯定した（最大判昭41・11・30刑集20・9・1076）。その後、下級審において、国立大学の入試の妨害（京都地判昭44・8・30刑月1・8・841）、**衆議院本会議の議事**（東京地判昭48・9・6刑月5・9・1315）、税務調査（京都地判昭61・5・23刑月18・5=6・731）などに業務妨害罪の成立が認められ、昭和62年には、**県議会の総務文教委員会**の条例案採択等の事務につき、強制力を行使する権力的公務ではないことを理由に業務妨害罪を肯定した（最決昭62・3・12刑集41・2・140）。平成12年には、最高裁は、公職選挙法上の立候補届出受理事務を同様の理由で業務にあたるとし（最決平12・2・17刑集54・2・38=百選Ⅱ-23）、平成14年には、東京都による動く歩道の設置に伴う環境整備工事を業務にあたるとした（最決平14・9・30刑集56・7・395=百選Ⅱ-24）。

最高裁決定には、いたずら動画を投稿するため、交番前で覚醒剤様に偽装した白色結晶粉末在中のポリ袋を故意に落とすと、これを拾って逃走し、違法薬物を所持した犯人が逃走を図ったと誤信させるという偽計を用いて警察官に被告人を追跡させた事案につき、「強制力を行使する権力的公務に当たらないものは、公務であっても業務妨害罪の対象となる」との高裁の判断（名古屋高裁金沢支判平30・10・30 LEX/DB）を追認したもの（最決平31・2・26LEX/DB）がある。「業務」には、現実に執行している業務にとどまらず，その業務を行う者が遂行すべき業務も含むものと解し、本件行為がなければ遂行されたはずの関係警察職員の本来の職務が妨害されたというのである。

(3) 行　為

虚偽の風説を流布し、偽計を用い、または、威力を用いることである。**虚偽の風説**とは、事実に反する噂を不特定または多数人に伝播させることをいう。風説とは、噂のことである。**偽計**とは、人を困惑させもしくは欺罔し、または人の不知・錯誤を利用することをいう。**威力**とは、人の意思を制圧するに足りる勢力をいう（最判昭28・1・30刑集7・1・128）。偽計と威力は、前者が人の意思を制圧しないで隠然と働きかけて業務妨害の結果を惹起することをいうのに対して、後者は、直接の物理力による物の破壊を通じて間接的に、もしくは直接的に**人の意思の制圧**を通じてそれを惹起する点で区別される。

偽計の例としては、外面から窺い知れない程度に漁場の海底に障害物を沈めておいて漁業者の魚網を破損させて漁業を不能にした事案（大判大3・12・3刑録20・2322）、中華そば屋に昼夜を問わず繰り返していやがらせ電話をかけて、その間発着信を不能ならしめた事案（東京高判昭48・8・7高刑集26・3・322）、マジックホンと称する電気機器を加入電話回線に取り付けて、応答信号の送出を妨害し、また、課金装置の作動を不能にした事案（最決昭59・4・27刑集38・6・2584=百選Ⅱ-25）がある。また、最高裁は、1時間30分から50分の間、盗撮用ビデオカメラを設置した現金自動預払機の隣に位置する現金自動預払機の前の床に、ビデオカメラが盗撮した映像を受信する受信機等の入った紙袋が置いてあるのを不審に思われないようにするなどの意図を隠し、あたかも入出金や振込等を行う一般客を装って適当な操作を繰り返して**現金自動預払機を占拠**し続け、他の客が利用できないようにした事案につき、偽計業務妨害罪を肯定した（最決平19・7・2刑集61・5・379）。偽計を用いたというには、人の意思に対して働きかけることは必ずしも必要ではないとして、偽計業務妨害幇助を認めたもの（東京高判令元・12・17高刑速令1・362）がある。

威力を用いたとされる場合には、暴行・脅迫を用いる場合と社会的地位・権勢を利用する場合（大判明43・2・3刑録16・147）、集団的勢力を利用する場合もある。威力は、犯人の威勢、人数および四囲の状勢からみて客観的に被害者の自由意思を制圧するに足りる程度の勢力であれば足り、現に制圧されたことを要しない（前掲最判昭28・1・30）。威力を用いた例としては、百貨店の食堂配膳部に縞蛇20匹を撒き散らし、満員の食堂を混乱に陥れた事案（大判昭7・10・10刑集11・1519）、キャバレーの客室でコンロを用いて牛の内臓・ニンニク等を焼き、悪臭を充満させて来客を退散させた事案（広島高岡山支判昭30・12・22高裁特２追録1342）、弁護士から重要な書類の在中する鞄を奪取して２カ月余り自宅に隠匿して弁護士活動を困難にした事案（最決昭59・3・23刑集38・5・2030）、消防長の執務机の引き出しに赤く染めた猫の死骸を入れておき発見させて執務不能にした事案（最決平4・11・27刑集46・8・623）がある。さらに、店舗で、「俺コロナなんだけど」「俺陽性」などと申し向けたうえ、従業員に向かって咳をするなどをした事案（名古屋地判令2・8・12裁ウェブ）、封筒に「出て行け」などと記載した文書とともに人糞を入れて外国公館に郵送した事案（広島高判令2・2・18 判タ1482・126）等がある。

「**妨害した**」というのが、**危険犯**か**結果犯**かが争われている。危険犯と解する見解にも、妨害結果を発生させるおそれのある行為をすれば足りるか、業務を妨害するおそれのある状態を生じさせたことを要するかに対立がある。現に業務妨害の結果の発生したことを要する結果犯と解すべきである。

３．電子計算機損壊等業務妨害罪

> 人の業務に使用する電子計算機若しくはその用に供する電磁的記録を損壊し、若しくは人の業務に使用する電子計算機に虚偽の情報若しくは不正な指令を与え、又はその他の方法により、電子計算機に使用目的に沿うべき動作をさせず、又は使用目的に反する動作をさせて、人の業務を妨害した者は、５年以下の拘禁刑又は100万円以下の罰金に処する（234条の２第１項）。前項の罪の未遂は、罰する（同条２項）。

本条は、昭和62年に、コンピュータに対する加害を手段とする業務妨害行為を重く処罰するために追加された規定である。未遂処罰規定（２項）は平成23年改正で新設された。本規定の構造を図示すると下図の通りである。

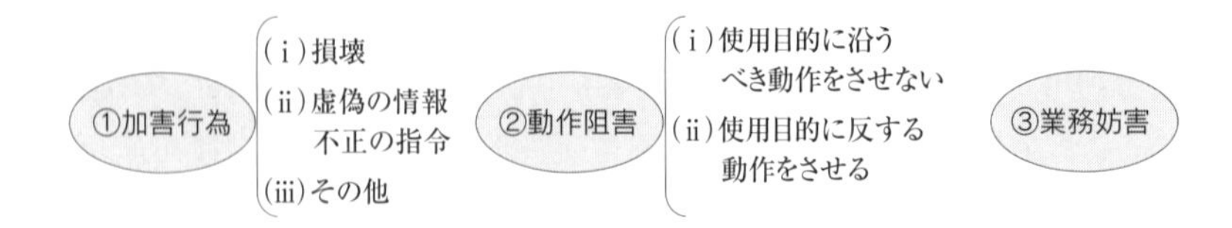

行為客体は、**電子計算機を使用して行われる人の業務**である。人に代わって独立して自動的に業務を処理するコンピュータに限る。したがって、家電製品、自動販売機、自動改札機等、他の機器の中に組み込まれているマイクロコンピュータ等はこれに含まれない。パチンコ遊技台の電子計算機部分もこれにあたらない（福岡高判平12・9・21判タ1064・229）。

行為は、加害行為、動作阻害、業務妨害の三つの要素からなる。**加害行為**のうち、（i）電子計算機または電磁的記録の「損壊」とは、それらの物を物理的に損壊するのみならず、データの消去などの効用の喪失も含む。(ii)「虚偽の情報」とは、真実に反する内容の情報をいう。虚偽のデータの入力がそうである。「不正の指令」とは、当該事務処理の場面において与えられるべきではない指令をいう。プログラムの改編がこれにあたる。(iii)「その他の方法」とは、（i）（ii）以外の方法をいう。電子計算機の電源の切断、処理不能データの入力などがそうである。

動作阻害は、加害行為により電子計算機をして使用目的に沿うべき動作をさせないこと、または、使用目的に反する動作をさせることをいう。

業務妨害は、動作阻害の結果、人の業務を妨害したことをいう。動作阻害と業務妨害の間に因果関係が必要である。本罪が侵害犯か危険犯かについては争いがあるが、侵害犯と解すべきであろう。

第4講

財産罪の基本構造

第4講へのアクセス

【Q1】財産罪にはどのような罪があるだろうか。財物罪・利得罪の区別、個別財産に対する罪・全体財産に対する罪の区別、領得罪・毀棄罪の区別について調べてみよう。

【Q2】金銭の占有は誰に認められるのだろうか。特殊詐欺の「出し子」が、被害者から騙し取ったキャッシュカードを利用して被害者名義の銀行口座から被害者の預金をコンビニ設置のATMで引き出した場合、誰に対する何罪が成立するだろうか。

【Q3】強制性交目的で車内に監禁した女性から、同女が電話して助けを呼ばないようにスマートフォンを取り上げ、約3分後に車内から同女が逃げ出した後に、そのスマートフォンを川に投棄した場合、利用処分の意思はあるだろうか（大阪高判平13・3・14高刑集54・1・1参照）。

【Q4】窃盗罪における不法領得の意思と占有離脱物横領罪におけるそれとは、内容が異なるのだろうか。自宅アパートの駐輪場に無施錠のまま放置された自転車を一時的な無断借用の意思で1時間程度乗り回した場合、権利者排除意思はあるのだろうか（福岡高判令3・3・29高刑速令3・524参照）。

1　財産罪の意義・体系・諸類型

> 財産罪は、個人の財産を保護法益とする。財産罪は、財物を保護するか財産上の利益を保護するかによって、また、財物を経済的に利用・処分するために領得するか、毀棄するかによって分けられ、さらに、占有の有無等によって分類される。

1．財産罪の意義と体系

(1)　財産罪の意義

財産罪ないし財産犯とは、財産に対する罪のことであり、個人の財産を保護法益とする犯罪類型をいう。憲法は、「財産権は、これを侵してはならない」（憲法29条1項）と定め、**私有財産の法的保護**の重要性を表明している。しかし、刑法は、その謙抑的法益保護の原則に則り、一定の種類の重要な財産に対する一定の態様による侵害に対して私有財産を保護するものであり、例えば、利益窃盗や単純な債務不履行は民事法に委ねている。

(2)　財産罪の体系

財産罪には、窃盗・強盗・詐欺・恐喝・横領・背任・盗品関与・毀棄などの態様がある。これらの犯罪類型は、行為客体・侵害態様・占有形態などによって分類される。

2．財産罪の諸類型

(a) **財物罪・利得罪**　まず、行為客体が「財物」か「財産上の利益」かに応じて**財物罪**と**利得罪**に分類される。窃盗罪や横領罪は、財物のみを行為客体とするが、強盗、詐欺、恐喝などは、財物とならんで財産上の利益も保護している。通常、1項で財物について規定し、2項で財産上の利益について規定しているため、前者を**1項犯罪**、後者を**2項犯罪**という。背任罪は、客体が財物の場合と財産上の利益の場合とがある。電子計算機使用詐欺罪は利益を客体としており、2項詐欺罪の特別類型である。

<table>
<tr><td rowspan="8">財産罪</td><td rowspan="7">財物</td><td rowspan="5">領得罪</td><td rowspan="2">奪取罪（他人占有）</td><td>盗取罪（意思に反する）</td><td>窃盗罪・強盗罪</td></tr>
<tr><td>交付罪（意思にもとづく）</td><td>詐欺罪・恐喝罪</td></tr>
<tr><td colspan="2">（自己占有）</td><td>横領罪</td></tr>
<tr><td colspan="2">（無占有）</td><td>遺失物横領罪</td></tr>
<tr><td colspan="2">領得罪の共犯的形態（間接領得）</td><td>盗品関与罪</td></tr>
<tr><td>毀棄罪</td><td colspan="2"></td><td>器物損壊罪・文書毀棄罪</td></tr>
<tr><td colspan="3">背　任</td><td>背任罪</td></tr>
<tr><td>利益</td><td colspan="3">2項犯罪</td><td>強盗罪・詐欺罪・恐喝罪・電子計算機使用詐欺罪</td></tr>
</table>

(b) **個別財産・全体財産**　まず、**個別財産に対する罪**とは、被害者の財物もしくは個々の財産権に対して侵害を加える犯罪をいう。これに対して、**全体財産に対する罪**とは、被害者の全体的財産状態に対して侵害を加え、損害を生じさせた場合に成立する犯罪をいう。全体財産に対する罪である財産罪の類型が存在するか、どの犯罪類型がそれにあたるかについては学説の対立がある。背任罪がそれに属することはほぼ争いがないが、とくに2項犯罪につき全体財産に対する罪かどうかなどその範囲については争いがある。また、1項詐欺罪は、財物に関する罪であるが、通常、詐欺罪は財物に対する対価が伴う犯罪であるため、個別財産に対する罪とのみとらえてよいかどうかには疑問がある。

(c) **動産・不動産**　財物罪は、「財物」を行為客体とするが、財物には不動産も含むかどうかが問題である。この問題については、財物罪の種類によって区別されるべきである。例えば、窃盗罪の客体からは、不動産侵奪罪（235条の2）の追加によって、不動産を除くことが明らかとなったが、1項強盗・1項恐喝が不動産を含むかどうか、不動産はむしろ2項に属するのかどうかについては争いがある。詐欺罪、横領罪、盗品関与罪、毀棄・隠匿罪、背任罪は不動産をも含む。

(d) **領得罪・毀棄罪**　財産罪は、財物の占有ないし所有を侵害し、それを**経済的に利用・処分する意思**（不法領得の意思）をもって行われるか、財物の物質的破壊ないしその効用の滅失を図るかによって、領得罪と毀棄罪とに分類できる。窃盗・強盗・詐欺などの多くの財産罪が領得罪であり、器物損壊・文書毀棄などが、毀棄罪に属する。領得罪は、経済的利欲にもとづく犯罪であるから、これを抑止するために重い刑が科せられ、毀棄罪は、資本主義的には被害者に損害を与えるのみで、自己の直接的利欲とつながらないので、相対的に軽い法定刑を付されている。

(e) **交付・処分行為**　財産罪の侵害態様としては、他人の占有をその意思に反して排除することによって占有を移す類型と、他人の瑕疵ある意思にもとづいて占有を取得する類型とがある。前者に属する犯罪としては、窃盗罪・強盗罪等があり、後者に属するものとしては、詐欺罪と恐喝罪がある。詐欺罪においては、被欺罔者が錯誤に陥って自己の意思にもとづいて処分行為を行うのに対して、恐喝罪においては、害悪の告知によって被害者が畏怖心を抱き、それにもとづいて処分行為をする点で異なる。

(f) **財物の占有**　財物罪は、他人の占有する財物を奪取する類型と、他人の占有に属さない物を取得する類型とに分けられる。窃盗・強盗・詐欺・恐喝などは、前者に属し、横領・遺失物横領は後者に属する。横領は、行為者本人が他人の所有する財物を占有する場合であり、遺失物（占有離脱物）横領は、他人の意思によらず、または意思に反して占有を離れた他人の財物の占有を確保する場合をいう。

2　財物および財産上の利益の意義

> 財物とは有体物をいう。財産上の利益とは、財物以外の財産上の利益をいう。電気については、有体物ではないが、245条は、「電気は、財物とみなす」と規定する。財産罪によって保護される財産上の利益とは、どのようなものか。

1．財物の意義

財産罪の客体は、財物もしくは財産上の利益である。そのうち、「財物」（235条等）ないし「物」（252条・261条）とは何かがここでのテーマである。

(1)　有体性・管理可能性

財物とは、有体性を有する物をいうのか、管理可能な物をいうのかについては争いがある。前者の**有体性説**は、民法85条が、「この法律において『物』とは、有体物をいう」と定義するのを受けて、刑法上も「物」とは「有体物」をいうとする立場である。有体物とは、空間の一部を占めるものをいう。固体・液体・気体を含むが、電気や熱といったエネルギーを含まない。**管理可能性説**は、管理可能なものは「物」であるとする。旧法時代、電気を窃取する行為を窃盗とした判例（大判明36・5・21刑録9・874）があるが、この判例は、管理可能性説に依拠した。電流は有体物ではないとしても、五感の作用によってその存在を認識することができるものであり、容器に蓄積してこれを所持し、任意に支配できるものであって、「可動性と管理可能性を併有する」というのである。

電気が物であるかどうかについては、現行刑法に「**電気は、財物とみなす**」（245条）という規定が設けられたことにより立法的に解決された。しかし、横領罪や毀棄罪については、このような特例の適用がなく、一般に、電気以外のエネルギーが財物に含まれるかどうかについては、基本的に有体性説に立つか管理可能性説に立つかによって異なる「財物」の解釈に委ねられている。管理可能性説によると、熱、音、光などのエネルギーのみならず、債権、人力、役務、情報等も管理可能性を払拭できず、「財物」に含まれる可能性がある。そこで、学説においては、債権等の事務的な管理可能性を除き、物質的管理可能性に限定する見解が唱えられている。

しかし、有体性説の方が限定性に優れており、刑法の体系的解釈の観点からより妥当である。有体性説によると、財物と財産上の利益との区別が明確である。245条は、例外規定と解すべきである。情報については、管理可能性はあるが、それ自体では財物ではなく、情報は、財物を媒体とする場合にのみ、財物として保護されるというべきである。

(2)　財物の価値性

財物は、財産権、ことに所有権の目的となりうる物をいうが、それが金銭的価値・経済的価値をもつかどうかは問わないというのが判例である（最判昭25・8・29刑集4・9・1585）が、財物の価値性については議論がある。財物の価値性については、その客観的価値・主観的価値に分けられ、客観的価値は、さらに使用価値と交換価値に分けられる。

主観的価値については、占有者・所有者の主観的・感情的な価値が存在するのみで、客観的・経済的価値が認められないものについても、刑法上保護の対象となる財物といえるかどうかが問題である。経済的価値がなく主観的価値しか認められないものは、財物として保護されるべきでないという見解とそれも含まれるとする見解があるが、経済的価値とは交換価値に尽きるものではないがゆえに、他人に使用価値がある限りで、経済価値もあるというべきである。

判例においては、一見、価値性がないように思われるような物でも、原則的に価値性は肯定されている。例えば、無効な約束手形、価格２銭くらいの石塊、木像一体と石塊、１枚の勝ち馬予想表、百貨店の買上券、２円（神戸地判平18・3・14LEX/DB）も財物である。下級審の判例において財物性が否定されたのは、メモ用紙１枚、汚れたちり紙13枚、はずれ馬券、パンフレット２通の在中する封筒である。

(3)　禁制品

禁制品とは、麻薬、覚醒剤、銃砲刀剣類のように法令上私人の所有・占有が禁止されている物をいう。所有権ないし占有を保護法益とする刑法が、それらを禁止されている物につき、それを保護するということは違法な法秩序を保護することを意味する。それが許されるかどうかが問題である。学説には、例えば、あへん煙吸食器具、偽造通貨などのような所有権が生じえない物については、財産罪は成立しえないが、元軍用隠匿物資・連合国占領物資のように、たんに占有が禁止されているにすぎない場合には、それが成立するというものがある。

(4)　所有権の対象物

所有権の対象とならないものは財物性を有しない。したがって、禁漁区の鳥獣、河川の砂利、海浜の砂利は、財物ではない。この点、**無主物**は、財物ではあるが、「他人の」財物ではない。ゴルファーがゴルフ場内の貯水池に誤って打ち込んで池の底で放置されていた**ロストボール**は、無主物であろうか。ゴルフ場の経営者がそれを定期的に回収し再利用していたという事実関係のもとで、それを拾い上げた行為は、窃盗罪にあたるであろうか。最高裁は、「本件ゴルフボールは、無主物先占によるか権利の継承的な取得によるかは別として、いずれにせよゴルフ場側の所有に帰していたのであって無主物ではなく、かつゴルフ場の管理者においてこれを占有していたものというべきである」として、窃盗罪の客体にあたるとした（最決昭62・4・10刑集41・3・221）。

人の身体は、所有権の対象とはならないから、財物ではない。人体とその一部については、それが身体から切り離されたとき、所有権の対象となりうるから、財物である。切り取られた毛髪、採取された血液などがそうである。身体に装着して使用する義足、義眼、入歯、コンタクトレンズなどは財物である。人工骨、移植された心臓のように人体に埋め込まれたものは、身体の一部であって、財物ではない。移植される前の摘出された臓器の財物性については見解が分かれている。移植のために摘出された臓器が、移植されてレシピエントの身体に統合されるまでの間に傷つけられたような場合には、いまだにいずれかの身体と機能的統一性をもち、身体の一部が傷害されたと解され、傷害罪を構成すると解すべきであろう。これに対して、体外受精のため冷凍保存されている精子ないし卵子を盗んだ場合には、機能的統一性はなく、窃盗罪とすべきであろう。

葬祭対象品としての死体、遺髪、遺骨、棺内収納物は、財産罪の客体としての財物ではない。190条では、「死体、遺骨、遺髪又は棺に納めてある物」を領得する行為等が窃盗罪よりも軽く処罰されているので、葬祭対象物は、財産罪の客体から除く趣旨と解される。ただし、死体、遺骨なども医学上の標本ないしミイラのように、葬祭・礼拝の対象としての性質を失えば、財物となりうる。

2．財産上の利益の意義

財産上の利益とは、財物以外の財産上の利益一切をいう。積極的財産の増加・消極的財産の減少のいずれでもよい。財産上の利益の侵害・取得の方法として三つの態様がある。①相手方に財産上の処分ないしその意思表示をさせる場合、②相手方に一定の有償の役務を提供させる場合、③有償の情報について情報の複写により相手方に移転させる場合である。第1の事例としては、債務を免除させる場合、債務の履行を延期させる場合、債務の負担を約束させる場合がある。第2の事例としては、タクシーに乗車し走行させる場合である。第3の事例としては、相手方を騙して新製品の製法データを複写させ、自らのコンピュータに送信させる場合がある。

3　財産罪の保護法益

財物罪については、保護法益は、財物の所有権その他の本権なのか、それとも占有なのかが問題となる。あらゆる占有が保護されるのか、一応理由のある占有か。また、財産上の利益は、経済的な利益なのか、法律的な利益なのか、それともその両者なのか。

1．刑法上の財産概念

財産罪の保護法益は、**財産に対する人の支配・管理**である。財産は、財物と財産上の利益の総称である。財産概念には、①法律的財産説、②経済的財産説および③法律的・経済的財産説がある。第1の**法律的財産説**は、法律上保護される財産、すなわち民事法上の権利・利益を刑法上の財産とする説である。第2の**経済的財産説**は、事実上の経済的利益を刑法上の財産とする説である。したがって、これによれば、違法な経済的利益も財産である。第3の**法律的・経済的財産説**は、法的保護に値する経済的利益を刑法上の財産とする説である。第1説によると、例えば、債権は、民事上の権利・義務関係にもとづく利益の得喪がない限り、経済的価値がなくなっても損害とはならない。第2説に立てば、経済的利益がある限り、違法な利益であっても刑法上保護されるべきことになる。かくして、第3の**法律的・経済的財産説**が妥当である。

2．財物移転罪の保護法益

財物移転罪の保護法益について財物に対する他人の所有権その他の本権であるのか、財物に対する事実上の占有であるのかについては、見解が分かれる。**本権説**は、保護されているのは事実上の占有ではなく、所有権その他の本権であるとする見解をいう。**占有（所持）説**は、事実上の占有そのものが保護されているものとする。242条には、「自己の財物であっても、他人が占有」するものは、窃盗罪ないし強盗罪については「他人の財物とみなす」と規定し、251条によって詐欺罪等にも準用されている。これらの規定の解釈については、本権説によれば、所有権者と占有者が異なる場合には、占有者を所有者とみなし、所有者が賃貸している物を占有者から取り返した場合、この規定によって本権を侵害したことになるがゆえに可罰的となる。占有説によれば、242条は、他人の占有を保護する趣旨を注意的に規定したものということになる。この説によると、235条における「他人の財物」とは、他人の占有する財物と解することになる。

判例は、変遷している。大審院は、本権説に立った。242条・251条は、占有者が適法にその占有権をもって所有者に対抗しうる場合に限り適用されるべきものとし、この規定により占有者を保護すべき理由はないとした（大判大7・9・25刑録24・1219）。これに対して、最高裁は、占有説に移行した。**元軍用アルコール**を騙し取った事案につき、財物罪の規定は財物に対する事実上の所持を保護しようとするものであるとする。法律上正当に所持する権限があるか、所持を禁止されているかを問わず、現実に所持しているという事実がある以上、物の所持という事実上の状態それ自体が独立の法益として保護されるというのである（最判昭24・2・15刑集3・2・175）。昭和34年には、**国鉄公傷年金証書**を借金の担保にすることが禁止されていたにもかかわらず、担保として差し入れた者が欺罔手段を用いてそれを取り戻したという事案につき、詐欺罪を肯定し、大審院判例を変更した（最判昭34・8・28刑集13・10・2906）。昭和35年には、さらに、**譲渡担保**としてA所有の貨物自動車の所有権を取得した者が、Aがそのままその自動車を使用していたにもかかわらず、それを自己の車庫に運び去ったという事案につき、窃盗罪の成立を認めた（最判昭35・4・26刑集14・6・748）。最高裁は、平成元年には、買戻約款付自動車売買契約により自動車金融をしていた貸主が、所有権取得後、借主の事実上の支配内にある自動車をその承諾なしに引き揚げた事案につき、242条によって窃盗罪を構成するものとした（最決平元・7・7刑集43・7・607＝百選Ⅱ－26）。

判例が示すように、現代社会における財物の保護は、その所有権そのものの保護よりその利用関係の保護を優先させる要請を充たさなければならなくなっている。それが占有の保護の必要性を基礎づけている。しかし、法秩序に反する違法な事実上の支配をそのまま保護することもできない。そこで、この矛盾する要請を調和させることが必要となる。

学説は、一方で、徹底した事実上の占有ではなく、「**一応理由のある占有**」、「**平穏な占有**」、「民事上保護された適法な占有」といった一定の限定付きの占有を保護法益とする見解を採る。他方で、本権説に修正を加え、本権と占有の両者を保護法益とし、両者が衝突したとき占有を優先させる見解や、第１次的には本権、第２次的には占有とする見解、原則的に本権、例外的には占有とする見解などが唱えられている。

一応理由のある占有を保護法益とするとしても、どのような場合に一応理由のある占有といえるのであろうか。第１に、**禁制品**については、国家との関係で所有・占有が禁止されており、国家から法律上の手続きに則って没収されうるだけであるから、私人による奪取等に対してはその占有は刑法上保護される。第２に、所有者が**窃盗犯人から盗品を取り返す行為**の解決が問題となる。学説の中には、この場合、構成要件該当性は認めたうえで、自救行為等の違法性阻却事由の問題として解決しようとするものがある。しかし、緊急時の違法性阻却事由にあたらない所有権留保付の割賦販売の事例などにおいては、窃盗罪の構成要件該当性を認める必要のない場合もあり、違法性阻却事由を根拠づけえない場合もある。占有者の占有保持に正当で合理的な根拠がある場合にのみ、占有が保護されると解すれば、そうでない場合には、構成要件該当性を否定すべきである。

4　占有の意義

占有とは、物に対する事実上の支配をいう。事実上の支配があるというためには、どのような状態にあることが必要か。横領罪における法律上の占有とは何か。死者は、占有の主体となりうるか。占有に上下・主従の関係などがあるとき、誰に占有が帰属するかはどのようにして決定されるか。

1．占有の概念

(1)　占有の意義

占有とは、**物に対する事実上の支配**をいう。**所持**ともいわれる。刑法における占有概念は、民法におけるよりも事実的要素が強い。「自己のためにする意思」（民180条）を必要とせず、代理占有（民181条）、占有改定（民183条）は認められない。相続によって占有が承継されることもない。

しかし、刑法上の占有も、客観的要素と主観的要素からなる。客観的には占有の事実、すなわち財物に対する**事実上の支配**を必要とし、主観的には、**占有の意思**、すなわち財物に対する支配の意思を必要とする。占有の意思は、事実的支配を補充しその有無を判断するに際して補助的役割を果たすにすぎない。ただし、**横領罪における占有**は、事実上の占有のみならず、法律上の占有をも含む。したがって、横領罪における占有は、財物に対する処分可能性を含むことになる。

(2)　事実上の支配

事実上の支配は、財物に対する現実的な握持・監視のある場合のみならず、財物が占有者の物理的支配が及ぶ場所内に存在する場合、ないし社会観念上その財物を支配する者を推知しうる一定の状態に置かれている場合に認められる。

①**自己の排他的に支配する場所内**にある物についてはその存在を失念していても占有は失われない。②公共の場所に放置した場合でも**占有者の支配が場所的・時間的に延長されて及んでいる**ことが推知しうる範囲内に置かれた物については、占有があるといえる。バスの改札口手前で行列に並んでいた者が、カメラを置いたまま行列の進行によって移動したが、距離にして約20メートル、時間にして約5分過ぎたときに気づき引き返したところ、カメラが持ち去られていたという事案では、占有は肯定された（最判昭32・11・8刑集11・12・3061）。しかし、スーパーマーケットの6階のベンチの上に財布を置き忘れ、約10分後に気づき引き返したが、その間に盗まれていたという事案では、客観的に支配力が及んでいたとは断定できないとして、占有を否定した判例（東京高判平3・4・1判時1400・128）がある。他方、公園のベンチに置き忘れられたポシェットを、被害者がベンチから約27メートルしか離れていな

い場所まで歩いて行った時点で奪ったとき、占有はなお失われていないとした判例（最決平16・8・25刑集58・6・515=百選Ⅱ-28）もある。③**人の支配範囲内にあることが推知しうる状況**がある場合、占有は認められる。例えば、奈良公園の鹿や放し飼いにされた飼い犬に対しては、占有が認められる。④占有が失われても、**排他的支配者たる施設の管理者への占有の移行**がある場合にも、占有は存在する。宿泊客が、旅館内のトイレで紛失した財布、浴場内で置き忘れた時計は、旅館主の占有に属する。ゴルフ場の池の中に打ち込まれたロストボールは、ゴルフ場の管理者の占有に移る（前掲最決昭62・4・10）。しかし、電車・列車内等のように、一般人の出入りが自由であって排他的支配が十分に及んでいない場所に置き忘れられた場合には、占有離脱物である（大判大10・6・18刑録27・545、大判大15・11・2刑集5・491）。

(3)　占有の意思

占有の意思とは、**財物を事実的に支配する意思**をいう。自己の支配領域に存在する財物に対する包括的・抽象的な意思で足りる。占有の意思は、いつでも呼び覚まさせるものである限り、不断の意識を要せず、潜在的占有意思で足りる。占有の意思は、占有の事実の補充的要素であるにすぎないと解すべきである。判例では、自転車を放置したが、酩酊していたため放置した場所も失念していた事案で、占有を否定されたもの（東京高判昭36・8・8高刑集14・5・316）がある。

(4)　占有の主体

占有の主体は自然人に限るか、法人も含むか。まず、自然人については、意思能力のない者、責任無能力者も占有の主体となりうる。**法人**が占有の主体となりうるかについては、消極説を採り、機関の代表者が占有するとする見解と、法人自体がその機関を通じて占有するという積極説がある。

(5)　銀行預金の占有

金銭の占有についても、現金を所持している場合、その所持者に事実上の占有が認められるのは疑いない。民法上も、使途を定めた金銭の寄託の場合を除いて原則として占有と所有は連動する。ただし、横領罪における占有については、銀行預金のように預金口座の名義人が「法律上の占有」を有するとされる場合がある。しかし、この場合でも事実上の占有は、銀行にある。

したがって、銀行に預けられている金銭を、他人が盗めば銀行に対する窃盗罪になる。村長が、自己の保管する村の公金を不法領得の意思をもって引き出す行為が横領かどうかには、横領とする見解（大判大元・10・8刑録18・1231）と、法律上の処分可能性がある場合には法律上の占有を認め、横領は成立しないとする見解の間に争いがある。誤振込にかかる金銭についての占有が誰に帰属するかについては、詐欺罪に関する判例紹介で詳論する（☞6講①-2(1)(b)）。

2．死者の占有

(1)　学　説

死者の占有が認められるかについては、学説が分かれる。死者の占有を一般的に肯定する見解は不当である。しかし、生者が有していた占有は、死によって直ちに失われるのかについては、これを否定する見解が有力である。死者の占有が問題となる事例は、**三つの類型**に分けられる。第1に、最初から財物奪取の意思で殺害し、死者から財物を奪う類型、第2に、殺害後、はじめて財物奪取の意思を生じ、死者から財物を奪取する類型、第3に、第三者によって殺害された被害者から財物を奪取する類型である。

(2)　三つの類型

第1類型については、通説・判例は、**強盗殺人罪**が成立するとする。死亡した被害者から奪取するのに、なぜ強盗殺人罪が成立するのかに関する理由については、①死者の占有を肯定する見解、②相続人の占有を侵害するという見解、③殺害の瞬間に占有が行為者に移転するという見解、④強盗の実行の着手時に、生きている被害者の占有に属するのであれば足りるとする見解などもあるが、⑤占有侵害行為を、死亡の前後に渡って全体的に観察し、行為者が被害者の有していた占有を殺害・強取という一連の行為によって侵害し、財物を自己の占有に移したものとみる見解が妥当である。**第2類型**は、殺害後はじめて財物奪取の意思を生じた場合であるが、殺人罪のほか、**占有離脱物横領罪**が成立するという見解、**窃盗罪**が成立するという見解および**強盗罪**が成立するという見解がある。学説においては、なかでも、財物の奪取が被害者の死亡との時間的・場所的に近接した範囲内にある限り刑法上の保護に値するとして、一連の行為を全体的に評価して窃盗罪とする見解が有力である（最判昭41・4・8刑集20・4・207=百選Ⅱ-29）。しかし、最初から殺害を手段とする事例群とは異なり、殺人行為と奪取行為とを一連の行為とみることはできない。また、自己の殺害行為によって生じた被害者が抵抗不能となった状態を利用して所持金を奪取したから強盗罪が成立するという見解は、本事例群においては、当初から奪取の故意がある場合とは異なり、主観的・事前的に殺害行為が奪取行為の手段とはいえないのであるから、不当である。したがって、占有離脱物横領罪が成立するにすぎないという見解が妥当である。**第３類型**においては、行為者は死亡原因とは無関係であり、新たな管理者の占有のもとに入ったのでない限り、**占有離脱物横領罪**が成立するにすぎない。

３．占有の帰属

財物に対する事実上の支配が重畳的に存する場合、占有が誰に帰属するかが問題となる。それには、**上下・主従の関係**にある複数者の占有の帰属、**対等者間**の占有の帰属、そして、**封緘（ふうかん）委託物**の占有の帰属の問題がある。

①**上下・主従関係**　上位者の指図によって下位に立つ者が現にその財物を支配しているとき、占有は、誰に帰属するのか。学説には、上位者がいつでも財物に対する支配の可能な場合には、上位者に占有が認められ（東京高判昭59・10・30刑月16・9=10・679=百選Ⅱ-27）、上位者と下位に立つ者の間に信頼関係があり、下位に立つ者に財物に対するある程度の処分権がある場合には、下位に立つ者に占有が認められる。店員、出前持などは占有補助者にすぎない。

②**対等な関係**　数人が、ある財物について対等に共同占有する場合には、他の者の共同支配を排除して自己の独占占有に移せば、窃盗罪が成立する。

③**封緘委託物**　封を施され、または錠をかけられた包装物（＝**封緘物**）が委託された場合、占有をもつのは、委託者か受託者か。例えば、施錠されたトランクを預かった者が、錠を外して中身を領得したとき、内容物に対する横領が成立するのか、それとも窃盗罪が成立するのかが問題である。預かったトランクをそのまま処分したときは、横領罪が成立するのではないかと考

えられるなら、内容物についても横領罪にすぎないともいえるからである。学説には、包装物全体については受託者に占有があるが、在中物については寄託者にあるとする見解（二分説）、包装物全体につき寄託者に占有があるとする見解（窃盗罪説）およびその全体につき受託者に占有があるとする見解（横領罪説）がある。在中物については、寄託者に占有が留保されていることは明らかであるので、全体を横領罪とすることはできないであろう。包装物をも含めて全体につき、窃盗罪が成立するという見解が妥当である。

5 不法領得の意思

不法領得の意思とは何か。そのような主観的要素は故意のほかにもそもそも必要なのか。不法領得の意思を認めなければ、毀棄罪と領得罪は区別できず、また、使用窃盗を不可罰とはできないのか。

1．不法領得の意思の必要性

財物罪の主観的要件として、故意のほかに不法領得の意思が必要かどうかが問題である。財産罪には、領得罪と毀棄罪がある。前者は、財物の経済的利用の可能性を取得する点に本質があり、後者は、財物の効用の滅失に本質がある。前者においては、主観的要件として、経済的な利用・処分の意思がなければ、窃盗等の領得罪は成立せず、例えば、たんに財物を隠匿する行為は、不法領得の意思がなく、毀棄罪にしかならないのである。窃盗罪等についても、不法領得の意思が必要なのか不要なのかについては争いがある。

2．不法領得の意思の内容

(1) 不法領得の意思の意義

不法領得の意思とは、判例によれば、権利者を排除し、他人の者を自己の所有物と同様にその経済的用法に従い、これを利用しまたは処分する意思である（大判大4・5・21刑録21・663、最判昭26・7・13刑集5・8・1437)。学説は、判例の定義における「**排除の意思**」の要素と「**利用・処分の意思**」の要素の組み合わせのうちのどれが必要かにより、見解が分かれる。両者ともに必要とする見解、排除の意思があり所有者として振る舞う意思があれば足りるとする説、利用・処分する意思で足りるとする説がある。

(2)　不法領得の意思内容と位置づけ

不法領得の意思を不要とする説を採るとすると、毀棄罪との区別をどうするのか、また、たんなる使用窃盗が処罰されることになるという問題に直面する。**毀棄罪との区別・使用窃盗の排除**は、本説によると、不法領得の意思によらずとも可能である。不法領得の意思必要説に対しては、当初、毀棄・隠匿の意思で占有を奪ったが、後に経済的用法に従って利用・処分したとき、窃盗罪にも横領罪にも問えなくなると批判し、使用窃盗の事例については、その行為自体が可罰的な財物の窃取行為とは認められないと主張する。

不法領得の意思をめぐっては、本権説か所持説かという財物罪の保護法益に関する議論が反映される。本権説に立てば、奪取罪における故意は、占有侵害の認識に加えて本権の侵害の認識をも必要とするというのである。占有侵害と区別するには、財物を奪取することの認識のみならず、主観的に本権を侵害する意図が必要だからである。しかし、今日では、保護法益と不法領得の意思とは直接のつながりはないとされている。事実上の占有説に立つ判例は、不法領得の意思を必要としており、その命題の反証となるからである。

不法領得の意思の必要説が、主観的違法要素肯定論と密接な関係があるわけでもない。通説は、これを**主観的違法要素**とする。権利者排除の意思の点でも、利用・処分の意思の点でも、違法要素であるというものである。しかし、権利者排除の意思は、違法要素であるが、利用・処分の意思は主観的責任要素であるとする見解も有力になってきている。結論的には、領得罪と毀棄罪とを区別するための**犯罪類型個別化機能**をもつにすぎないと解すべきである。不法領得の意思は、客観的要件を限定する主観的構成要件である。

3．不法領得の意思の機能

(1)　使用窃盗との区別

不法領得の意思は、窃盗罪と不可罰な使用窃盗との区別基準としても機能する。**使用窃盗**とは、他人の財物を一時的に使用する行為が窃盗罪を構成しないのではないかという問題である。例えば、通学途中、提出すべきレポートを自宅に忘れた者が、徒歩では間に合わないので、無施錠で自転車置場に駐輪してあった他人の自転車を無断で使用して自宅に戻り、10分後に再び同じ場所に駐輪しておいた場合に、窃盗罪が成立するかそれとも不可罰な使用窃盗にすぎないかである。不法領得の意思必要説からは、上述のような使用窃盗の事例の場合、権利者を排除し、他人の物を自己の所有物と同様にその経済的用法に従い、これを利用し又は処分する意思がないから、不法領得の意思の要件に欠け、窃盗罪は成立しない。他方、不法領得の意思不要説に立っても、この事案では、権利者を完全に排除しておらず、客観的にいまだ財物の占有の取得がないから、使用窃盗として不可罰である。

判例は、不法領得の意思必要説を採っている。大審院は、校長を困らせるために小学校の教員が教育勅語等を教室の天井裏に隠した事案につき、領得の意思を否定し、窃盗罪を構成しないとした（前掲大判大4・5・21）。また、自転車の一時使用の意思、返還の意思があった事案につき、窃盗罪を構成しないとした判例（大判大9・2・4刑録26・26、京都地判昭51・12・17判時847・112）がある。しかし、深夜、他人の乗用車を4時間余り乗り回した事案（最決昭55・10・30刑集34・5・357=百選Ⅱ-32）、ないし「相当長時間にわたって」乗り回した事案（最決昭43・9・17判時534・85）については、不法領得の意思を認め、窃盗罪を肯定した。逃走のため船で対岸へ渡ろうとした事案については、「乗り捨てる意思」があったとして不法領得の意思を肯定した（前掲最判昭26・7・13）。新薬開発のために情報を入手しようとしてファイルを持ち出しコピーしたとき、ファイルにつき不法領得の意思が認められる（東京地判昭59・6・28刑月16・5＝6・476=百選Ⅱ-33）。

(2)　毀棄罪と窃盗罪との区別

「経済的用法に従って利用しまたは処分する意思」があるかどうかによる。投棄する目的や犯行の発覚を免れる目的ないし主として報復の目的である場合には不法領得の意思が否定される。例えば、強姦（強制性交）目的で自動車内に監禁した女性からかばんや携帯電話を取り上げたが、その意図が助けを呼ぶのを封じ、心理的圧力を加える意図であった場合には、不法領得の意思があったとはいえない（大阪高判平13・3・14高刑集54・1・1）。

(3)　占有離脱物横領罪における不法領得の意思

占有離脱物横領罪においても不法領得の意思は必要である。判例によれば、「一時的な無断使用」について、その対象物を自ら使用した後、元の場所に戻す意思であったとしても、持ち出し使用中は所有権者等の権利ないし支配を間接的にせよ侵害していることに違いがないから、その物の経済的用法に従って使用する意思がある以上、原則として不法領得の意思が認められる。足代わりとして無施錠の放置自転車を持ち出した者が、1時間程度は戻らない意思であり、従前もその程度の無断使用を繰り返していたというばかりでなく、当日は約12時間にもわたり無断使用を続けた場合、その持ち出し行為は自己の所有物として振る舞ったといえない程度の短時間で限定的な利用行為とはいえず、不法領得の意思が認められる（福岡高判令3・3・29高刑速令3・524）。

(4)　詐欺罪における不法領得の意思

詐欺罪においても不法領得の意思が必要である。したがって、欺罔行為の結果、財物を受領したが、その際、廃棄するだけで何らかの用途に利用処分する意思がなかった場合には、不法領得の意思は否定される（最決平16・11・30刑集58・8・1005=百選Ⅱ-31）。なお、横領罪における不法領得の意思については後述する（☞7講1-2 (5)）。

第５講

財産罪の諸類型（1）
―窃盗・強盗―

第５講へのアクセス

【Q１】窃盗罪の構成要件につき、客観的な要件および主観的な要件を確認しよう。店で顧客を装って時計を見せてほしいと頼み、店員の隙をみて時計を持ったまま逃走した場合、時計を持ち去る行為は窃取にあたるだろうか（東京高判昭30・4・2高裁特2・7・247参照）。

【Q２】窃盗罪の実行の着手時期はいつ認められるだろうか。侵入窃盗をする目的で店舗の敷地内に入った時点、店舗内に入って物色を開始した時点、目的物のある倉庫内に侵入した時点など、状況に応じて着手の時期が異なるのかどうか考えてみよう。

【Q３】窃盗罪の既遂時期はいつだろうか。①スーパーで会計を済ませる前に着ていたコートの内ポケットに商品を入れたとき、②鍵のかかった自転車を盗もうとして、その鍵を外したとき、③倉庫から持ち出したテレビを後で取りに戻る計画で廃材置き場の陰に隠したときについて考えてみよう。

【Q４】強盗罪の構成要件について確認しよう。暴行・脅迫の程度は、どの程度のものが求められるだろうか。ひったくりが強盗にあたるかどうか考えてみよう。

【Q５】強盗致傷罪において、死傷の結果は、強盗の手段としての暴行・脅迫から生じる必要があるのだろうか。強盗の機会に生じたものであればよいのだろうか。

1　窃盗の罪

窃盗罪は、動産を客体とし、不動産侵奪罪は不動産を客体とするが、両者ともにその占有の移転を犯罪内容とする。それは、財物に対する権利者の占有を排除し、自己または他人の占有のもとに置くことを意味する。財物の概念、不法領得の意思の有無、実行の着手時点および既遂時点が問題となる。親族相盗例（244条）の要件も論点である。

窃盗の罪には、窃盗罪（235条）と不動産侵奪罪（235条の2）がある。窃盗の罪は、他人の占有する財物を窃取することを内容とする。不動産侵奪罪は、他人の占有する不動産を侵奪することを内容とし、昭和35年の刑法の一部改正により新設された。この新設以前は、窃盗罪の客体である「財物」に不動産も含まれるという解釈も行われていた。窃盗罪も不動産侵奪罪も、暴行・脅迫を手段としない犯罪類型である。窃盗の罪においては、財物ではない財産上不法の利益は、保護の客体ではない。窃盗の罪につき、すでに述べたように、保護法益が本権か事実上の占有かについては対立がある（☞4講3－2）。

1．窃盗罪

> 他人の財物を窃取した者は、窃盗の罪とし、10年以下の拘禁刑又は50万円以下の罰金に処する（235条）。未遂は、罰する（243条）。

(1)　客　体

平成18年に、法定刑に**罰金刑**が付け加えられた（法36号）。本罪の客体は、他人の占有する他人の財物である。自己の財物であっても、他人が占有し、または公務所の命令によって他人が看守するものであるときは、他人の財物とみなされる（242条）。「公務所の命令により他人が看守する」とは、執行官の差押などによって、所有者の占有を排除し公務所の占有に移された財物が、公務所の命令によって他人の事実上の支配下に置かれていることをいう。「他人」とは、所有者以外の者をいう。判例によると、公務員が差し押さえた他人の財物を容器等に入れ封印した上で、所有者に保管させた場合、所有者にとっては、自己の物であって他人が占有するものにあたる（大判明43・2・15刑録16・264）。買戻約款付自動車売買契約により自動車金融をしていた貸主が、借主の買戻権喪失により自動車の所有権を取得した後、借主の事実上の支配内にある自動車を承諾なしに引き上げた行為は、この「他人の占有」に属する物を窃取したものとして窃盗罪を構成する（前掲最決平元・7・7＝百選Ⅱ-26）。

(2) 行 為

窃取とは、暴行・脅迫ないし相手方の瑕疵ある意思にもとづく交付によることもなく他人の占有する財物を自己または第三者の占有のもとに移転させることである。

窃取の手段・方法を問わない。したがって、①間接正犯の形態での窃取も可能である。幼児を利用して自宅から借用証書を持ち出させたとき（大判明37・12・20刑録10・2415）、日頃行為者の言動に畏怖し意思を抑圧されている12歳の養女を利用して窃取させたとき（最決昭58・9・21刑集37・7・1070）、窃盗罪が成立する。②機械・装置を利用する行為も窃取にあたる。磁石を用いてパチンコの玉を当たり穴に誘導して玉を取得する行為（最決昭31・8・22刑集10・8・1260）、**パチスロ遊技機**のメダル投入口にセルロイド様器具を挿入し、メダルを読み取る感知装置に異常反応を起こさせメダルを取り出した行為は、窃取にあたる（東京地判平3・9・17判時1417・141）。体感機を利用してパチスロ機で遊戯し、メダルを盗む行為も窃盗にあたるとするのが判例である（東京高判平15・7・8判時1843・157、京都地判平16・1・9LEX/DB、宮崎地都城支判平16・2・5判時1871・147）。**最高裁**は、体感機を「身体に装着し不正取得の機会をうかがいながらパチスロ機で遊戯すること自体、通常の遊戯方法の範囲を逸脱する」のであって、管理者の意思に反してその占有を侵害したものとして、獲得したメダル全部について窃盗罪を肯定した（最決平19・4・13刑集61・3・340）。しかし、これに続く最高裁決定では、パチスロ機から不正な方法によりメダルを窃取した者（A）の共同正犯者が、自らはその隣のパチスロ機で通常の遊戯方法により取得したメダルについては、窃盗罪は成立しないとした。自らのドル箱に、通常の遊戯方法により取得したメダルとAが不正に窃取したメダルとが混在していた場合でも、後者についてのみ窃盗罪が成立し、全体について成立するわけではないとした（最決平21・6・29刑集63・5・461=百選Ⅱ-30）。いわゆる**誤振込の事例**につき、判例によると、送金銀行のミスで預金口座に過剰に入金された金員の占有は、銀行にあり、これを現金自動預払機内から引き出す行為は、窃盗罪を構成する（東京高判平6・9・12判時1545・113）。③人を欺く行為を行ったとしても、その者が錯誤にもとづいて財物を交付し、それによって占有が移転したのでない限り、窃盗である。また、顧客を装って時計を見せてほしいと頼み、隙をみて時計を持ったまま逃走した場合には、相手方の占有を弛緩させただけであって、交付により占有が移転した場合ではないので、窃盗である（東京高判昭30・4・2高裁特2・7・247）。

(3)　実行の着手・既遂時期

実行の着手の時期は、財物に対する占有の侵害行為が開始された時点である。判例によれば、占有侵害行為の開始については、金品物色のため箪笥に近寄るなどの「密接な行為」をしたときに認められる（大判昭9・10・19刑集13・1473、これを支持する学説もある）。しかし、客体たる財物の占有侵害の具体的危険の発生を必要とするべきであろう。最高裁令和４年決定は、警察官になりすました共犯者が、被害者に電話を架けたうえ、キャッシュカードを金融庁職員が持参する封筒に入れて保管する必要があるなどと嘘を述べ、金融庁職員を装った被告人が、被害者宅を訪問してキャッシュカードをすり替えて窃取しようとした事案において、被告人が被害者宅付近路上まで赴いた時点で、「キャッシュカードの占有を侵害するに至る危険性が明らかに認められる」として窃盗の実行の着手を認めた（最決令4・2・14刑集76・2・101）。本件犯行計画によれば、被告人は、被害者にキャッシュカードを封筒に入れさせたうえ、被害者が目を離した隙に、同封筒を別の封筒とすり替えて同キャッシュカードを窃取するいわゆるすり替え型の窃盗をしようとしていたのであり、結果発生に至るまでには、行為者側に、実行行為により近接した必要不可欠の行為が存在する事案であった。本決定は、被害者にキャッシュカードから目を離させる行為があって初めて被害者の事実上の支配を侵害する具体的危険性があるという見解を採らず、被害者付近路上まで赴いた時点ですでに占有を侵害するに至る危険性を認めたが、疑問が残る。

侵入窃盗については、密接な行為があればよいとする見解によれば、現場において客体に対する物色行為の開始があれば実行の着手が認められる。しかし、具体的危険の発生を必要とする見解によれば、当該財物の入った戸棚の引き出し等を開ける行為の開始が必要であろう。他方で、土蔵や蔵の中に客体たる物しか存在しないといった場合には、窃盗の目的でその土蔵・倉などに侵入すれば、窃盗の実行の着手は認められる。

既遂の時期は、財物に対する事実上の支配が移転した時点であるといえよう。これに関しては、学説が分かれている。犯人が目的物に手を触れたときとする説（接触説）、犯人が目的物に対する他人の占有を排除して自己または第三者の占有に移したときとする説（取得説）、犯人が目的物を安全な場所に移転したときとする説（移転説）、犯人が目的物を容易に発見できない場所に隠匿したときとする説（隠匿説）がある。窃盗の本質が財物に対する占有の侵害・移転にあることから、事実上の支配が移転したときに既遂となるとする取得説が妥当である。財物はいつ自己または第三者の支配の下に置かれたことになるかは、財物の形状・占有の形態、犯行の状況等によって異なる。

小型の財物については容易に携行できるので、財物を身につけたとき、既遂となる。他人の事実的支配を脱し、自己または第三者の事実上の支配下に置く必要があるから、例えば、本屋で、本を手に取っただけでは既遂ではなく、脇に挟むなり、ポケットに入れるなり、被害者の監視を逃れて支配下を脱する必要がある。スーパーで備え付けの買物かごに入れて運んだ場合には、代金を払わずに商品を入れたままレジを通過したときに既遂となる（東京高判平4・10・28東高刑時報43・1＝12・59=百選Ⅱ-34）。これに対して、**大型の財物**に関しては、荷造り、移動、搬出などがあったときに既遂となる。工場構内からかなりの重さのものを運び出そうとしたが発見されたとき、いまだ既遂ではない。しかし、車庫の中から木炭６俵を担ぎ出して柵外に運んだときは、既遂である。

財物を他人に容易に発見されない場所に隠したときは、既遂である。例えば、他家の浴場で金製の指輪を発見し、領得の意思をもって一時室内の隙間に隠したとき、既遂である（大判大12・7・3刑集2・624）。

(4)　状態犯

窃盗罪は、**状態犯**である。したがって、犯罪は既遂によって終了するが、その後も違法状態は続く。既遂の後、法益がさらに侵害されても、新たな法益の侵害がない限り、**不可罰的事後行為**である。

(5)　主観的要件

窃盗罪の**主観的構成要件**には、**故意**と**不法領得の意思**が属する。窃盗罪の故意は、財物に対する他人の占有を排除して自己または第三者に移転することを実現する意思である。不法領得の意思は、財物につき権利者を排除しその経済的用法に従ってこれを利用・処分する意思である。複写目的で秘密資料を短時間持ち出したとき（東京地判昭59・6・15刑月16・5＝6・459）、不法領得の意思は肯定される。ほかにも、ユーチューバーが商品である魚の切り身をレジでの清算前に食した行為につき、被害者の権利を確定的に侵害しており、利用妨害の程度は可罰的であるとして権利者排除意思を肯定し、また、本来的な食品の処分方法である点に加え、切り身という財物自体を用いて「動画視聴者の興味を引く」という効用を享受する意思を有していた点を示して利用処分意思も肯定した事案がある（名古屋高判令3・12・14高刑速令3・501）。

2．不動産侵奪罪

> 他人の不動産を侵奪した者は、10年以下の拘禁刑に処する（235条の2）。未遂は、罰する（243条）。

(1)　意　義

本罪は、戦後の混乱期に他人の土地にバラックを建てて占拠する事案が増えたのに対処するために、昭和35年に新設されたものである。従来、不動産は窃盗の客体かどうかが争われていたが、本条新設により、不動産窃盗は、本罪にあたることになった。

(2)　客　体

本罪の客体は、他人の不動産である。「**不動産**」とは、土地およびその定着物をいう（民86条１項）。地表のみならず、地下・地上の空間、水中をも含む。家屋については、部屋、床下、天井を含む。不動産からその構成部分の一部を切り取って奪取した場合には、窃盗罪にあたる。

(3) 行　為

「**侵奪**」とは、不法領得の意思をもって不動産に関する他人の占有を排除して自己または第三者の占有を設定することをいう（最決昭42・11・2刑集21・9・1179）。占有とは、不動産に対する事実上の支配をいう。土地所有者による土地利用の承諾はあったが、使用方法に変更があったとき、どのような場合に、占有の侵奪があったといえるのだろうか。これについて、いくつかの**最高裁の判例**がある。まず、土地の所有者から利用権を与えられた者が、この土地を産廃物の集積場にしようとして大量の廃棄物を堆積させて、容易に原状に回復することができないようにした事案につき、所有者は一定の利用権を認めただけで、占有を喪失しておらず、廃棄物を堆積させる行為によって、他人の占有を排除して自己の支配下に移したものとした（最決平11・12・9刑集53・9・1117＝百選Ⅱ-36）。さらに、簡単な構造の店舗を改造して本格的店舗を構築したという事案については、これによって土地に対する占有を新たに排除したものとして、不動産侵奪罪の成立を認めた（最決平12・12・15刑集54・9・1049＝百選Ⅱ-37）。他方、東京都の公園予定地にリサイクルショップを営業し、風雨対策のため簡易建物を構築した事案では、侵奪とするに疑問が残るとした（最判平12・12・15刑集54・9・923）。侵奪というためには、ある程度継続的に占有を奪う意思が必要である。

3．親族等の間の犯罪に関する特例

> 配偶者、直系血族又は同居の親族との間で第235条の罪、第235条の2の罪又はこれらの罪の未遂罪を犯した者は、その刑を免除する（244条1項）。
> 前項に規定する親族以外の親族との間で犯した同項に規定する罪は、告訴がなければ公訴を提起することができない（同条2項）。
> 前2項の規定は、親族でない共犯については、適用しない（同条3項）。

(1) 本条の意義

本条は、いわゆる**親族相盗例**に関する規定である。直系血族、配偶者および同居の親族の間で窃盗罪、不動産侵奪罪、およびそれらの未遂罪を犯した者には、その刑を免除し、その他の親族の場合には親告罪とするというものである。「法は家庭に入らない」という思想にもとづいている。詐欺、背任、恐喝、横領の罪には準用規定（251条・255条）があり、盗品等の罪については特別の規定（257条）がある。しかし、強盗の罪にはこの種の規定はなく、また、本条も適用されない。

親族相盗例の適用の効果は、1項が刑の免除であるのに対して、2項は親告罪である。

(2)　直系血族等の意義

「直系血族」「配偶者」「親族」の意義は、民法の定めるところによる。「配偶者」は、内縁関係を含まない（名古屋高判昭26・3・12高刑特27・54、東京高判昭26・10・5高刑特24・114）。**内縁の配偶者**への本条の適用ないし類推適用については、最高裁は、「刑法244条1項は、刑の必要的免除を定めるものであって、免除を受ける者の範囲は明確に定める必要がある」として、これを否定する（最決平18・8・30刑集60・6・479）。「同居の親族」とは、事実上同一の住居内で共同の日常生活を営んでいる者をいう。家屋の一室を賃借していても、区画を設け、物資の受配、炊事、起居を別にしている者は同居の親族とはいえない（東京高判昭26・10・3高刑集4・12・1590）。一時宿泊したにすぎない者（札幌高判昭28・8・24高刑集6・7・947）についても同様である。親族の身分は、犯罪の時に存在すれば足り、その後消滅しても本条の適用を妨げない（大判大13・12・24刑集3・904）。逆に、犯罪後に、親族になっても本条の適用はない。また、家庭裁判所から選任された未成年後見人が業務上占有する未成年被後見人所有の財物を横領した場合、未成年後見人と未成年被後見人との間に刑法244条1項所定の親族関係があっても、その後見事務は公的性格を有するものであり、同条項は準用されない（最決平20・2・18刑集62・2・37=百選Ⅱ-35）。

(3)　犯人との親族関係のある者

親族関係は、犯人と被害者の間に存在することを要するが、財物の所有者と占有者が異なる場合に、そのいずれに必要かが問題となる。これについては、三説に分かれる。第1に、犯人と財物の所有者との間に親族関係があれば足り、占有者との関係を問わないとする①**所有者説**、第2に、占有者との間にのみあればよいとする②**占有者説**（最判昭24・5・21刑集3・6・858）、第3に、所有者および占有者の双方との間に親族関係が必要であるとする③**双方**

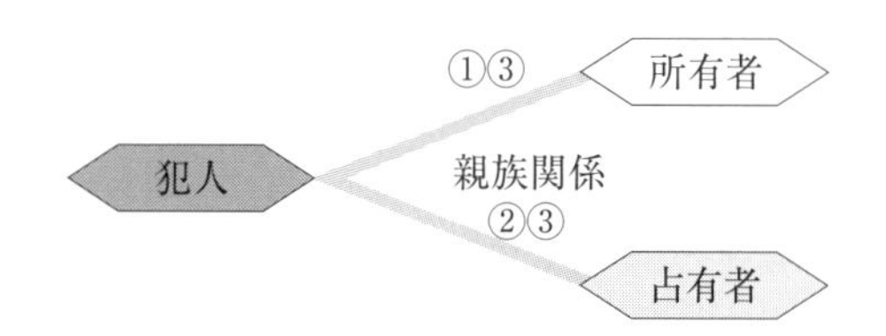

説があり、最後に挙げた説が通説である。この問題は、財産罪の保護法益が、所有権などの本権であるか、占有であるかという対立に原則的に対応する。所有権者の所有権の内容である利用・処分・収益の権利も侵害されており、所有権者との間にも親族関係は要求されるであろう。したがって、双方説が妥当である。

大審院の判例は、所有者・占有者の双方に親族関係が必要であるとしていた（大判昭12・4・8刑集16・485）。戦後、判例は、大審院の判例を変更し、占有者との間に存在すればよいとしたのかどうか解釈は分かれていた。最高裁は、平成6年に、「窃盗犯人と財物の占有者との間のみならず、所有者との間にも存することを要する」として、双方説に立つことを鮮明にした（最決平6・7・19刑集48・5・190）。

(4)　本条適用の効果

親族相盗例の適用により、配偶者、直系血族、同居の親族の間でこれらの犯罪が行われたときは、**刑が免除**される（1項）。その他の親族間でこれらの犯罪が行われたときは、**親告罪**となる（2項）。配偶者等の近親者の間で行われる刑の免除は、有罪判決の一種である（刑訴法334条）。その他の親族間で行われる場合は、親告罪となるが、親告罪は、告訴がなければ有罪とされることもない。したがって、その他の親族の方が、実際上有利となることがある。このため、解釈論上、1項も親告罪として取り扱うべきだという見解ないしここでは刑の免除とは犯罪不成立の場合を意味すると解すべきだという見解も唱えられている。刑の免除の理由については、一身的刑罰阻却事由説が通説であるが、可罰的責任減少説が妥当である。

2　強盗の罪

強盗の罪においては、強盗罪とその周辺の犯罪、加重類型が問題となる。強盗罪は、暴行・脅迫を手段として相手の反抗を抑圧して、財物を強取し、または財産上の利益を得たときに成立する。窃盗を行った後に、財物を取り返されることを防ぐ目的等で追跡者等に暴行・脅迫を加えたとき、事後強盗であるが、その性格をめぐっては、窃盗犯人という身分を有する者による犯行とみるか、窃盗罪と暴行・脅迫罪が結合した犯罪とみるかで、共犯の成立根拠が異なる。強盗犯人が殺意をもって被害者等を殺害したとき、240条（強盗致死罪）の適用があるのかも問題とされている。

1．強盗罪

強盗の罪は、**暴行または脅迫を手段とする盗取罪**であり、客体は、財物または財産上の不法の利益である。暴行・脅迫を手段とするので、生命・身体・自由に対する罪の性質も有する。強盗罪のほか、事後強盗罪、昏酔強盗罪、加重類型として、強盗致死傷罪、強盗強制性交等罪・強盗強制性交等致死罪、これらの罪の未遂罪および強盗予備罪がある。

> 暴行又は脅迫を用いて他人の財物を強取した者は、強盗の罪とし、5年以上の有期拘禁刑に処する（236条1項）。
> 前項の方法により、財産上利益を得、又は他人にこれを得させた者も、同項と同様とする（同条2項）。
> （第236条の）未遂は、罰する（243条）。

(1)　1項強盗罪

強盗取財罪ともいう。本罪の行為は、暴行または脅迫を用いて他人の財物を強取することである。

(a) 暴行・脅迫　暴行または脅迫は、**被害者の反抗を抑圧するに足りるもの**でなければならない。必ずしも現実に反抗を抑圧したことを要しない。被害者が「その精神及び身体の自由を完全に制圧されることを必要としない」（最判昭23・11・18刑集2・12・1614＝百選Ⅱ-38）。反抗を抑圧しうる程度に至らない暴行・脅迫によって財物を交付させた場合には、故意が重なり合う限りで、恐喝罪が成立する。反抗を抑圧するに足りるかどうかは、客観的基準によって判断されるべきである。被害者の財物の交付は、反抗を抑圧されて行われることが必要であると解すべきである。したがって、反抗を抑圧しうる程度の暴行・脅迫が用いられたが、現に、被害者が抑圧されることなく、財物を交付した場合には、未遂である。

暴行は、人に向けられた有形力の行使であれば足り、身体に対して加えられる必要はない。殺害は、有形力の行使であり、完全に反抗を抑圧するものであるから暴行にあたる。

ひったくりが強盗にあたるかどうかは、反抗を抑圧するに足りる暴行があったかどうかによる。反抗抑圧に向けた暴行がないとして、窃盗にしかならないという見解もあるが、判例は、自転車に乗っていた被害者からハンドバッグを引っ張って奪い取ろうとした行為を一般的客観的にみて反抗を抑圧するに足りる暴行であるとした（東京高判昭38・6・28高刑集16・4・377）。たんに財物に対してだけではなく、それを通じて有形力が身体にも及んだ場合などには強盗となる。暴行・脅迫の相手方は、財物の所有者・占有者に限らないが、強取につき障害となる者ないし財物の保持に協力すべき立場にある者ないし占有を補助する者であることを要するであろう。

暴行・脅迫は、強取の手段として行われたことを要する。したがって、**暴行・脅迫行為の後、財物奪取の意思が生じた場合**は、強盗とはならない。強盗というには強取に向けた新たな暴行・脅迫が必要である。**判例**には、強姦（強制性交）の目的で暴行・脅迫を加えたところ、畏怖状態にある被害者が財物を提供したので受け取ったという事案で、「自己の作為したる相手方の畏怖状態を利用して」他人の所持を取得したとして、強取に等しく強盗にあたるとしたものがある（大判昭19・11・24刑集23・252）。財物奪取の意思を生じた後、さらに暴行・脅迫を加え反抗抑圧状態を持続させてその財物を奪ったときは、強盗罪になる（大阪高判平元・3・3判タ712・248＝百選Ⅱ-39）。また、強制わいせつ目的による暴行脅迫の終了後、新たに財物取得意思を生じ、反抗が抑圧されている状態に乗じて財物を取得した場合で、被害者が緊縛された状態にあり、実質的には暴行脅迫が継続していると認められる事案では、新たな暴行脅迫がなくとも、これに乗じて財物を取得すれば強盗罪が成立する（東京高判平20・3・19高刑集61・1・1＝百選Ⅱ-42）。

(b) **強取**　暴行・脅迫をもって相手方の反抗を抑圧し、その意思によらずに財物を自己または第三者の占有に移すことをいう。暴行・脅迫による被害者の反抗の抑圧と財物の奪取との間には因果関係がなければならない。したがって、暴行・脅迫を加えたが、被害者が反抗の抑圧に至ることなく、例えば、憐憫の情から財物を提供した場合、強盗罪は未遂である。強盗の故意でまず財物を奪取し、次いで被害者に暴行・脅迫を加えてその奪取を確保した場合も強盗罪が成立する（最判昭24・2・15刑集3・2・164）。当初は、強盗の意思がなく、窃盗に着手した者が途中から暴行・脅迫を用いて財物を奪取したいわゆる**居直り強盗**の場合も、強盗にあたる。窃盗の実行の着手によっていまだ財物の占有が完全に移転しておらず、暴行・脅迫によって占有を確保したことが、事後強盗との相違点である。

(c) **着手・既遂**　反抗を抑圧するに足りる程度の暴行・脅迫を開始することが実行の着手である。既遂時期は、行為者または第三者が占有を取得した時点である。

(2)　強盗利得罪

財産上の利益に対する罪である。財産上の利益には、債権、情報財があり、不動産も、強盗罪についてはこれに含まれる。不法な利益であってもかまわない。白タクの運転手に暴行・脅迫を加えて逃走し、運送料金の支払いを免れたとき（名古屋高判昭35・12・26高刑集13・10・781）、覚醒剤の返還を免れる目的で委託者を殺害したときも、強盗罪が成立する（最決昭61・11・18刑集40・7・523＝百選Ⅱ-40）。

(a) **詐欺・窃盗と2項強盗**　問題は、財物の窃取ないし詐取の後、暴行・脅迫を加えて対価の支払を免れた場合に、財産上の利益を取得したといえるかである。先の**最高裁昭和61年の事案**（前掲最決昭61・11・18）を紹介しよう。

甲は、乙と共謀し、Aの覚醒剤の第三者への取引を装ってAをホテルに呼び出し、覚醒剤を奪って殺害する計画を立てた。甲は、別室にいる客が覚醒剤をみたうえで取引したいと述べていると偽って覚醒剤を預かり、そのまま別室の乙にAのもとに向かうように指示し、覚醒剤を持ってホテルから逃走した。乙は、至近距離からAに対してけん銃を発射したが、重傷を負わせたにとどまった。

この事案に対し、最高裁は、**２項強盗による強盗殺人未遂罪**が成立するとした。先行する覚醒剤取得行為がそれ自体としては、窃盗罪または詐欺罪のいずれにあたるにせよ、その罪と（２項）強盗殺人罪のいわゆる包括一罪であるとする。これには、一人の裁判官の「意見」があり、先行する行為が窃盗であるとすれば、事後強盗罪以外に２項強盗罪が成立することはなく、詐欺罪であってはじめて２項強盗罪が成立するものとした。そして、本事案では、先行する行為は、詐欺であり、したがって、２項強盗罪が成立するという。多数意見のように、先行するのが窃盗罪であっても、後の暴行・脅迫によって２項強盗罪が成立するとするのは不当である。詐欺罪の場合、法律行為により、契約の締結があるが、それにもとづいて支払請求権が生じる。暴行・脅迫によってそれを免れるのは、２項強盗にあたるといってよい。しかし、先行する窃盗罪は、契約関係に入ったのではなく、所有権にもとづく返還請求権ないし不法行為にもとづく損害賠償請求権が生じることはあっても、代金支払請求権が生じるわけではない。もし窃盗によって発生した返還請求権等も２項の客体であるなら、事後強盗の規定は２項によって当然処罰される範囲を限定したものと解するか、無意味な規定と解するかとなる。２項犯罪は、法律行為にもとづき発生した債権関係等について生じるのであって、１項の客体である財物に関する返還請求権等の権利・利益について生じるものではない。

(b) 財産的処分行為？　２項強盗は、被害者の**財産的処分行為**にもとづいて財産上の利益を取得することを予定した行為類型かどうかが争われている。大審院の判例は、財産上の処分を強制することが２項強盗の要件であるとしていた（大判明43・6・17刑録16・1210）が、最高裁は、これを不要とした（最判昭32・9・13刑集11・9・2263＝百選Ⅱ-39）。学説には、１項において「占有の移転」という外部的事実の発生が財物の取得の要件であるように、財産的処分行為が２項の「利益の移転」を表す外部的事実と解するべきだという**積極説**と、１項と同様、２項についても処分行為は要件ではないとする**消極説**とがあるが、消極説が通説である。

(c) 利益の移転　**財産上の利益の移転**は、法律上・事実上利益が移転したとみられる事態の存在によって確定される。債権者を殺害したときにつねに強盗殺人罪となるわけではない。それによって債権の追及が著しく困難になったことが必要である。債権者側による速やかな債権の行使を相当期間不可能ならしめたときも、財産上不法の利益を取得したものといえる。したがって、推定相続人が他の推定相続人を殺害しても、強盗殺人罪を構成しない。相続の開始による財産の継承は、人の死亡を唯一の原因として発生するもので、任意の処分の観念を容れる余地はないとして、相続の利益を得ようとして被相続人を殺害した事案に強盗殺人罪の成立を否定したものがある（東京高判平元・2・27高刑集42・1・87）。

また、利益の移転は、その財産上の利益を受けうる地位を取得したときに認められるとする判例がある。これによれば、住居侵入後キャッシュカードの窃取に着手し、いつでも容易にその占有を取得できる状態に置いた上で、同キャッシュカードの占有者に脅迫を加えて同キャッシュカードの暗証番号を強いて聞き出した行為につき、利益強盗（236条２項）が成立する（東京高判平21・11・16判時2103・158＝百選Ⅱ−41）。その理由は、キャッシュカードとその暗証番号を併せ持つ者は、「事実上当該預貯金を支配しているといっても過言ではなく、キャッシュカードとその暗証番号を併せ持つことは、それ自体財産上の利益とみるのが相当」であるという点に求められている。しかし、「預金の払戻しを受けうる地位」を取得したことが、現金自動預払機（ATM）の操作をせずとも、すでに「財産上の利益」を得たといえるかには疑問が残る。

２．事後強盗罪

> 窃盗が、財物を得てこれを取り返されることを防ぎ、逮捕を免れ、又は罪跡を隠滅するために、暴行又は脅迫をしたときは、強盗として論ずる（238条）。未遂は、罰する（243条）。

(1)　意　義

窃盗行為の後に、追跡・逮捕行為等から免れるため暴行・脅迫が加えられることが多いので、それに強盗と同じ刑で対処するため設けられた規定である。

(2) 主 体

本罪の主体は、窃盗犯人である。窃盗は、既遂・未遂を含む。本罪を**身分犯**と解するか、**結合犯**と解するかについては基本的な見解が対立している。身分犯説は、真正身分犯説と不真正身分犯説とに分かれる。**真正身分犯説**は、身分がなければ犯罪が成立しないと解するので、窃盗犯人が暴行・脅迫行為を行ったとき、財産犯の主体でなければ犯罪とならない行為を行ったものとみる。したがって、事後強盗は、財産犯である。**不真正身分犯説**は、窃盗犯人という身分によって、一般人でも行いうる行為、すなわち、暴行・脅迫が、身分者が行うことによって加重処罰される類型と解する。したがって、事後強盗は、暴行・脅迫罪という粗暴犯の加重類型である。しかし、事後強盗の未遂（243条）が、窃盗罪の未遂を意味するとすれば、身分犯説によれば、犯罪の主体である身分が既遂・未遂を決定することになる。そこで、**結合犯説**は、事後強盗罪を窃盗罪と暴行・脅迫罪の結合犯であると解し、「窃盗」とは、窃盗の実行行為を行った者の意味であって、換言すれば、事後強盗罪は、窃盗を実行した後、暴行または脅迫を行った者を処罰する規定であると読む。この結合犯説に立つと、事後強盗の実行の着手は、すでに窃盗の実行の着手時点で認められることになると批判される。しかし、窃盗を実行行為の一部と解しても、実行の着手は、暴行・脅迫の開始時と解することは可能であるから（☞総論9講3-1 (2) (b) ③事後的遡及評価説）、結合犯説が妥当である。この論争は、窃盗行為の後に暴行・脅迫のみに加担した共犯者の共犯行為をどう解するかという論点において意味をもつ。

(3) 行 為

窃盗を行った者が、財物を得てそれが取り返されるのを防ぎ、逮捕を免れるため、または罪跡を隠滅するため、暴行・脅迫を加えることである。暴行・脅迫は、相手方の反抗を抑圧するに足りる程度のものであることを要する。暴行・脅迫の相手方は、窃盗の被害者に限らず、追跡してきた第三者、逮捕しようとした警察官などでもよい。

暴行・脅迫は、**窃盗の機会**に加えられることを要する。窃盗の現場ないしこれと時間的・場所的に密着した機会であることが必要である。**窃盗の現場の継続的延長**があるとみられる状況のもとであれば窃盗の機会である（最決昭34・3・23刑集13・3・391）。窃盗犯人が、他人の居宅内で財物を窃取後、窃盗の犯意を持ち続けて天井裏に潜み約３時間後に駆け付けた警察官の逮捕を免れるために暴行を加えたという事案は、窃盗の機会継続中であるとされた（最決平14・2・14刑集56・2・86）。しかし、侵入窃盗の後、約30分して再度同宅に盗みに入ろうと玄関の扉を開けたところ、家人に発見されたため駐車場に逃げたが、発見され、逮捕を免れるためナイフで脅迫した事案につき、財布等を窃取した後、誰からも発見・追跡されることなく犯行現場を離れ、ある程度の時間を過ごしているので、この脅迫は、窃盗の機会の継続中に行われたものではないとされた（最判平16・12・10刑集58・9・1047＝百選Ⅱ-43）。

(4)　事後強盗の既遂・未遂の区別

これについては、基本的に**三つの見解**がある。**第１説**は、暴行・脅迫の既遂・未遂とする見解である。この見解によれば、強盗罪と事後強盗罪の既遂・未遂の区別基準は異なることになる。**第２説**は、窃盗行為の既遂・未遂によるとする見解である（通説・判例）。この説によると、暴行・脅迫に至る前に事後強盗の既遂・未遂がすでに決定されていることになる。**第３説**は、窃盗の既遂・未遂を問うことなく、暴行・脅迫により最終的に財物を取得したかどうかによるとする見解である。この説によっても、窃盗が未遂に終わった場合には、逮捕を免れ、または罪跡を隠滅する目的で暴行・脅迫を加えたとしても、最終的に財物を取得することがないから、すでに既遂・未遂は決定されている。結論的には、通説・判例のように窃盗の既遂・未遂によって判断する見解が妥当である。

(5)　共　犯

本罪においては、**暴行・脅迫にのみ加担した共犯の範囲**が問題となる。これについては、身分犯説と結合犯説が対立する。**身分犯説**は、65条の適用により共同正犯とする。真正身分犯説では、１項の適用により後の加功者は、事後強盗の共同正犯の責任を負う（大阪高判昭62・7・17判時1253・141＝百選Ⅰ-95参照）。不真正身分犯説では、２項の適用により窃盗犯人という身分のない後の加功者には、暴行罪ないし脅迫罪が成立するか、あるいは通常の刑としてそれらの刑が科せられる。**結合犯説**によると、承継的共同正犯を肯定する立場からは、後の加功者が、先行の状態を積極的に利用した場合には、事後強盗罪の共同正犯が成立し、承継的共同正犯を否定する立場からは、暴行罪・脅迫罪の限度で共同正犯となる（☞総論11講2-5）。

(6) 途中で陥った責任無能力状態

窃盗の実行の時点では、完全な責任能力を有していたが、暴行・脅迫時には限定責任能力ないし責任無能力に陥っていたという場合、身分犯説からは、実行行為は暴行・脅迫であるので、全体につき限定責任能力等であることになる。結合犯説に立っても、構成要件行為が窃盗行為と暴行・脅迫行為に分かれるため、一つの行為の一部に責任能力がある場合とは異なり、一方の行為についてのみ責任能力があれば十分とはいえないであろう。

3．昏酔強盗罪

> 人を昏酔させてその財物を盗取した者は、強盗として論ずる（239条）。未遂は、罰する（243条）。

人を昏酔させてその財物を盗取する強盗罪である。財物奪取の手段として麻酔薬ないし睡眠薬を使用する点で、強盗罪と異なる。「昏酔させる」とは、意識作用に障害を生じさせ財物に対する事実的支配の困難な状態に陥れることをいう。たんに昏酔状態に乗ずるのは、窃盗罪にすぎない。「盗取する」とは、昏酔によって反抗しえない状態を利用して財物の占有を奪取することをいう。

4．強盗致死傷罪

> 強盗が、人を負傷させたときは無期又は6年以上の拘禁刑に処し、死亡させたときは死刑又は無期拘禁刑に処する（240条）。未遂は、罰する（243条）。

(1) 意　義

本罪は、強盗の機会に死傷の結果が伴うことが多いことにかんがみて、被害者の生命・身体の保護のための強盗罪の加重類型として規定された。「負傷させたとき」につき、当初は７年以上の拘禁刑とされていたが、平成16年改正により「６年以上」とされ、酌量減軽により執行猶予を付けうることになった。

本罪は、結果的加重犯であるが、殺人の故意ある場合にも適用があるかが問題となる。

(2)　主　体

強盗である。強盗罪の実行に着手した者をいう。事後強盗・昏酔強盗の犯人も含む。

(3)　行　為

人を負傷させ、または死亡させることである。「人を負傷させ」たとは、他人に傷害を加えることをいう。暴行行為から生じるか脅迫行為から生じるかを問わない。少なくとも204条の傷害罪の要件は充たす必要があるとして、脅迫からの傷害は含まれないと解する見解もあるが、限定する必要はないとするのが通説である（大阪高判昭60・2・6高刑集38・1・50）。

傷害の程度については、社会通念上看過しえない程度のものであること、すなわち、一般に医師の治療措置を受ける必要の認められる程度のものであることが必要であるとされている。従来は、法定刑が「7年以上」であり、傷害の発生によって執行猶予が付けられないほど刑が重かったことから、ある程度の傷害以上に限定する解釈が根拠づけられていた。現在でも、軽微な傷害は強盗罪によって包括的に評価されていると解すべきである。

殺人の故意ある場合に本条は適用されるか。240条は、「死亡させたとき」と規定するが、この規定を故意の場合も含むと解釈しうるかどうかが問題である。これについては、殺人の故意ある場合も含むと解する見解が、現在の通説・判例である。しかし、殺人罪と強盗致死罪の観念的競合であるとする説、強盗罪と殺人罪の観念的競合であるとする説などもある。通説が妥当である。「人を負傷させた」という要件が、傷害罪の成立には少なくとも暴行の故意が必要であるから、本罪においても同様に暴行の故意を要するという見解があるが、単純な過失傷害の場合も含むと解すべきである。また、傷害の故意ある場合も含む。

死傷の結果は、強盗の手段としての暴行・脅迫から生じる必要はない。学説の中には、**手段説**もあるが、**強盗の機会に強盗と密接な関連性**において生じたものであればよい。たんなる機会（**機会説**）では十分でなく、強盗行為に通常付随しそれと密接な関連性のある行為から生じる必要がある（**密接関連性説**）。強盗犯人が逃走にあたり追跡してきた家人を日本刀で突き刺し、死亡させた場合（最判昭24・5・28刑集3・6・873）には、密接関連性は肯定できる。被害者を自動車に乗り込ませたうえ、暴行脅迫を加えて現金等を強取した後、罪跡を隠滅するため、被害者に覚醒剤を注射して約50キロメートル離れた山中に放置し、死亡させた事案で、「強盗と罪跡を隠滅する行為との間には、連続性ないし一体性がある」としたものがある（東京高判平23・1・25高刑集64・1・1＝百選Ⅱ-44）。「密接関連性」の判断に、覚醒剤を注射して放置する計画は当初からあり、被害者を監禁している自動車で移動し、常時被害者の間近に居続けていることが考慮されていると解することができる。

(4) 既遂・未遂

強盗殺人罪の既遂・未遂は、死亡の有無による（大判昭4・5・16刑集8・251＝百選Ⅱ-43）。強盗が、傷害の故意で傷害を加えようとしたが、傷害が発生しなかったとき、強盗傷人罪の未遂が成立するとする見解もあるが、多数説は、その場合、強盗罪にとどまるという。多数説が妥当である。

5．強盗強制性交等罪・強盗強制性交等致死罪

> 強盗の罪若しくはその未遂罪を犯した者が強制性交等の罪（第179条第２項の罪を除く。以下この項において同じ。）若しくはその未遂罪をも犯したとき、又は強制性交等の罪若しくはその未遂罪を犯した者が強盗の罪若しくはその未遂罪をも犯したときは、無期又は７年以上の拘禁刑に処する（241条１項）。
> 前項の場合のうち、その犯した罪がいずれも未遂罪であるときは、人を死傷させたときを除き、その刑を減軽することができる。ただし、自己の意思によりいずれかの犯罪を中止したときは、その刑を減軽し、又は免除する（同条２項）。
> 第１項の罪に当たる行為により人を死亡させた者は、死刑又は無期拘禁刑に処する（241条３項）。本罪の未遂は、罰する（243条）。

(1) 強盗強制性交等罪

刑法旧241条は、強盗犯人が強盗の機会に反抗を抑圧された状態の女子を強姦する行為を重く処罰しようとする趣旨の規定であり、強盗罪と強姦罪の結合犯であった。逆に、強姦の機会に強盗を犯した場合には、強姦罪と強盗罪の併合罪とされていた。しかし、平成29年の改正により、強盗と強制性交等の前後を問わない類型とされた。「強盗の罪」には、事後強盗、昏睡強盗を含む。「強制性交等の罪」には、準強制性交等は含むが、監護者性交等は含まない。

本罪は、強盗行為と強制性交等の行為の先後を問わない両罪の結合犯である。暴行・脅迫と窃取（盗取）の結合犯が強盗であるという場合には、先の暴行・脅迫行為の時に、窃取（盗取）が意図されている必要があるが、本罪の場合は、強盗ないし強制性交等の故意が先行の犯罪が終了した後に生じた場合でもよい点で、異なる。そこで、この類型は「事後的結合犯」と呼ばれる。本罪を身分犯とし、後の実行行為にのみ関与した共犯につき、共犯と身分に関する65条を適用して、両罪の共犯を認める見解もあるが、それぞれの実行行為が結合された類型であり、身分犯ではない。

強盗罪については、暴行・脅迫によって反抗を抑圧し、または昏睡させることを必要とするので、強制性交等の手段たる行為から「反抗抑圧」が生じた状態を利用して財物を窃取したとしても、強盗に向けられた暴行・脅迫はなく、本罪の要件を充たさない。逆に、強盗犯人が、強制性交等の実行行為を行う場合、強盗の際の反抗抑圧状態に乗じた場合、準強制性交等の「心神喪失若しくは抗拒不能に乗じ」の要件を充たし、本罪は成立する。

本罪は、強盗の既遂・未遂、強制性交等罪の既遂・未遂いずれの場合にも成立する。その犯した罪がいずれも未遂罪であるときは、人を死傷させたときを除き、その刑を減軽することができる（任意的減軽）。ただし、自己の意思によりいずれかの犯罪を中止したときは、その刑を減軽し、又は免除する（必要的減免）。

(2)　強盗強制性交等致死罪

旧規定では、「よって」被害者を死亡させたときと規定していたことから、本罪は結果的加重犯であると解され、殺人や傷害につき、故意がある場合にどう解するかについては、強盗強姦罪と殺人罪の観念的競合とする見解、強盗強姦致死罪と殺人罪の観念的競合と解する見解、強盗殺人罪と強盗強姦罪の観念的競合とする見解など、解釈が分かれていた。本規定では、「よって」の文言は使用されず、殺意のある場合を含む趣旨を明らかにした。殺意がありつつ、致死結果が発生しなかった場合は未遂となる。「致傷」については、規定がない。強盗強制性交等罪の刑の重さ（無期又は7年以上の拘禁刑）から、241条1項には致傷の場合も含むと解することができる。

6．強盗予備罪

> 強盗の罪を犯す目的で、その予備をした者は、2年以下の拘禁刑に処する（237条）。

強盗の罪を犯す目的でその実行を準備する行為を罰するのが本条の趣旨である。目的犯である。**事後強盗の目的**も本条の目的に含まれるか。判例はこれを肯定する（最決昭54・11・19刑集33・7・710）。この判例は、侵入窃盗を計画し、発見された場合脅迫して盗品の取り返しを防ぎ逮捕を免れようとして、侵入すべき事務所を物色して登山ナイフなどを携帯して徘徊していたとき、事後強盗罪の予備が成立するという。学説には、事後強盗罪の規定が予備罪よりも後ろにあることなどを理由に、否定するものもあるが、肯定説が妥当である。

予備を行った者が、実行の着手以前に強盗の罪を犯す目的を放棄したとき、中止犯規定（43条但し書）の準用を認めるべきである。

第6講

財産罪の諸類型 (2)
―詐欺・恐喝―

第6講へのアクセス

【Q1】人を欺く行為は、どのような事項を偽る場合でもよいのだろうか。例えば、暴力団員が暴力団に所属していることを隠してゴルフ場を利用した場合、その身分を偽る行為は欺く行為にあたるのだろうか(最判平26・3・28刑集68・3・582＝百選Ⅱ-51、最判平26・3・28刑集68・3・646参照)。入口に「暴力団員の方の利用お断り」と掲示されていた場合、受付で係員から暴力団員かどうかを尋ねられた場合などについて考えてみよう。

【Q2】特殊詐欺にはどのような特徴があり、どのような犯罪構成要件が問題になるのだろうか。架け子が警察官を装って被害者に電話をし、現金交付を求める前にも詐欺罪の実行の着手は認められるのだろうか(最判平30・3・22刑集72・1・82＝百選Ⅰ-63参照)。また、被害者と警察による「騙されたふり作戦」開始後に共謀に加わった受け子が被害者から発送された荷物を受領した場合、受け子は加功前の欺く行為の点も含めて詐欺未遂罪の共同正犯になるのだろうか(最決平29・12・11刑集71・10・535＝百選Ⅰ-82参照)。

【Q3】他人名義のクレジットカードを名義人の承諾を得て使用した場合、詐欺罪は成立するだろうか。名義人の承諾があると誤信していた場合はどうか(最決平16・2・9刑集58・2・89＝百選Ⅱ-55参照)。

【Q4】キセル乗車をしようとして、入場情報のない回数券を下車駅の自動改札機に投入する行為は、「虚偽の電磁的記録を人の事務処理の用に供した」として、電子計算機使用詐欺罪にあたるだろうか(最平24・10・30高刑速平24・146=百選Ⅱ-60参照)。下車駅の自動改札機が、入場情報を出場の許否を決する際の判定対象としていない場合、同罪は成立するだろうか(名古屋高判令2・11・5高刑速令2・522)。

1　詐欺の罪

> 詐欺の罪は、詐欺罪と準詐欺罪、電子計算機使用詐欺罪からなる。とりわけ重要なのは、詐欺の成立要件である。すなわち、詐欺行為（欺罔）があり、それによって相手方が錯誤に陥り、それにもとづいて処分行為をし（交付し）、財物の占有や財産上の利益が移転することである。例えば、錯誤にもとづく交付がなければ、占有の移転があっても、窃盗にはなりうるが詐欺とはならない。詐欺が成立するかどうかは、キセル乗車やクレジットカードの不正利用、訴訟詐欺等のさまざまな場面で争われてきた。

1．詐欺の罪の意義

詐欺の罪は、人を欺いて錯誤を生ぜしめ、その錯誤による瑕疵ある意思にもとづいて財物ないし財産上の利益を得、または他人に得させる罪をいう。本罪は、欺く（欺罔）行為、錯誤、処分行為（交付）、詐取（財産の移転）という因果経過をたどって実現されることが必要であり、主観的にもこのような因果経過によって財産を取得することが表象されていなければならない。

詐欺罪（246条１項）、詐欺利得罪（同条２項）、準詐欺罪（248条）、電子計算機使用詐欺罪（246条の２）、これらの罪の未遂罪（250条）がこの罪に含まれる。詐欺の罪の保護法益は、個人の財産である。

公共的法益に対する詐欺的行為に対して、詐欺罪は成立するか。例えば、①詐欺的な方法による脱税は、税法違反のほか詐欺罪を構成するか、係員を欺罔して印鑑証明書や旅券（最判昭27・12・25刑集6・12・1387）等を交付させた場合、あるいは、②農地法の規定によって国が所有する未墾地の売渡事務をつかさどる県知事を欺いて土地の所有権を取得する行為が詐欺罪にあたる（最決昭51・4・1刑集30・3・425＝百選Ⅱ-47）かが問題である。前者①については、通常、詐欺罪にあたらないとされ、後者②は、詐欺罪を構成するとされる。

詐欺罪の中でも、とくに「特殊詐欺」といわれる詐欺が増えている。特殊詐欺とは、「被害者に電話をかけるなどして対面することなく信頼させ、指定した預貯金口座へ振り込ませるなどの方法により、不特定多数の者から現金等をだまし取る犯罪」の総称と定義されている（令和２年版・犯罪白書14頁）。特殊詐欺は、集団で、役割分担を定めて組織的に計画・実行されることが多く、しかも「架け子」や「受け子」が犯罪の全容を知らずに、それぞれ詐欺の実行行為を分担して、場合によっては途中参加で実行することも多く、「欺罔」「錯誤」「受領」などの詐欺罪の要件が充足されるか、あるいは、実行の着手時点（最判平30・3・22刑集72・1・82＝百選Ⅰ−63）、故意、共謀（意思の連絡）、承継的共同正犯（最決平29・12・11刑集71・10・535＝百選Ⅰ−82）などの総論の論点が問題になる事案が多い（☞総論９講3−2（2）、11講2−5）。これらは、解釈論上の重要な論点になっているので、後述する（☞1−4）。

本章の罪について、親族間の犯罪に関する特例（244条）が準用される（251条）。

2．詐欺罪

> 人を欺いて財物を交付させた者は、10年以下の拘禁刑に処する（246条1項）。未遂は、罰する（250条）。

(1) 客　体

財物は、他人の占有する他人の財物である。窃盗罪とは異なり、財物には動産のみならず、不動産も含む。各種証明書の不正受給については、判例では、旅券、運転免許証などは、財物的価値が否定され、国民健康保険証書、簡易生命保険証書（最決平12・3・27刑集54・3・402）などは肯定されている。

(a) **金銭の占有**　これについて、民法上は占有と所有とが連動するが、刑法上は、使途を定めた金銭の寄託の場合、所有権と占有とが分離する。詐欺罪においては、自己の口座に誤って振り込まれた金銭の占有は、銀行にある。したがって、窓口で**誤振込**であることを知りながらこれを秘して引き出した場合には詐欺にあたるが、現金自動預払機（ATM）によって引き出した場合には、窃盗罪が成立する。ATMを用いて他人の口座に振替送金した場合には、電子計算機使用詐欺罪（246条の２）が成立する。これに対して、委託関係によらず占有が口座開設者に帰属したのであるから、振り込まれた金銭は占有離脱物であり、これを引き出した場合、占有離脱物横領罪（254条）が成立するとする見解も唱えられている。

(b) **誤振込事案に関する判例**　これにつき、判例には、占有離脱物横領罪とするもの（東京地判昭47・10・19研修337・69）、銀行の窓口から引き出した場合、1項詐欺が成立するとするもの（札幌高判昭51・11・11判タ347・300）、CD機でカードで引き出した場合につき、窃盗罪を認めるもの（東京高判平6・9・12判時1545・113）があった。しかし、原因となる法律関係の有無にかかわらず誤振込を受けた受取人の預金債権が成立するという民事判例が出され（最判平8・4・26民集50・5・1267）、最高裁は、「振込依頼人から受取人の銀行の普通預金口座に振込みがあったときは、振込依頼人と受取人との間に振込みの原因となる法律関係が存在するか否かにかかわらず、受取人と銀行との間に振込金額相当の普通預金契約が成立し、受取人が銀行に対して右金額相当の普通預金債権を取得するものと解するのが相当である」とした。

刑法上この判例をどのように解するかについては、**最高裁**が、誤振込の事案に、先の民事判例を前提としても刑法上詐欺罪が成立するとの判断を下した（最決平15・3・12刑集57・3・322＝百選Ⅱ-52）。最高裁は、次のようにいう。「受取人である被告人と振込先の銀行との間に振込金額相当の普通預金契約が成立し、被告人は、銀行に対し、上記金額相当の普通預金債権を取得する」が、銀行実務では、誤振込の振込依頼人からの申出があれば、受取人の預金口座への入金処理が完了している場合であっても、受取人の承諾を得て振込依頼前の状態に戻す、組戻しという手続が執られており、また、受取人から誤った振込みがある旨の指摘があった場合にも、自行の入金処理に誤りがなかったかどうかを確認する一方、振込依頼人に対し、当該振込みの過誤の有無に関する照会を行うなどの措置が講じられている。また、受取人においても、「自己の口座に誤った振込みがあることを知った場合」には、「誤った振込みがあった旨を銀行に告知すべき信義則上の義務があると解される」。そうすると、「誤った振込みがあることを知った受取人が、その情を秘して預金の払戻しを請求することは、詐欺罪の欺罔行為に当たり、また、誤った振込みの有無に関する錯誤は同罪の錯誤に当たるというべきであるから、錯誤に陥った銀行窓口係員から受取人が預金の払戻しを受けた場合には、詐欺罪が成立する」。

(2) 行　為

詐欺罪の「行為」は、**人を欺いて財物を交付させること**である。

(a) 欺く行為（欺罔(ぎもう)行為）「人を欺いて」とは、財物の占有の移転につき錯誤に陥らせ、または陥った錯誤を維持させることをいう。人を欺く行為の手段・方法に制限はない。言語によると動作によるとを問わない。将来の事実に関して欺く場合も含む。作為による場合でも不作為による場合でもよい。

(i) 黙示的詐欺　詐欺行為は、言語によって積極的に事実を偽る場合のほか、その挙動の社会的意味、すなわちその客観的解釈からして事実を偽ったとみなされる場合もある。後者を**黙示的詐欺**ないし**挙動による詐欺**という。例えば、代金を支払う意思なく、飲食店で料理を注文した場合、行為者は、「代金を支払う」と明言したわけではない。しかし、料理店で注文する行為は、社会的にみて代金を支払うという解釈を招く行為である。したがって、この注文行為が黙示的な欺罔である（最決昭30・7・7刑集9・9・1856＝百選Ⅱ-53）。このように、この注文行為は、作為的な挙動であるが、事実に反することを明言しているわけではないので、**黙示による欺罔**にすぎない。

(ii) 不作為による詐欺　これに対して、不作為による欺罔は、すでに何らかの原因から錯誤に陥った者に対して事実を告知する義務（告知義務）があるにもかかわらず、それをしなかったことによってその錯誤を維持する場合に生じる。例えば、釣銭詐欺の事案がそうである。被害者が錯誤によって過剰な釣銭を渡そうとしているのに気づきながら、それを指摘せず、過剰な釣銭を受け取った場合には、不作為による欺罔である。法律上ないし事実上の告知義務の有無が、不作為による欺罔が可罰的となるかどうかを決定する。

判例においては、生命保険契約の締結に際して既往症を告知しなかった場合、金銭借用の際に準禁治産者（準保佐人）である事実を黙秘した場合、不動産取引において抵当権設定登記済である事実を黙秘した場合などで告知義務が認められている。

(b) 重要な錯誤の惹起　取引上重要な事実に関する詐欺行為であることが必要である。取引の客体である財物・財産上の利益に関する価値、性質、機能、効果のほか、対価に関する錯誤の惹起がそれにあたる。

しかし、どの程度の欺罔があれば重要な錯誤の惹起といえるのかの判断は困難である。例えば、取引当事者の身分・資格がいかなる場合に取引の重要事項に関する錯誤の惹起といえるのかは、その取引の内容によるであろう。例えば、未成年者に対する販売を禁止されたものを成人と偽って購入するのは、財産的価値について欺いたわけではなく、詐欺行為にあたらないと思われる。商品の販売にあたり誇大広告をしたり、短所につき黙っているなど多少事実を歪曲して宣伝したりした場合に、詐欺行為となる限界については、その事実が、取引における重要事項であり、相手方の意思決定に重要な影響を与えたかどうかを基準として判断されるべきである。原産地・品質内容を偽って商品を販売する行為も、このような観点から詐欺行為といえるかどうかが判断されるべきである。

詐欺行為といえるためには、錯誤に陥れるに足りる欺罔でなければならない。したがって、そもそも相手方が財物の交付等にあたって決定的な要素にならない事実について欺罔があったとしても、錯誤にもとづく交付につながらないものは、詐欺行為として十分ではない。

取引において、取引の客体である財物や財産上の利益の価値や性質、機能、効果に関する錯誤は、財産的利益に関係する取引上重要な事実に関する錯誤であるが、取引当事者の身分・資格を偽る場合も、それが財産的利益に関係する限り取引上重要な事実に関する錯誤である。問題になったのは、暴力団関係者が、暴力団関係者であることを隠して、マンションを借りた事案（札幌地判平19・3・1裁ウェブ＝否定）、不動産を購入しようとした事案（京都地判平26・3・25LEX/DB＝肯定）、暴力団員が無職であることを隠してクレジットカードを申し込んだ事案（名古屋地判平24・4・12刑集68・3・674＝肯定）などである。また、暴力団関係者によるゴルフ場の利用をめぐって詐欺罪を肯定するか判断が分かれた二つの判例がある。否定事例は、暴力団関係者の利用を拒絶しているゴルフ場において暴力団関係者であることを申告せずに施設利用を申し込む行為が、詐欺罪にいう人を欺く行為にあたらないとしたもの（最判平26・3・28刑集68・3・582＝百選Ⅱ-51）であり、ビジター利用客のみによる施設利用を認めており、また、暴力団関係者でないことを誓約させる措置が取られておらず、その確認もされていなかったという事情があった。肯定事例は、入会の際に暴力団関係者を同伴しない旨誓約したゴルフ倶楽部会員において、同伴者が暴力団関係者であることを申告せずに被告人に関するゴルフ場の施設利用を申し込み、当該会員と意を通じた被告人において施設利用した行為が、刑法246条2項の詐欺罪にあたるとした（最判平26・3・28刑集68・3・646）。このゴルフ倶楽部においては、利用客が暴力団関係者であるかどうかが、従業員において施設利用の許否の判断となる重要な事項であったという。

さらに、判例によれば、航空機に搭乗する際、自己に対する搭乗券を他の者に渡してその者を搭乗させる意図であるのにこれを秘して係員らに対してその搭乗券の交付を請求する行為は、詐欺罪にいう人を欺く行為にあたる（最決平22・7・29刑集64・5・829＝百選Ⅱ-50）。搭乗券の交付を請求する者自身が航空機に搭乗するかどうかは、係員らにおいてその交付の判断の基礎となる重要な事項であるというのが、その理由である。すなわち、当該乗客以外の者を航空機に搭乗させないことが航空会社の航空運送事業の経営上重要性を有していたというのである。

（i）自己名義のクレジットカードの不正使用　**自己名義のクレジットカードを不正利用**して加盟店から物品を購入し、または宿泊する場合に詐欺罪が成立するかどうかが問題となる。詐欺罪の成立を認める積極説が通説・判例であるが、不可罰であるとする少数説もある。

この問題の考察の前に、**クレジットカード・システムの仕組み**について説明しておこう。クレジット（信販）会社（＝カード会社）と加盟店、会員の三当事者からなり、会員が加盟店でカードを呈示して物品等を購入したとき、加盟店がカード会社に売上票を送付し、それにもとづいてカード会社が代金を立替払いし、その後、会員の口座から相当額を引き落とす仕組みである。その際、通常、事故カードでない有効なカードを呈示された加盟店は、会員に対して取引を拒否できず、現金払を要求できないという特約が付されている。そこで、支払の意思も能力もない者が、自己名義のクレジットカードを不正利用して加盟店で商品を購入し、カード会社が立替払をしたが、会員の口座から引き落とせなかったという場合に、詐欺罪が成立するかが問題である。

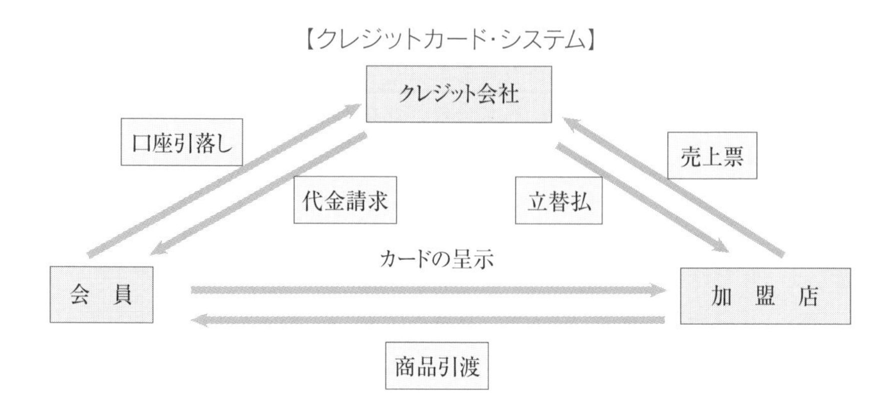

これについては、**積極説**の中にも、１項詐欺説と２項詐欺説とがあり、理論構成によりさらに細分化される。**１項詐欺説**は、もし利用客に代金を支払う意思や能力のないことを加盟店が知れば、クレジットカードによる取引を拒絶しなければならない（福岡高判昭56・9・21刑月13・8＝9・527、東京高判昭59・11・19判タ544・251）とし、錯誤に陥れるに足りる欺罔があったのであり、また、加盟店が欺かれて財物を交付すること自体が加盟店の損害であるとする。これに対して、**消極説**は、カード・システムが、加盟店は有効なカードを呈示した会員には取引を拒否できないが、カード会社から必ず代金の支払いを受けることができるという信用取引であるから、カードの呈示行為は、客観的に支払意思・能力を示す意味をもつ行為ではなく、加盟店は会員の支払意思・能力には関心がないから、錯誤にもとづく処分行為ではないとする。

そこで、加盟店が、被害者であるというのは困難なので、カード会社が被害者であるとする**２項詐欺説**が唱えられた。これにも、カード会社が被欺罔者・処分行為者・被害者であるとする２項詐欺説（第１説）と、カード会社が被害者であるが、被欺罔者・処分行為者は、加盟店であるとする**三角詐欺構造を前提にする２項詐欺説**（第２説）とがある。第１説は、会員が加盟店を介してカード会社を欺いたものとする。しかし、カード会社は有効な取引がなされている限り、必ず立替払いをしなければならないのであるから、錯誤にもとづく処分行為は認められない。また、本説によると、立替払いをする時点で詐欺罪は既遂となるので、既遂時期が遅すぎると批判される。第2説は、被欺罔者・処分行為者は、カード会社の財産を処分する地位にある加盟店であり、被害者はカード会社であるととらえ、本事案を三角詐欺の構造をもつとすることから出発する。この説による既遂時期については、①カード会社が、債務を負担する会員の商品購入の時点とする見解、②カード会社が立替払をして当該会員が債務を免れた時点とする見解、③加盟店が、商品の販売によりカード会社に「代金相当額の支払を受ける地位」を「交付」した時点で、損害が生じているので既遂であるとする見解がある。①については、損害発生の危険が生じただけでは損害が生じたとはいえない。②については、カード会社が現実に立替払をした時点で既遂とするのは遅すぎる。③については、代金相当額の支払を受ける地位の取得は、いまだ現実的損害ではないという批判がある。

（ii）他人名義のクレジットカードの不正使用　これは、他人になりすまし名義人を偽ることによって、自己の債務を免れているので、原則として詐欺にあたる。したがって、他人のカードを用いて商品を購入したような事案では、詐欺罪が成立する（東京高判昭56・2・5判時1011・138）。会員規約で名義人以外のカードの使用は禁止されており、加盟店も名義人と売上票の署名の同一性を確認する義務を負うからである（東京高判平3・12・26判タ787・272）。それでは名義人の承諾がある場合にも詐欺罪は成立するのであろうか。承諾が、支払意思があることをも包含しているなら、財産的損害は生じないから問題はないように思われる。判例は、本来の名義人がカード会社からの請求に応じないことを認識していた場合には、名義人の承諾があったと認識していても詐欺罪に該当するという（大阪地判平9・9・22判タ997・293）。カードの名義人からカードの使用を許されていると誤信していたときも詐欺罪の成立はそれに左右されないというのが、判例の立場である（最決平16・2・9刑集58・2・89＝百選Ⅱ-55）。これは名義人の承諾は、無効であるということを前提にするものである。しかし、他人名義のカードの使用が禁止されているからといって、それを偽ることはすべて錯誤・処分行為および損害につながる欺罔にあたるとすることはできない。名義人が現実に支払えば、カード会社に損害は生じないからである。

なお、最高裁によれば、他人名義の銀行預金口座を開設して他人名義の預金通帳を取得する意図で、本人であるかのように装って口座開設を申し込み、通帳を受け取る行為は、人を欺く行為である（最決平14・10・21刑集56・8・670）。さらに、最高裁は、預金通帳・キャッシュカードを第三者に譲渡する意図であるのに、これを隠してその預金口座の開設等を申し込む行為は、人を欺く行為であるとする（最決平19・7・17刑集61・5・521）。「預金口座の開設等を申し込むこと自体、申し込んだ本人がこれを自分自身で利用する意思であることを表しているというべきである」という。

(3)　処分行為（交付）

欺罔にもとづく錯誤により、財産上の「処分行為」が行われることが必要である。１項詐欺においては、「財物を交付させた」行為が要求されているので、財物に関する処分行為は「交付」と表現されている。２項詐欺においては、財産上の利益を移転させる行為が「処分行為」である。処分行為は、処分意思にもとづくものでなければならない。したがって、財産を処分することの意味を理解できない幼児等には処分意思がなく、処分行為を行うことはできない。処分意思は、**無意識的**なもので十分か意識的なものであることが要求されるかについては争いがある。広義の処分行為とは、①財物の占有を移転させ、または②財産上の利益の帰属を移転させる行為をいう。

(a) 交付の意義　**交付**は、占有の移転を生じさせる行為でなければならない。洋装店で試着を許された者が店員の隙をみて逃走するのは、店員の交付によって財物の占有が移転したわけではないから、詐欺罪ではなく、窃盗罪である。試着したまま、店員を、「外のトイレに行ってくる」と騙し、「どうぞ」と言われたので店の外に出て逃走したとき、この店員の行為が、財物の占有の移転をもたらす交付にあたるかが問題である。店員の外出許可が当該財物に対する店側の占有を失わせ、占有の移転を表す場合には交付にあたるであろう。自動車販売店で試乗したいと申し出てそのまま乗り逃げした場合、試乗の許可によって占有は移転するので、交付にあたるとする裁判例（東京地八王子支判平3・8・28判タ768・249）がある。交付は、その行為によって直接に占有の移転が生じるものでなければならない。これを**直接性の要件**という。その意味は、行為者が占有移転のためにさらに行為を介在させなければ占有が移転しないものであってはならないというものである。例えば、当たりくじを外れていると騙し、屑かごに捨てさせた後、拾得した場合には、詐欺行為者は、捨てさせた後、拾得行為を介在させなければ占有が移転しないので、詐欺は成立せず、窃盗にとどまる。処分行為の対象になっている財物の存在や占有の移転については、処分行為者がそれを意識していなければならない。これは処分意思の意識性の問題であり、意識的処分行為を要求する立場である。これに対して、無意識の処分行為で十分であるとする立場は、これらの認識を不要とするが不当である。処分行為の客体を認識していない場合は処分意思は否定される。例えば、スーパーマーケットで箱入りの魔法瓶を買ったが、レジを通る際に、その箱の中に乾電池を隠して魔法瓶代のみを支払ってレジを通過したとき、乾電池に対しては、店員の処分行為はないので、窃盗罪が成立する。２項詐欺については、同様に、処分の客体である債権の存在を認識する必要がある。さらに、占有ないし財産上の利益の移転の意識が必要である。レストランで料理を注文して食べ終わってから、持ち金のないことに気づき、店員に対し、「外のトイレに行ってくる」と告げてそのまま代金を支払わずに逃走した場合、債権の存在は認識しているが、利益の移転の認識があるかどうかが問題である。その外出許可によって債権の追及が困難になることを意識していれば、利益の移転の意識はあったということができる。

(b) **三角詐欺**　被欺罔者・処分行為者と被害者が異なる人格の場合を**三角詐欺**という。三角詐欺においては、損害を被るのは被害者であるから、被害者の財物ないし財産上の利益について、被欺罔者・処分行為者が処分権限を有していなければならない。処分権限は、法的権限があり他人から授権されているときに生じるというのが**法的権限説**である。これに対して他人の財産に対して事実上保護すべき地位にいる者、すなわち被害者の陣営にいる者に処分権限があるとする**陣営説**が対立する。法的権限や授権は不要であるが、被害者の占有を保護すべき特別の関係がある者はその陣営に属する者である。法的権限説は硬直的で狭すぎるが、陣営説は基準が不明確であるという問題点がある。「財物に対する事実上の支配的・管理的地位」ないし財産上の利益に対する「事実上の加害的影響力ある内部的地位」に立つ者が処分

【三角詐欺】

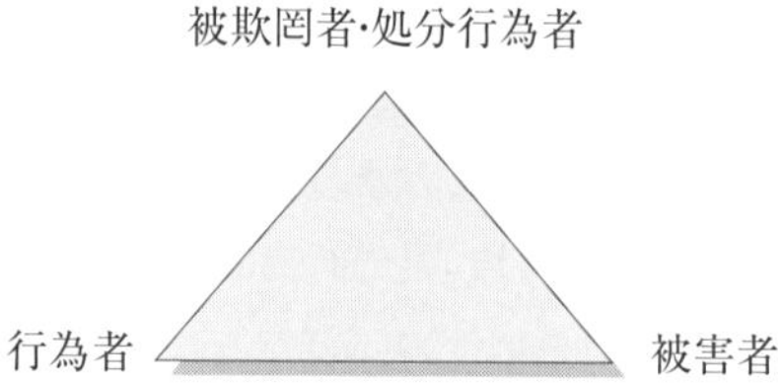

被欺罔者･処分行為者

行為者　　被害者

権限をもつという法的・事実的権限説が妥当である。

三角詐欺の重要な例として**訴訟詐欺**の事案がある。訴訟詐欺とは、裁判所を欺いて勝訴判決を得ることによって敗訴者の財産を取得する詐欺をいう。例えば、債権がないのにあるかのように偽って相手方に対して裁判所に請求訴訟を提起し、裁判所を欺いて請求権を認める判決を得て相手方の財産を取得する場合がそうである。裁判所が被欺罔者、敗訴者が交付者（処分行為者）と解する有力少数説の立場から、詐欺罪の成立について疑問を呈示するものまである。しかし、訴訟詐欺は三角詐欺の一類型であり、裁判所が被欺罔者・処分行為者、敗訴者が被害者であり、詐欺罪が成立しうる。

被欺罔者と被害者が別人格の場合の詐欺の成否に関する**判例**としては、登記官吏の権限に関するものが代表的である。登記官吏には、被害者の財産上の利益に関する処分権限ないし地位がなく、詐欺罪が成立しないとした大審院判例（大判大6・11・5刑録23・1136、大判大12・11・12刑集2・784）があり、最高裁も、所有権移転登記を行った登記官吏には「不動産を処分する権限も地位もない」とした（最決昭42・12・21刑集21・10・1453）。また、「被欺罔者と財産上の被害者が同一人でない場合には、被欺罔者において被害者のためその財産を処分しうる権能または地位のあることを要する」として、裁判所書記官補および執行吏は、第三者の財産である家屋につき「処分しうる権能も地位もない」とした判例がある（最判昭45・3・26刑集24・3・55＝百選Ⅱ-56）。

(c)　不法原因給付と詐欺罪の成否

民法708条は、「不法な原因のために給付をした者は、その給付したものの返還を請求することができない。ただし、不法な原因が受益者についてのみ存したときは、この限りでない」と規定する。本条によれば、例えば、麻薬を売ってくれるというので、代金を支払ったが、麻薬の引渡しがなかったため代金の返還を請求しようとしても、請求が認められないというのである。麻薬を売るというのが欺罔であったとすると、このような場合に、詐欺罪が成立するのかが問題である。民事上請求権がないものを刑法上保護する必要はないと思われるからである。

判例は、紙幣を偽造する資金であると欺いて金員を詐取した場合（大判明42・6・21刑録15・812）、闇米を買ってやると欺いて代金を詐取した場合（最判昭25・12・5刑集4・12・2475）、売春すると偽って前借金を詐取した場合（最決昭33・9・1刑集12・13・2833）などにおいて詐欺罪の成立を認めた。「欺罔手段によって相手方の財物に対する支配権を侵害した以上、たとい相手方の財物交付が不法の原因に基いたものであって民法上其返還又は損害賠償を請求することができない場合であっても詐欺罪の成立をさまたげるものではない」（最判昭25・7・4刑集4・7・1168＝百選Ⅱ-46）というのである。学説においては、詐欺罪は成立しないとする見解もあるが、成立するとするのが通説である。成立の根拠については、相手方は、欺かれなければ財物を交付しなかったであろうから、人を欺く行為にもとづいて不法原因給付がなされたのであって、708条但し書の適用がある場合であるとみることができるとする説、交付する財物（財産上の利益）そのものは、交付するまでは不法性あるものではなく、むしろ詐欺行為によって被害者の適法な財産状態を侵害するものであるからとする説がある。しかし、民法708条本文の適用のある類型と但し書の適用がある類型との二つの類型があると解するべきである。例えば、麻薬を売ってやると欺かれ代金を支払ったという場合には、行為者の詐欺行為自体に不法の原因があるわけではなく、禁制品である麻薬自体の取引に不法の原因がある。ここでは、被害者にその目的物の対価の返還請求権は認める必要はなく、本文が適用される類型である。これに対して、先に掲げた判例における事案は、例えば、闇米の取引においては、闇米自体がはじめから存在するのではなく、闇取引をすることによって闇米になるのであり、この取引を持ちかけたのは行為者であるから、当該取引の受益者である行為者の詐欺行為のみに不法の原因が存在する類型である。この類型においては、民法708条但し書によって被害者に返還請求権が認められ、詐欺罪は成立するというべきである。

(4)　財産的損害

詐欺罪の規定は、「人を欺いて財物を交付させた」場合に詐欺罪が成立するものとする（246条１項）が「損害」の文言は用いられていない。しかし、通説・判例（大決昭3・12・21刑集7・772）は、被害者に財産的損害が生じたことを既遂の要件とする。１項詐欺罪については、財物の占有の移転によって既遂となりうる。そうだとすると、財物の占有の移転が損害であるということになる。この点、詐欺罪が、個別財産に対する罪ではなく、**全体財産に対する罪**であると解すれば、財物の占有の喪失によって得られた利益との差引によって損害が定まることになる。医師の免状をもたない者が、医師であると偽って患者を診察したうえ、薬を買い取らせたが、適切な定価で買い取らせたとき、詐欺罪は成立しない（前掲大決昭3・12・21）。他方で、受給資格を偽って配給を受ける行為（大判昭17・2・2刑集21・77）は、本来受給できない者に配給することによって配給物の総量を減少させているから、財産上の損害を生じさせている。

しかし、１項詐欺は**個別財産に対する罪**である。判例は、**形式的個別財産説**に立っているように思われる。すなわち、当該の財物の占有の喪失自体が損害であると解するのである。これによると、欺罔により相手方が錯誤に陥り、それにもとづく財物の交付があったが、それに対して**相当な対価**が支払われた場合につき、たとえ価格相当の商品を提供したとしても、事実を告知するときは相手方が金員を交付しないという事情があれば、詐欺罪が成立する（最決昭34・9・28刑集13・11・2993＝百選Ⅱ-48）。その財物の交付そのものが損害だと解しているのである。また、相当の対価ないしそれ以上の対価を提供しても詐欺罪は認められる（大判大2・11・25刑録19・1299）。請負代金の支払を、欺罔的手段を用いて不当に早く受領したとき、別個の支払といいうる程度に支払時期を早めた場合に、代金全額につき損害となる（最判平13・7・19刑集55・5・371＝百選Ⅱ-49）。これに対し、実質的に損害が発生したかどうかを基準とすべきだとする説を**実質的個別財産説**という。その判断基準を、交付があったことにより、被害者の財産状態を比較したとき、格差が生じたかどうかによって実質的に判断する。この見解の中でも、被害者の取引目的が不達成になったかどうかによって判断するべきであるとする説を**目的不達成説**という。

3．詐欺利得罪

> 前項の方法により（人を欺いて）、財産上不法の利益を得、又は他人にこれを得させた者は、10年以下の拘禁刑に処する（246条2項）。未遂は、罰する（250条）。

人を欺いて、錯誤に陥れ、それにもとづいて財産的処分行為を行わせ、財産上の不法の利益を得、または他人に得させる罪である。2項詐欺ともいう。

(1)　客　体

まず、**財産上の利益**とは、財物以外の財産上の利益一切をいう。債務の免除の承諾、債務弁済の猶予、有償の役務の提供の受領、担保物権の取得などが財産上の利益の例である。

(2)　行　為

人を欺く行為によって人を錯誤に陥れ、それにもとづいて処分行為をさせ、行為者または一定の第三者が財産上の利益を得ることである。処分行為は、財産上の利益を被害者から行為者その他の一定の第三者に移転させるもの、すなわち、財産上の利益の帰属を移転させる行為でなければならない。

財産上の利益に関する処分行為についても、処分意思の内容として客体の認識と財産上の利益の移転の認識が必要かどうかについては、無意識の処分行為でもよいとする見解もあるが、**無意識の処分行為は否定されるべき**である。例えば、ホテルで宿泊の後、支払いの前に「ちょっと外出するが、すぐ戻る」と告げて、宿泊料金の支払いを免れた場合には、2項詐欺罪が成立する。ホテル従業員は、宿泊料の支払請求権の存在を知っており、外出許可によって、請求が困難になりうること認識しているからである。また、詐欺利得罪の成立が問題となる事例に**キセル乗車**の事例がある。乗車駅であるA駅から、B駅、C駅を順に通過してD駅まで乗車する意図で、A駅・B駅間の有効な乗車券を買い、改札口でそれを改札係員に呈示して乗車し、降車駅であるD駅では、すでに所持していたC駅・D駅間の乗車券を改札係員に呈示して、B駅とC駅間を無賃乗車したといった事案である。判例は、詐欺利得罪を肯定したもの（大阪高判昭44・8・7刑月1・8・795＝百選Ⅱ−54）と、否定したもの（東京高判昭35・2・22東高刑時報11・2・43、広島高松江支判昭51・12・6高刑集29・4・651）に分かれる。キセル乗車の事例では、乗車駅で改札係員を欺罔し、錯誤に陥れて処分行為をさせたとみることは困難である。降車駅で運賃の精算を行う乗車方法が容認されているからである。降車駅でも、改札係員は、当該人物につき運賃支払請求権の存在を認識せず、改札口を通過させることによって債権の帰属に変更をもたらすことの認識もないので、意識的処分行為はない。したがって、詐欺利得罪の成立を認めることはできない。

(3)　財産上の損害

被害者に**財産上の損害**が発生したことが必要である。すなわち、２項詐欺は**全体財産に対する罪**であるから、処分行為の前後において被害者の財産状態の減少が生じていなければならないことを意味する。行為者が債務を一時的に免れただけでは、利益を得たものとはいえず、相手方に損害があるとはいえない。損害が発生したといえるためには、**財産的利益の移転**が必要である。判例は、りんごの仲買人が、履行期限が過ぎてもその履行をしなかったため、買主から再三の督促を受け、履行の意思がないのにりんご箱を貨車積みし、発送手続きが完了したかのように示して、買主を誤信させ安心して帰宅させた事案において、「すでに履行状態にある債務者が、欺罔手段によって、一時債権者の督促を免れたからといって、ただそれだけのことでは、刑法246条２項にいう財産上の利益を得たものということはできない」と判示した（最判昭30・4・8刑集9・4・827＝百選Ⅱ−57）。

4.　特殊詐欺と共犯

(1)　特殊詐欺の組織と関与形態

特殊詐欺の特徴は、複数の主要な役割を担う人から一定の限定された役割を割り当てられる末端の人までを特殊詐欺遂行のために組織し、複数回、特殊詐欺を実行する点にある。背後者（黒幕）や指示役のほか、被害者に電話を架けて錯誤に陥らせる「架け子」、被害者のもとに直接現金を取りに行き、または、マンションの空室宛てに荷物として送らせた現金を受け取る「受け子」、あるいは、振り込ませた金銭をATMから引き出す「出し子」、さらに、受け子を被害者宅まで車で送迎する役割を担う「運転手」、受け子の持ち逃げを防ぐための「見張り」、受け子から現金を回収する「回収役」などが関与する。これは、多数の者が関与しているので、共犯となる事例であるが、共同正犯になる場合も幇助になる場合もある。

【特殊詐欺の関与形態と構図】

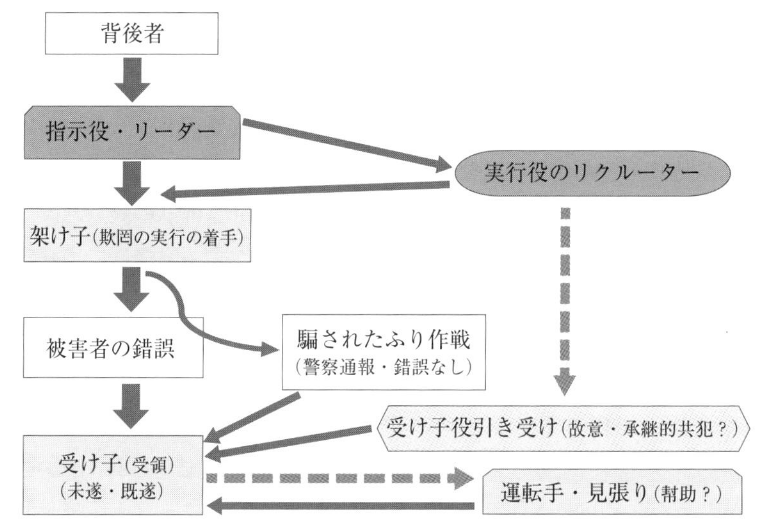

(2) 実行共同正犯と共謀共同正犯

判例は、共謀共同正犯を認めるので、この多数が関与する特殊詐欺の場合、どこまでが共謀共同正犯となるかがまず問題である。「共謀」(意思の連絡)があり、当該犯罪の遂行に対し「重要な役割」を果たし、あるいは「自己の犯罪」として遂行した者が共同正犯となりうるが、その基準が問題となる。もちろん、詐欺の実行正犯となりうるのは実行行為の一部を分担して「一部行為の全体責任」を負うべき者であるから、架け子および受け子は、欺罔行為あるいは受領行為という詐欺罪の実行行為の一部を分担しており、実行共同正犯になりうることは言うまでもない。判例理論によれば、この詐欺を計画し、実行者や幇助者の役割を分担させ、それによって利益を得る背後者が、共謀共同正犯となることも疑いない。

(2)　詐欺の共謀と故意

特殊詐欺の共謀および故意が争われ、肯定された事案に次の三つがある。まず、①指示を受けてマンションの空室に行き、そこに宅配便で届く荷物を部屋の住人を装って受け取り、別の指示された場所まで運ぶ「仕事」を依頼され、約20回それを行ない、報酬を得ていたという事案について、「自己の行為が詐欺に当たる可能性を強く推認させる」とした（最判平30・12・11刑集72・6・672）。次に、②荷物を自宅で受け取ってバイク便に渡す仕事に誘われ、報酬を払うと言われたうえ、荷物の中身を尋ねると、雑誌や書類などであって「絶対大丈夫」との答えを得たので、これを複数回行い、宛先欄に記載された受取人名を受領欄にサインして受領した事案につき、「詐欺に当たる可能性を認識していたことを強く推認させる」とし、詐欺の故意および共謀を認めた（最判平30・12・14刑集72・6・737）。この二つの事案では、詐欺の故意が認められ、実行行為の一部を分担しているので、共同正犯を認めることに問題はない。

さらに、別の事案では、③被害者を誤信させてマンション空室の架空の住人宛に現金350万円を２回に分けて宅配便で発送させたうえ、そのマンションのエントランスに設置された郵便受けの投入口から宅配便の不在連絡票を取り出し、そこに記載された暗証番号を用いて宅配ボックスから荷物を取り出し、それを回収役に渡した事案につき、「自己の受け取る荷物が詐欺に基づいて送付されたものである可能性を認識していたことも推認できる」とし、故意および共謀を認めた（最決令元・9・27刑集73・4・47）。この事案についても、依頼者がオートロックの解錠方法や郵便受けの開け方等を教えるなどすることもなく、他人の郵便受けの投入口から不在連絡票を取り出すという著しく不自然な方法で荷物を受け取らせることは考えがたいなどとして、故意を認定した点については、妥当な判断である。しかし、この事案で、共謀共同正犯が認められるかについては、荷物はすでに受け取る側の宅配ボックスに入れられていることから、詐欺の実行行為の一部である受領行為は、荷物の占有の移転によって形式的に終了しており、共同正犯にはならないと考えられる。ここでは、実質的な実行行為の終了までは、幇助は可能であるので、詐欺罪の幇助が成立すると解すべきである。

(4) 共同正犯か幇助か

判例の中には、特殊詐欺の架け子をすることで多額の報酬を得るという同一の目的の下に専用拠点に集まった詐欺集団の構成員は、「本件グループの中で下位の立場にある者であっても、本件グループの活動として敢行された特殊詐欺の犯行については、自らが実行行為を担当したものはもちろん、共犯者の一部が、被告人らに報告せずに詐欺を進めるなど、実行行為を担当しておらず、全く関知していないものであったり、報酬が得られていないものがあったりしても、詐欺罪の共謀共同正犯としての責任を負う」として広く共謀共同正犯を肯定するものがある（東京高判令元・8・8高刑裁速令1・226）。「特殊詐欺を行うことの包括的な共謀を遂げた上で、物理的影響はもちろんのこと、心理的影響を互いに強く与え合いながら、まさに一体となって詐欺行為を繰り返していた」というのがその根拠である。しかし、順次共謀によって受け子の運転手役を引き受けたに過ぎない者などについては、実行行為の一部を分担しているのではなく、また、分担する意思もなかったのであるから、幇助に過ぎない可能性が高い。ただし、判例の中には、被害者による交付を待たずに現金を無断で持ち去った受け子を車で運んだ運転手には、詐欺と窃盗にわたる概括的な共謀を認定できるとして、詐欺未遂と窃盗既遂（包括一罪）につき共謀共同正犯を認めたもの（東京高判平31・4・2判時 2442・120）がある。

(5) 詐欺罪の実行の着手と共犯

架け子が現金交付を明示的に求めたわけではないが、それにつながりうる嘘をついたときにすでに詐欺罪の実行の着手があるかが問題になる。これにつき、被告人の求めに応じて即座に現金を交付してしまう危険性を著しく高めるものであれば、詐欺罪の実行の着手が認められるとした判例（最判平30・3・22刑集72・1・82＝百選Ⅰ-63）がある。詐欺罪の実行行為は、欺罔行為だけではなく、財物の受領行為も含まれるが、事前の共謀がある場合には、受領行為の実行のみを遂行した受け子ももちろん共同正犯である。受け子が、架け子の欺罔行為終了後に詐欺であることを知った上で受領行為のみに関わった場合については、犯罪共同説的立場からは、複数の実行行為からなる詐欺罪の場合でも共同正犯が認められる。しかし、行為共同説的立場からは、欺罔行為に（心理的）因果的作用をも与えていない受け子は幇助にとどまる。架け子による欺罔行為がなされたが、被害者に嘘がばれ、被害者と警察が「騙されたふり作戦」を実行し、それを知らずに共犯者らと共謀のうえ、予定されていた被害者から発送された荷物の受領行為に関与したという事案において、最高裁は、承継的共同正犯を認め、騙されたふり作戦の開始いかんにかかわらず、受領行為者はその加功前の欺罔行為の点も含め、詐欺未遂罪の共同正犯としての責任を負うとした（最決平29・12・11刑集71・10・535＝百選Ⅰ-82）。しかし、被害者の錯誤にもとづかない交付の受領行為は、詐欺罪の実行行為の一部ではなく、せいぜい詐欺の正犯の結果を促進した幇助にすぎない。

5．準詐欺罪

> 未成年者の知慮浅薄又は人の心神耗弱に乗じて、その財物を交付させ、又は財産上不法の利益を得、若しくは他人にこれを得させた者は、10年以下の拘禁刑に処する（248条）。未遂は、罰する（250条）。

知慮の足りないのに乗じてその財物を交付させ、財産上の利益を取得する行為は、人を欺く行為によるのではないが、詐欺罪に準じて処罰するものとした**詐欺罪の補充規定**である。

「未成年者」とは、18歳未満の者をいう（民4条）。人の「知慮浅薄」とは、知識が乏しく、思慮の足りないことをいう。「心神耗弱」とは、精神の健全を欠き事物の判断をするに十分な普通人の知能を備えていない状態をいう。まったく意思能力を欠く心神喪失者や幼児に処分させた場合は、処分能力を有さないため、本罪ではなく、窃盗罪にあたる（通説）。

「乗じて」とは、つけ込むこと、利用することをいう。すなわち、誘惑にかかりやすい状態を利用することである。

6．電子計算機使用詐欺罪

> 前条に規定するもののほか、人の事務処理に使用する電子計算機に虚偽の情報若しくは不正な指令を与えて財産権の得喪若しくは変更に係る不実の電磁的記録を作り、又は財産権の得喪若しくは変更に係る虚偽の電磁的記録を人の事務処理の用に供して、財産上不法の利益を得、又は他人にこれを得させた者は、10年以下の拘禁刑に処する

(246条の2)。未遂は、罰する (250条)。

(1) 意　義

本条は、人に代わって電子計算機が自動的に財産権の得喪・変更の事務を処理している場面において、他人の事務処理に使用する電子計算機に虚偽の情報もしくは不正な指令を与えて財産権の得喪・変更にかかる不実の電磁的記録を作り、または、財産権の得喪・変更にかかる虚偽の電磁的記録を人の事務処理の用に供して、財産上の不法の利益を得、または他人に得させる行為を罰する規定であり、昭和62年に新設された。保護法益は、財産上の利益である。

本罪は、**詐欺罪の補充規定**である。したがって、詐欺罪が成立する可能性があるとき、本罪の成立は排除される。

(2) 行　為

行為手段たる**加害行為**と、結果たる**不法利得**の２段階からなる。

(a) 加害行為　行為手段は、①人の事務処理に使用する電子計算機に虚偽の情報もしくは不正な指令を与えて財産権の得喪・変更にかかる不実の電磁的記録を作り、または、②財産権の得喪・変更にかかる虚偽の電磁的記録を人の事務処理の用に供することである。

①**不実の電磁的記録の作出**　「人の事務処理に使用する電子計算機」とは、他人がその事務を処理するために使用する電子計算機である。人の事務処理とは、ここでは財産権の得喪・変更にかかる事務である。「**虚偽の情報**」とは、真実に反する内容の情報をいう。例えば、金融機関のオンラインシステムを悪用して架空の入金データを入力する行為が「虚偽の情報を与え」る行為である。信用金庫の支店長が、オンラインシステムを用いて実体を伴わない架空入金処理を行ったとき、虚偽の情報を与えたことになる (東京高判平5・6・29高刑集46・2・189＝百選Ⅱ-58)。「**不正な指令**」とは、電子計算機の設置管理者が本来予定していたところに反する指令をいう。したがって、例えば、銀行の預金管理を行うプログラムを権限なく変更することをいう。電話料金課金システム上のファイルに虚偽の記録を作出させ、通話料金の支払いを免れるのもこれにあたる (東京地判平7・2・13判時1529・158)。

「**財産権の得喪若しくは変更に係る電磁的記録**」とは、財産権の得喪・変更の事実またはその得喪・変更を生じさせるべき事実を記録した電磁的記録であって、その作出等が事実上当該財産の得喪・変更を生じさせることとなるようなものをいう。オンラインシステムにおける銀行の元帳ファイルにおける預金残高の記録がその例である。「不実の記録を作」るとは、人の事務処理の用に供されている電磁的記録に虚偽のデータを入力して真実に反する内容の電磁的記録を作出することをいう。窃取したクレジットカードの番号などの情報を利用してインターネットを介して電子マネーの購入を申し込み、電子マネーの利用権を取得する行為は、「不実の電磁的記録」を作り、「財産上不法の利益を得た」にあたる（最決平18・2・14刑集60・2・165＝百選Ⅱ-59)。

②**虚偽の電磁的記録の供用**　「虚偽の電磁的記録を人の事務処理の用に供」するとは、行為者がその所持する真実に反する内容の財産権の得喪・変更にかかる電磁的記録を他人の事務処理に供される電子計算機において用いうる状態におくことをいう。これにあたると判断された事案に、**キセル乗車**の目的で、A駅からB駅間の乗車券を使用して乗車した後、下車駅Cの自動改札機では、B駅からC駅までの乗車運賃を精算することなく、自動改札機に有効区間にC駅を含む普通回数券を投入し、自動改札機未設置駅で入場したと処理される虚偽の電磁的記録を読み取らせて出場したというものがある。この事案では、普通回数券の有効区間内にある自動改札機未設置駅から入場したという情報は、実際に入場した駅であるA駅とは異なっている点で虚偽のものであるとされ、その行為は、「財産権の得喪、変更に係る虚偽の電磁的記録を人の事務処理の用に供し、財産上不法の利益を得た」のであり、「刑法246条の2後段の構成要件に該当する」（東京高判平24・10・30高刑速平24・146=百選Ⅱ-60）と判示された。さらに、以下のような事案に対する判例がある。D駅からE駅まで鉄道を利用した者が、150円区間有効の乗車券を使用してD駅に入場し、下車時には、必要な精算手続をせずに、E駅改札口の自動改札機に対し、有効区間内にE駅を含む磁気定期券を投入して自動改札機を開扉させることにより出場し、正規運賃との差額790円の支払を免れたというものである（〔1審〕名古屋地判令2・3・19裁ウェブ、〔2審〕名古屋高判令2・11・5高刑速令2・522)。下車駅の自動改札機には、「フェアシステムＫ」と称するシス

テムが導入されておらず、出場許否の判定に際し、磁気定期券に出場を許す入場情報（入場駅及び入場時刻）が記録されているか否かは判定対象になっていなかった。この事案につき、第1審は、「虚偽の電磁的記録」を供用したといえないとして、電子計算機使用詐欺罪の成立を否定、第2審は肯定した。第1審の無罪の根拠は、「本件自動改札機による事務処理システムでは入場情報はその対象として予定されていなかった」から、事務処理の目的とはなっていなかったという点にある。これに対して、第2審は、「自動改札機による事務処理システムにおいて旅客の入場情報をその判定対象から除くということはおよそ想定できないはず」だとして、事務処理の目的であることを肯定した。「フェアシステムK」が導入されていないとしても、それは、旅客が入場情報を偽ることを許すものではないというのである。しかし、自動改札機が、その設置者の主観的目的を達成する機能を備えていない場合には、客観的に「虚偽」かどうかを判定する機能をもたず、虚偽かどうかを判断する機能を果たしえず、虚偽の電磁的記録を事務処理の用に供したとはいえない。第1審の判断が妥当である。

窃取したり拾得したりしたプリペイドカードを使用して財産上の利益を得ても、電磁的記録自体は「虚偽」のものではなく、これにあたらない。

(b) **不法利得**　結果は、財産上不法の利益を得、または他人にこれを得させることである。

(3)　財産上不法の利益

財産上不法の利益を得るか、他人に得させることが必要である。不実の電磁的記録を使用して銀行の預金元帳ファイルに預金債権を作出し、預金の引き出し、または振替を行いうる地位を得るなどの、事実上財産を自由に処分できるという利益を得るならば、財産上不法の利益を得たといえる。

2　恐喝の罪

恐喝の罪も、他人の意思に働きかけて瑕疵ある意思にもとづいて財物ないし財産上の利益を処分させてその占有ないし帰属を移転させる犯罪である。害悪を告知して人に恐怖心を生じさせる点で、錯誤を生じさせる詐欺罪とは異なる。

恐喝の罪は、恐喝して人に恐怖心を生じさせ、その意思決定・意思活動の自由を侵害して財物または財産上の利益を取得する犯罪である。恐喝罪（＝恐喝取財罪）（249条１項）と恐喝利得罪（同条２項）があり、さらに、これらの未遂罪（250条）が属する。親族間の犯罪に関する特例が準用される（251条・244条）。保護法益は、個人の財産であるが、意思決定・意思活動の自由も保護されている。

1．恐喝（取財）罪

> 人を恐喝して財物を交付させた者は、10年以下の拘禁刑に処する（249条１項）。未遂は、罰する（250条）。

(1)　客　体

他人の占有する他人の物である。自己の物であっても他人が占有し、または公務所の命令により他人が看守するものであるときは、他人の財物とみなされる（251条・242条）。電気も本罪の客体であり（251条・245条）、**不動産**も本罪の客体となりうる。

(2)　行　為

人を恐喝して財物を交付させることである。**恐喝**とは、害悪を告知して相手方にその反抗を抑圧するに至らない程度の恐怖心を生じさせ、財物の交付を要求する行為をいう。

脅迫を手段とするが、暴行も手段となりうる。これについては、暴行を脅迫の一種とみる見解と正面から暴行も恐喝の手段であることを認める見解とがある。前者は、脅迫を手段とするが、暴行も、財物を交付しないときにはそれが反復継続されることを黙示的に告知しているから、脅迫となりうるものとする（東京高判昭31・1・14高裁特3・1＝2・8）。後者の見解によれば暴行自体によって恐怖心が生じさせられれば、恐喝の手段となりうる。恐怖心を生じさせて相手方がその反抗を抑圧されるに至らない程度にとどまることを要する。反抗を抑圧する程度に至れば、強盗となりうるからである。

告知される害悪の種類には制限がない。脅迫罪とは異なり、相手方またはその親族の生命・身体・自由・名誉または財産に対するものに限らず、また、相手方の友人、縁故者、その他の第三者に対する加害の通知でもよい。**共同絶交の通告**（大判大元・11・19刑録18・1393、大判昭2・9・20刑集6・361）は、脅迫にあたる。**害悪自体は、違法であることを要しない**。犯罪事実を捜査官憲に申告すると申し向けて他人を畏怖させ口止料を提供させるのも恐喝である（最判昭29・4・6刑集8・4・407）。害悪は、急迫・強度の攻撃であることを要しない。実現可能なものでなくてもよい。害悪を加える主体は、行為者自身であると第三者であるとを問わない。ただし、第三者である場合には、行為者が第三者の**害悪の実行に影響を与えうる立場**にあることを相手方に知らせるか、相手方が推測しうる場合であることが必要である。したがって、たんに天変地異・吉凶禍福を説くのは脅迫にあたらず、恐喝罪は成立しない。しかし、自己の力によって吉凶禍福を支配しうると信じさせることができる場合には恐喝となりうる。

恐喝行為の相手方と、財産的被害者とは同一人格であることを要しない。被恐喝者は、同時に交付者でなければならず、同一人格であることを要する。被恐喝者・交付者は、財産的被害者とは別人格であってもよい（＝三角恐喝）が、財産的被害者の財産につき処分しうる権限または地位を有することが必要である。この権限または地位は、事実上の権限・地位でもよい。

「**交付させた**」とは、被恐喝者が、恐怖心を生じて、それにもとづき処分行為を行うことによって、行為者またはそれと一定の関係にある者が財物の占有を取得したこと、すなわち**喝取**したことをいう。

(3)　実行の着手時期

恐喝行為の開始時期である。既遂時期は、財物の占有が行為者または第三者に移転したときである。財産的損害の発生は、財物が相手方の支配領域内に入ったときに認められる。脅迫して指定の預金口座に金員を振込送金させたが、銀行と警察の協力により、送金先の口座から当該キャッシュカードによる預金払戻しができない措置を講じ、また、自動払戻機の「(窓口の）サービスカウンターまでどうぞ。」などの表示にもとづき銀行窓口に赴いたときには捜査官が待ち受けているなどの体制が整った状況にあったときは、恐喝未遂である（浦和地判平4・4・24判時1437・151）。

２．恐喝利得罪

> 前項の方法により（人を恐喝して）、財産上不法の利益を得、又は他人にこれを得させた者も、10年以下の拘禁刑に処する（249条2項）。未遂は、罰する（250条）。

本罪は、人を恐喝して財産上の利益を不法に取得することを内容とする。財産上の利益が客体であり、相手方の財産上の処分行為を必要とする。処分行為は、不作為によってもなされうる。例えば、暴力団員が飲食店で飲食後に従業員から飲食代金を請求されたのに対して、脅迫して畏怖させ請求を一時断念させた場合には、黙示的な支払猶予の処分行為が存在する（最決昭43・12・11刑集22・13・1469＝百選Ⅱ-62）。畏怖にもとづいて処分行為をし、財産上の利益を移転させることを要し、恐喝行為と財産上の利益の取得との間には因果関係の存在することが必要である。請求を一時断念させることが、利益の移転にあたるかどうかは疑問である。恐喝行為によって畏怖させて財物の交付を受ける形式的名義を取得すれば既遂である。不法原因給付として被害者に民法上の返還請求権がない場合に恐喝罪が成立するかについては、詐欺罪の場合と同様に考えることができる（☞1-2（3)(c）参照）。

３．権利行使と恐喝

自己の権利を実現するために恐喝的手段を用いた場合に、恐喝罪が成立するかが問題になる事例については、二つの類型に分けることができる。**第1類型**は、他人が不法に占有している自己の「財物」を恐喝的手段によって取り戻した場合である。これは、保護法益が本権か占有かという問題である。**第２類型**は、相手方に対して債権を有する者が、恐喝的手段によって債務の弁済として「財産上の利益」を受け取った場合である。ここでは、違法性が阻却されるかが問題である。学説には、①犯罪を構成しないとする説、②債権の行使として許される範囲を超えるときは脅迫罪を構成すると解する説、③債権の行使でも恐喝的方法によることは許されないから、恐喝罪を構成すると解する説（最判昭30・10・14刑集9・11・2173＝百選Ⅱ-61）がある。

大審院は、当初、恐喝罪の成立を否定していた（大判大2・11・19刑録19・1261）。連合部判決ではこれを確認しつつ、権利を実行する意思ではなく、たんに権利の実行に藉口し、または正当な権利とはまったく別の原因によって財物を取得したときは、恐喝罪になるとし、また、その権利の範囲を超えて財物を取得した場合には、その財物が、法律上可分であれば超過分についてのみ、不可分であれば全部について恐喝罪が成立するとした（大連判大2・12・23刑録19・1502）。これを受けて、権利行使の範囲内であったことにより恐喝罪が否定された場合には、脅迫罪が成立するとした（大判大11・11・7刑集1・642）。最高裁も、３万円の債権を有する者が６万円を喝取した事案について、「他人に対して権利を有する者が、その権利を実行することは、その権利の範囲内であり且つその方法が社会通念上一般に忍容すべきものと認められる程度を超えない限り、何等違法の問題を生じないけれども、右の範囲程度を逸脱するときは違法となり、恐喝罪の成立することがあるものと解する」と判示し、６万円全額につき恐喝罪の成立を認めた（前掲最判昭30・10・14）。

この第２類型については、それが、権利行使と認められるものである限り、履行を求める行為態様が権利の濫用というべきものであっても財産的利益の損害が存在しないから、恐喝罪は成立せず、脅迫罪が成立するにすぎないというべきであろう。

第７講

財産罪の諸類型（3）
―横領・背任―

第７講へのアクセス

【Q１】横領罪における「委託信任関係」とは何か。また、「自己の占有する他人の物」とは、法律上の支配も含むのだろうか（最判昭30・12・26刑集9・14・3053参照）。売主が不動産の売買契約締結後、当該不動産を第三者に売り渡したという二重売買の事案において、第三者名義の登記を先に完了した場合、横領罪は成立するだろうか。二重売買の事実を知りながら買い受け、先に移転登記を受けた買主は、売主との共同正犯の責任を負うだろうか（最判昭31・6・26刑集10・6・874、福岡高判昭47・11・22刑集4・11・1803＝百選Ⅱ-65参照）。

【Q２】横領罪における不法領得の意思は、窃盗罪におけるそれとは異なるのだろうか。本人のために処分する意思をもっていた場合にも認められるだろうか。一時使用の目的であり、後から返還する意思があった場合はどうだろうか。

【Q３】他人のためにその事務を処理する者が、自己の占有する他人の物を処分したとき、例えば、ある村の村長が、自己の友人のために、村会の決議を経ないで村の基本財産から金銭を貸与した場合、横領罪と背任罪のどちらが成立するだろうか（大判昭9・7・19刑集13・983＝百選Ⅱ-68参照）。

【Q４】背任罪における「図利加害目的」とは何だろうか。本人の利益を図る目的でした任務違背行為が本人に損害を加えた場合、背任罪は認められるだろうか。本人図利の目的が決定的な動機でなく、第三者図利の目的で行われた場合はどうだろうか（最決平10・11・25刑集52・8・570＝百選Ⅱ-73参照）。

1　横領の罪

横領とは、自己の占有する他人の物を不法に領得することである。他人から委託を受けて占有する物である必要があり、委託信任関係を破るという点では背任罪と共通性をもつ。しかし、横領罪は、「物」が客体の場合でなければ成立しないが、背任罪は、物でも財産上の利益でもよい。そこで、横領と背任の区別基準は何かが争われている。金銭の所有と占有については、民法上は原則的に一致するとされているが、刑法上、預かった金銭をほしいままに費消することは、「自己の占有する他人の物」を横領したことになるのか。また、不法原因給付によって物を占有している場合に、それを不法に領得するのは、横領かどうかも問題となる。

1．総　説

横領の罪は、単純横領罪（252条）、業務上横領罪（253条）、遺失物等横領罪（254条）からなる。これらは、占有侵害を伴わない財物に対する領得罪である。このうち、単純横領罪と業務上横領罪は、委託物横領罪と呼ばれ、委任者と受任者との間の委託物に関する信任関係（**委託信任関係**）を破って行われる犯罪である。これに対して、遺失物等横領罪は、他人からの委託が前提ではなく、占有を離れた他人の所有する財物が客体となる犯罪類型である。

横領の罪の保護法益は、物に対する所有権である。公務所から保管を命じられた自己の物の横領も処罰される（252条2項）が、この場合には、保護法益は、所有権ではなく、物の保管の安全である。

横領の罪についても、**親族間の犯罪**に関する特例の準用がある（255条・244条）。親族関係は、委託物横領罪においては行為者と委託物の所有者および委託者との間に存在しなければならない。横領罪においては、所有権が保護法益であるから、物の所有者との親族関係の存在も必要となる。しかし、遺失物等横領罪の場合は、行為者と所有者の間に親族関係があることで足りることはいうまでもない。業務上横領罪につき、家庭裁判所の選任・監督のもとに被後見人の財産を占有・管理する成年後見人が犯した場合、親族相盗例の準用は認められない（仙台高秋田支判平19・2・8判タ1236・104、前掲最決平

20・2・18刑集62・2・37＝百選Ⅱ-35)。

2．横領罪

> 自己の占有する他人の物を横領した者は、5年以下の拘禁刑に処する（252条1項)。自己の物であっても、公務所から保管を命ぜられた場合において、これを横領した者も、前項と同様とする（同条2項)。

(1) 主体・客体

横領罪は、自らが占有する物を領得する点で、**形態において平和的**であり、また**動機において誘惑的**であって、違法性・非難可能性が低いので、窃盗罪・詐欺罪と比べて法定刑は軽い。本罪の主体は、他人の物を占有する者、または公務所から保管を命じられた自己の物の占有者であり、真正身分犯である。本罪の客体は、自己の占有する物（1項)、または公務所から保管を命ぜられた物（2項）である。「物」とは財物を意味する。動産のみならず、不動産も含む。本罪には、245条の「電気は、財物とみなす」という規定の準用規定はない。

(2) 自己の占有する他人の物

横領罪における占有とは、事実上、または法律上、物に対する支配力を有する状態をいう。窃盗罪における占有は、事実上の支配のみを意味するが、横領罪においては、法律上の支配をも意味する（最判昭30・12・26刑集9・14・3053)。法律上の支配があることも、その物の処分に関して濫用のおそれのある支配力が存在することを意味するからである。

占有は、物の所有者ないし公務所と行為者との**委託信任関係**にもとづくものであることを要する。委託信任関係の発生原因は、使用貸借（民593条以下)、賃貸借（民601条以下)、委任（民643条以下)、寄託（民657条以下）などの契約のほか、所有者の意思によらず法律上の規定によって発生する場合でもよく、したがって、事務管理（民697条)、後見（民838条）も含まれる。

(a) 二重売買・譲渡担保　所有権の移転につき、意思主義（民176条）を前提にすれば、動産および不動産につき売買契約が成立するならその所有権は売主から買主に移転する。そこで、**二重売買**の場合、すなわち、売買契約の締結後、まだ当該動産を現実に引き渡す以前に、売主がほしいままに当該動産を他人に売り渡し、あるいは不動産については、買主名義への所有権移転登記をする以前に、他人名義の登記を完了した場合には、「自己の占有する他人の物」を処分したのであり、売主には横領罪が成立する（前掲最判昭30・12・26、名古屋高判昭29・2・25高刑特33・72）。

譲渡担保の目的物は、自己の占有する他人の物にあたるか。譲渡担保とは、債務を担保するため目的物の所有権を債務者から債権者に移転し、債務が弁済されると、所有権は債務者に復帰するという担保制度である。ここでは、所有権の形式的な効力を重視して、譲渡担保権者が完全な所有権者として保護を受けるという見解と、その所有権の実質的価値は、担保権的利益にすぎないから、譲渡担保権者に横領罪にいう「他人の物」に当たる所有権を認めない見解とが対立している。所有権は譲渡担保権者に移転しているとして横領罪を認める見解（最判昭58・2・24判時1078・76）が有力であるが、譲渡担保の担保的性格を重視する立場から、債務弁済前の処分については背任罪を認めるべきであるとする見解もある。

(b)　金銭　金銭が封金の形で、特定物として委託された場合、その所有権は委託者に残る。しかし、この場合、金銭に対する占有も委託者に残るので、受託者がそれをほしいままに領得した場合には、窃盗罪が成立する。これに対して、封金とされていない場合でも、一定の使途を定めて寄託された金銭の所有権は、刑法上、通常、寄託者に残ると考えられている（最判昭26・5・25刑集5・6・1186＝百選Ⅱ-64）。したがって、横領罪が成立する。判例は、一定の目的ないし使途を定めて寄託された金銭は、原則として寄託者に所有権があるとし、受託者がそれを費消した場合には横領罪が成立するとする（最判昭34・2・13刑集13・2・101）。

一時流用するがすぐに返すつもりでその預かり金を別の用途に使った場合、横領罪が成立するかについては、①金銭の所有権は、それが流用された時点において受託者に移転するとみることができるとする説、②所有権は寄託者にあり、客観的には横領罪の構成要件に該当しているが、不法領得の意思を欠くとする説、③特定物としての金銭の所有権ではなく、不特定物としての金額所有権という概念を認め、客観的に横領行為を否定する説がある。しかし、この民法理論にいう「価値所有権」（物権的価値返還請求権）概念と同根の「金額所有権」という考え方には、賛成できない。

金銭の受領を伴う事務を委任された者が、その行為にもとづいて委任者のために受領した金銭の所有権は、原則として委任者に属する。したがって、受任者が取り立てた金銭を領得する行為は、横領罪を構成する。

(c) **不法原因給付**　民法708条本文は、「不法な原因のために給付をした者は、その給付したものの返還を請求することができない」と定め、不法の原因を理由に返還請求をすることができないと規定している。委託者から不法の原因にもとづいて給付された物を受託者が領得したとき、横領罪が成立するかについては、肯定説と否定説、および区別説がある。肯定説は、不法原因給付物については、給付者は給付物の返還を請求できないが、その所有権をなお失ってはいないと解する。したがって、受給者にとっては、給付された物は「自己の占有する他人の物」である。したがって、これをほしいままに領得する行為は、横領罪を構成する。否定説は、委託（給付）者は、受託者に対してその物の返還を請求することができないということは、委託（給付）者には、受託者に対して保護されるべき所有権はなく、したがって、受託者がそれを費消したとしても横領罪を構成しないとする。これに対して、**不法原因給付**と**不法原因寄託**とを分け、前者については所有権が受給者に移転するから横領罪は成立しないが、後者については、所有権の移転はないから横領罪が成立するという見解も有力に唱えられている。しかし、この見解に対しては、不法原因給付と不法原因寄託とを区別する点に疑問が提起されている。

判例は、かつては、不法原因給付物も他人の物であるとして、横領罪を肯定していた（最判昭23・6・5刑集2・7・641＝百選Ⅱ-63）。しかし、**昭和45年の民事判例**では、最高裁が、不法原因給付物の所有権は受給者に移転すると解するに至った（最大判昭45・10・21民集24・11・1560）。少なくとも、不法原因給付物について給付者が所有権を失わないということを根拠に横領罪を肯定する学説は、この判例によって妥当性を失った。他方、刑法上独自に委託信任関係の侵害に対しては要保護性を認め、横領罪が成立するとする見解も、物の「他人性」が否定される場合についても刑法上保護に値する利益を認めうるか疑問であり、妥当性を欠くように思われる。区別説によると、民事判例は、贈与の事案であり、所有権の移転を意図する場合であるから、不法原因給付にあたり、不法原因寄託には妥当しないと解釈される。たしかに民法上、給付とは終局的な利益の移転をいうとすれば、寄託は、それにあたらないとも解釈できる。この見解は、返還請求権を認め、委託された金銭を委託者に返還しなかったことが、横領罪としての処罰根拠であるとする。しかし、民法上、不法原因寄託の事案に708条の適用がないとする解釈が妥当かどうかには疑問がある。

不法原因寄託の事案については、たしかに民法708条によって返還請求権は認められないが、最高裁判例とは異なり、返還請求権のないことの反射的効果として所有権が受給者に移転するのではなく、もともと給付者の意図も、金銭消費寄託の場合を除いて、所有権を移転するつもりはなかったのであるから、所有権はなお給付者にあると解し、返還請求権はなくとも、所有権がなお保護されていると解することは可能であろう。

(d) 盗品とその売却代金　盗品等の処分を委託された者が、保管している盗品等を領得し、あるいはその売却代金を着服した場合、横領罪が成立するか。この問題については、大審院の判例には、横領罪が成立するとする立場と、横領罪の成立を否定する立場とがあった。最高裁（最判昭36・10・10刑集15・9・1580）は、「被告人が自己以外の者のためにこれを占有して居るのであるから、その占有中これを着服した以上、横領の罪責を免れ得ない」とした。学説は、窃盗犯人である委託者は盗品につき所有権を取得しないので、委託者に対する横領罪は成立しないとする見解が有力である。この見解からは、窃盗の被害者である所有者との関係には、委託関係がないので、委託物横領罪は成立しないが、遺失物横領罪は成立しうることになる。

窃盗犯人からその委託を受けて盗品等の売却代金を占有している者がほしいままに処分した場合、委託物横領罪が成立するかどうかにつき、「自己の占有する他人の物」を処分したのであるから、横領罪が成立するという立場が有力である。この見解は、盗品等関与罪（256条）との観念的競合になるものとする。しかし、本犯の被害者と受託者の間には委託信任関係がなく、さらに、本犯者たる委託者と受託者の委託関係が違法なものであるから、この委託関係は保護に値しないので、横領罪は成立しないと解すべきである。

(3) 横領行為の意義

(a) 領得行為・越権行為 領得行為説と越権行為説とが対立している。領得行為説によれば、横領とは自己の占有する他人の物または公務所から保管を命ぜられた自己の物を不法に領得することをいう。これに対して、越権行為説によれば、横領とは、委託の趣旨に違背して占有物に対しその権限を越えた行為をすることである。この説によると、不法領得の意思の有無は横領罪の成否には無関係である。判例は、横領罪における不法領得の意思とは、「他人の物の占有者が委託の任務に背いて、その物につき権限がないのに所有者でなければできないような処分をする意志をいう」(最判昭24・3・8刑集3・3・276＝百選Ⅱ-66) とする。結論的には、不法領得の意思を前提にする領得行為説が妥当である。

(b) 一時使用と処分行為 一時使用の目的で、他人の物の占有者がそれを使用した場合、態様、時間、使用行為の社会的・経済的評価に照らして処分行為の有無を判断するべきである。不法領得の意思は、返還の意思があっても認められる (東京地判昭60・2・13判時1146・23)。横領行為とされるためには、占有された物に対する客観的な処分行為を必要とする。物の売却、贈与、貸与、交換、質権の設定、抵当権の設定、預金、振替等の法律的処分行為のほか、費消、着服、拐帯、搬出・帯出、毀棄・隠匿、共有物の独占などの事実的処分行為でもよい。

(c) 二重売買 前述の二重売買の場合も、引渡しないし所有権移転登記終了前に、第三者にその動産または不動産を売却した場合、売主が「自己の占有する他人の物」を、不法に領得したということができる。ちなみに、第2の買主が、二重売買の事実を知りながら買い受け、移転登記を済ませた場合でも、民法上は、登記を得ることによって第三者に対抗できるから (民177条)、第2の買主は、完全な所有権を得ることができる。この場合、刑法上横領罪につき売主との共同正犯ないし売主に対する教唆犯の責任を負わせることはできない (最判昭31・6・26刑集10・6・874)。しかし、背信的悪意の第三者は、民法177条の「第三者」から除かれる (最判昭36・4・27民集15・4・901) ので、刑事においても、第2の買主が背信的悪意者であった場合には横領罪の共同正犯 (福岡高判昭47・11・22刑月4・11・1803＝百選Ⅱ-65) ないし教唆犯の責任を負うと解すべきである。

(4)　未遂・既遂

横領罪は、横領行為が開始されればその完了を待たずに既遂に達し(大判明43・12・2刑録16・2129)、横領罪には未遂を認めることができない。

(5)　主観的要件

横領罪の主観的要件としては、故意のほかに不法領得の意思を必要とするかどうかが争われている。

横領罪における**不法領得の意思**は、判例によれば、「他人の物の占有者が委託の任務に背いて、その物につき権限がないのに所有者でなければできないような処分をする意思」とされる(最判昭30・12・9刑集9・13・2627等)。横領罪における不法領得の意思には、「経済的用法に従い」利用・処分する意思という限定が付されていない(東京高判昭34・3・16高刑集12・2・201)ので、経済的に利用・処分する意思でなくてもよいと解されている。後に補填する意思があったからといって不法領得の意思がないとはいえない(前掲最判昭24・3・8)。領得行為説からは、経済的な利用・処分の意思が不法領得の意思と解すべきである。したがって、自己の占有する他人の物を毀棄・隠匿の意思で処分した場合には、横領は成立しないと解される。

本人のために処分する意思をもっていた場合、判例では、不法領得の意思は認められないとされている(大判大3・6・27刑録20・1350)。最高裁の判例においては、会社の取締役経理部長等が、会長一族からの経営権の奪取を阻止するための工作資金を工面しようとして、業務上保管中の会社の資金を支出権限がないのに、工作員に交付したという事案で、「本件交付における被告人の意図は、専ら(当該会社)のためにするところにはなかった」として、不法領得の意思が肯定された(最判平13・11・5刑集55・6・546＝百選Ⅱ-67＝国際航業事件)。これに対して、本人のためにした行為であっても、その処分行為が違法な目的を有する場合、禁令の趣旨に明らかに反してなされた場合、不法領得の意思は認められる(前掲最判昭34・2・13)。ただし、禁令に違反する行為であっても、軽微な手続違背の程度ならば必ずしも横領罪を構成するものではない。

(6) 横領後の横領

最後に、横領後の横領の問題に言及しておこう。横領罪が状態犯であるとすると、横領行為の終了後の物の処分行為は、不可罰的事後行為となるはずである。不動産を甲に売却し所有権を移転させた者が、それを登記しないで、乙のためにその不動産に抵当権を設定し登記したときは、横領罪が成立する。したがって、その後、さらに乙にその不動産の所有権を移転しても横領罪は成立しないというのが、以前の判例であった（前掲最判昭31・6・26）。しかし、最高裁は、平成15年に、大法廷判決（最大判平15・4・23刑集57・4・467＝百選Ⅱ-69）によってこれを変更した。委託を受けて他人の不動産を占有する者が、ほしいままに抵当権を設定し登記をした後、さらに売却によって所有権移転登記をしたとき、それも横領罪を構成するというのである。

3．業務上横領罪

> 業務上自己の占有する他人の物を横領した者は、10年以下の拘禁刑に処する（253条）。

(1) 意　義

本罪は、横領罪に対する身分による加重類型である（不真正身分犯）。業務関係にもとづく占有物を横領する行為を加重処罰する根拠については、学説が分かれている。第1説は、業務上横領の場合、通常、犯人と多数者との間の信頼関係を破るものである点において、その法益侵害の範囲が広く、また頻発のおそれが多いことなどを理由に違法性が大きいことに加重処罰の根拠を見出すのに対し、第2説は、他人の物を占有する業務を行う者は、横領罪を犯す可能性が高いため、一般予防の見地から責任を加重する趣旨で、あるいは責任非難が増大するから加重処罰されると解する。

(2) 要　件

業務上他人の物を占有する者である。単純横領罪の主体は、占有者でなければならず（真正身分犯）、業務上横領罪は、それにさらに業務者という身分（不真正身分犯）が加わった者であるから、本罪は、二重の意味で身分犯（複合した身分犯）である。業務とは、社会生活上の地位にもとづいて反復または継続して行われる事務をいう。

4．遺失物等横領罪

> 遺失物、漂流物その他占有を離れた他人の物を横領した者は、1年以下の拘禁刑又は10万円以下の罰金若しくは科料に処する（254条）。

本条は、他人の占有に属さない他人の所有物を領得する行為を犯罪とする。すなわち、占有侵害がない点では、委託物横領罪と共通するが、占有者の意思にもとづかないでその占有を離れた他人の物を客体とする点で異なる。

本罪の客体は、遺失物、漂流物、その他占有を離れた他人の物、すなわち、占有離脱物である。**占有離脱物**とは、占有者の意思にもとづかないでその占有を離れ、いまだ何人の占有にも属していない物、または委託によることなく行為者の占有に属することとなった物をいう。遺失物、漂流物はその例示である。**遺失物**は、占有者の意思によらずその占有を離れ、いまだ何人の占有にも属していない物をいう。**漂流物**とは遺失物が水中にある場合をいう。スーパーマーケットの6階のベンチに置き忘れた札入れは、持ち主が地下1階にエスカレーターで移動し、約10分後に置き忘れたことに気づいた場合、占有離脱物である（前掲東京高判平3・4・1判時1400・128）。

2　背任の罪

> 背任罪とは、権限を濫用する犯罪なのか、本人から委託された事務に対して誠実義務に違背する背信行為なのか。または、背信行為の中の領得行為によるもの（横領）を除いたものが背任なのか。背任罪においては、故意のほか、自己もしくは第三者の利益を図りまたは本人に損害を加える目的（図利加害目的）が必要であるとされるが、故意の内容は何か、また、図利加害目的とは何か。

1．総　説

背任の罪は、他人のためその事務を処理する者が、自己もしくは第三者の利益を図り、または本人に損害を加える目的で、その任務に背く行為をすることによって、本人に財産上の損害を加えることを内容とする犯罪である。背任罪は、本人と事務処理者との間の信任関係に違背することがその中核である点で、委託物横領罪と共通性をもつ。

本罪の本質については、**権限濫用説**と**背信説**が対立している。**権限濫用説**によれば、背任罪とは、代理権を有する者が、その代理権を濫用して財産上の侵害を加える犯罪であり、代理権の濫用は、**法律行為**に限られる。主として、法律行為の相手方である第三者に対する**対外的関係**において成立する。背任罪を権利に対する犯罪として位置づける。これに対して、**背信説**によれば、背任の罪とは、誠実義務に違反して本人に財産上の損害を加える犯罪であり、本人から委託された任務に違背する行為であれば、第三者に対してのみならず、本人に対する**対内関係**においても成立し、また、法律行為のみならず、事実上の信任関係を破壊する**事実行為**としても成立する。権限濫用説は、背任を代理権を濫用する法律行為に限定するが、実際上はたんなる事実行為としての背任行為にも当罰性が高いものが少なくないから、その限定は適切でないと批判される。他方、背信説に対しては、背任罪の前提としての信任関係を無限定のものと解する結果、背任罪の限界が漠然とし、かつ、広汎に及びすぎるおそれがないわけではないとされ、信任関係に限定を加えることが必要だとされる。

そこで、背信説の基礎となっている誠実義務に限定を加えることによって、背信説を修正する試みが出発点とされるべきである。**背信的権限濫用説**は、本人の事務を処理するについて、社会観念上、負担しているとみられる権限を濫用して行われた背信的義務違反行為のみに犯罪性を認めるべきものとする。すなわち、物の処分について権限を逸脱した場合には、横領罪であるのに対して、権限の範囲内ではあるが、それを濫用した場合には背任罪であるとする。しかし、物の処分ではなく、財産上の利益の処分の場合、例えば、電話加入権ないし債権の二重譲渡の場合、横領罪も成立しないが、権限濫用ではなく権限逸脱であるから、背任罪も成立しないとするのは不当である。また、二重抵当の場合には、背信的権限濫用説からも背任が認められているが、これは権限逸脱の場合に背任罪を肯定するものである。

横領罪の意義について領得行為説に立ち、領得行為とみられる場合を横領罪、その他の背信行為を背任罪とする**限定的背信説**を基本とする見解が妥当である。

2．背任罪

> 他人のためにその事務を処理する者が、自己若しくは第三者の利益を図り又は本人に損害を加える目的で、その任務に背く行為をし、本人に財産上の損害を加えたときは、５年以下の拘禁刑又は50万円以下の罰金に処する（247条）。未遂は、罰する（250条）。

(1)　主体・客体

本罪の主体は、「他人のためにその事務を処理する者」である。この事務処理者のみが犯しうる犯罪であるので、真正身分犯である。

「他人のためにその事務を処理する」とは、他人の事務を他人のために処理することをいう。したがって、他人固有の事務を本人に代わって行うことをいう。

(a) **他人のための他人の事務**　契約の相手方に対する履行義務のように、他人に対して、対内的ではなく、対向的に負うにすぎない義務は、他人の事務ではない。このように、事務処理者は、本人との内部関係における信任に従って義務を有する者、すなわち、本来、本人が行う事務を事務処理者が代わりに行うという対内的信任関係に立つ者でなければならない。

学説においては、**二重抵当**につき、登記に協力すべき義務は、抵当権設定契約上、「自己の事務」であって他人の事務ではないという見解が有力である。この見解は、このような根拠から、二重抵当につき背任罪の成立を否定する。これに対して、通説は、これを肯定する。抵当権は、登記を完了することによってはじめて第三者に対しても保全されるのであって、財産の保全に必要な事務は抵当権者の事務であることはいうまでもない。しかし、登記の事務は、登記名義人の協力を得なければ行いえない。したがって、抵当権設定者たる登記名義人は、抵当権者の事務に協力して、登記に必要な書類（白紙委任状、印鑑証明書、権利証等）を交付する義務を負う。登記名義人の登記協力義務は、「他人の事務」というべきである。しかし、登記に必要な書類を交付した後には、一番抵当権の確保に協力すべき義務はないというべきである。この場合には、第三者は必要書類を得られず、登記はできないから事実上問題はない。

(b) **事務**　「事務」は、公的事務、私的事務を問わず、継続的事務であると一時的事務であるとにかかわらない。また、法律行為であると事実行為であるとを問わない。**財産上の事務**に限るかどうかについては、これを①財産上の事務に限るべきであるとする**限定説**（通説）と②結果的に財産上の損害を加えるものであればよく、事務の内容については文言上何らの限定もないとする**無限定説**が対立している。財産罪としての性格から、財産管理上の事務と解すべきであり、限定説が妥当である。

(c) **信任関係の破壊**　背任罪は、事務処理者たる行為者が、本人との間に存在する信任関係を破って行う点に本質がある。したがって、事務処理者であるためには、本人との間に信任関係の存在が必要である。**信任関係の発生根拠**は、法令、契約、慣習、事務管理（民697条）等である。

(2) 背信行為

任務に背く行為を行うことである。「**任務**」とは、事務処理者としての信任関係にもとづき具体的事情のもとで法的に期待された義務を意味するから、任務に「背く」行為とは、そのような信任関係を破って行われる義務違反行為をいう。任務違背行為は、法律行為に限らず、事実行為であってもよい。したがって、保管物を毀損したとき、秘密を漏示したときでもよい。また、不作為の背任行為も含む。

典型的な背任行為としては、①不良貸付・不当貸付、②債務負担、③担保権の毀滅、④蛸配当、⑤取締役と会社との自己取引、⑥物品証券との引換によらない貨物の引渡、⑦プログラムの無断入力（東京地判昭60・3・6判時1147・162）などがある。判例によれば、実質倒産状態にある融資先企業グループの各社に対し、客観性をもった再建・整理計画もないまま、赤字補てん資金等を実質無担保で追加融資した銀行の代表取締役頭取の行為は、特別背任罪における任務違背にあたる（最判決平21・11・9刑集63・9・1117＝百選Ⅱ-71）。その他、二重抵当（最判昭31・12・7刑集10・12・1592＝百選Ⅱ-70）、電話加入権の二重譲渡（大判昭7・10・31刑集11・1541）、指名債権の二重譲渡（名古屋高判昭28・2・26高刑特33・9）も、背任行為である。

(3) 主観的要件

故意のほか、自己もしくは第三者の利益を図りまたは本人に損害を加える目的が必要である（目的犯）。

(a) **故意**　本罪の故意は、任務違背の認識と財産上の加害の認識を内容とする。したがって、自己の行為が任務の本旨に適合していると誤信して行為に出る場合には、事実の錯誤があり故意は阻却される。任務違背の認識は、本罪が目的犯であるところから、確定的認識であることを必要とする見解もあるが、目的と故意とが直接的に結びつくわけでもないので、未必的認識で足りると解すべきである。財産上の加害の認識に関して、未必的認識で足りるか、それとも確定的認識ないし意欲が必要かについても、学説は分かれる。判例・通説は、未必的認識で足りるものとする。

(b) 目的　本罪は、目的犯であり、「自己若しくは第三者の利益を図る目的」(**図利の目的**)、または「本人に損害を加える目的」(**加害の目的**) が必要である。本罪は、利得犯と財産毀損罪という異質な性質をもつ犯罪である。

(ⅰ) 加害の認識と加害の目的　故意における「加害の認識」と「加害の目的」の相違はどこにあるのだろうか。

まず、図利加害目的は、犯罪の成立範囲を明確にする意味において確定的なものであることを要するというのが通説であるが、未必的なものでよいと解すべきである。「意欲」ないし「積極的認容」は不要である。最高裁の判例も、特別背任罪に関して、「特別背任罪における図利加害目的を肯定するためには、図利加害の点につき、必ずしも所論がいう意欲ないし積極的認容までは要しない」と判示した (最決昭63・11・21刑集42・9・1251)。したがって、この点では、故意と同様である。

その相違は、「加害の故意」は、構成要件的事実の認識につきるものであるが、「加害目的」ないし「図利目的」は、主観的超過要素であって、たんなる構成要件要素の認識につきるものではなく、正当化事由の事実的前提 (正当化事情) をも認識の対象に含めた主観的要素であるという点にある。加害の認識である構成要件的故意は存在しても、本人図利につながる事実を表象認識していた場合には、正当化事情の認識に類似する主観的要素が存在し、この「加害の目的」が阻却される。「図利加害目的」は、このような意味における特別の主観的要素なのである。

(ⅱ) 自己若しくは第三者の利益を図る目的　「自己」とは、他人の事務を処理する者自身のことである。「本人」とは、その事務を処理させる者を指す。「第三者」とは、「自己」と「本人」を除いたそれ以外の者をいう。背任罪の共犯者も第三者である。「利益」とは、必ずしも財産上の利益に限らないというのが通説・判例である（大判大3・10・16刑録20・1867）。しかし、財産上の利益に限るという見解も有力である。何らかの意味で「利益」を目的にしない犯罪はないのであるから、もし財産的利益に限定しないとすると、本罪において「目的」を要求した趣旨が没却される。

(iii) 本人の利益を図る目的　本人の利益を図る目的で行為した場合、任務に違背して本人に損害を加えた場合でも背任罪は成立しない。本人の利益を図る目的と上述の図利加害目的とが併存する場合、主として図利加害目的があれば、従として本人の利益を図る目的があっても背任罪の成立を妨げない（最決昭35・8・12刑集14・10・1360等）。判例は、特別背任罪についても、第三者図利の目的があったときに本人図利の目的が決定的な動機ではないとして、図利目的があったとし、同罪の成立が認められるとした（最決平10・11・25刑集52・8・570＝平和相互銀行事件＝百選Ⅱ-73）。

(4)　委託物横領との区別

他人のためにその事務を処理する者が、自己の占有する他人の「物」を処分したとき、横領罪が成立するのか背任罪が成立するのかの区別が問題となる。

(a) 学説　これに関しては、①**権限濫用説**に立って、背任罪は権限を濫用して行われる法律行為であるのに対して、横領罪は、特定物または特定の利益を侵害する事実行為であるとする見解、②**行為の客体**によって両罪を区別し、それが自己の占有する他人の財物である場合には横領罪、財物以外の財産上の利益の場合に背任罪とする見解、③横領罪は、委託物に対する**権限を逸脱**することによって成立するが、背任罪は、**抽象的権限を濫用**する場合であるとする見解、④財物に対する領得行為が横領罪、その他の背信行為が背任罪とする見解がある。なお、判例の主流は、⑤第三者の利益を図った場合につき、**本人の名義・計算**で行われた場合には背任罪、**自己の名義・計算**で行われた場合には横領罪が成立するものとする（大判大3・6・13刑録20・1174、大判昭9・7・19刑集13・983＝百選Ⅱ-68、最判昭29・11・5刑集8・11・1675）。

(b) 学説の検討　①背任罪は法律行為により、横領罪は事実行為によるとする見解は、事実行為による背任を認めない点で不当である。②客体による区別は、背任罪を実質的に2項横領罪と解する見解であるが、客体が財物の場合にも背任罪が成立しないとはいえない。③権限逸脱か濫用かで区別する見解は、権限逸脱の場合にも、二重抵当や秘密漏示の場合のように、客体が財産上の利益であって、横領罪が成立しない場合に問題が生じる。結局、④横領罪につき領得行為説に立ち、その他の背信行為を背任とする立場によって区別するのが妥当である。両罪は、法条競合の択一関係に立つが、重い横領罪が成立する場合には、背任罪に優先して横領罪が適用される。

(c) 判例　判例の主流は、⑤**本人の名義・計算**か自己の名義・計算かによって区別する（前掲大判大3・6・13、最判昭33・10・10刑集12・14・3246）。村の収入役が自己の保管する公金を自己の名義で他人に貸与したとき、業務上横領罪が成立するとしたのに対し、村長が自己の保管する金銭を**本人の計算**において第三者に貸与したときは、背任罪が成立するとした。また、信用組合の支店長等が組合から支出させた金員を預金謝礼として支払った場合等につき、本人の計算においてなされた行為ではなく、自己の計算においてなされた行為であるとして、業務上横領罪の成立を認めた（前掲最判昭33・10・10）。

(5)　財産上の損害

(a) 全体財産　背任行為によって本人に財産上の損害が加えられなければならない。財産上の損害とは、財産的価値の減少を意味する。既存財産の減少である「積極的損害」でも、将来取得しうる利益の喪失である「消極的損害」でもよい（最決昭58・5・24刑集37・4・437＝百選Ⅱ-72）。ここで「財産」とは全体財産の意味である（最判昭28・2・13刑集7・2・218）。したがって、損害は、本人の財産状態の全体について考慮されなければならない。生じた損害と、それに対応する反対給付によって得られた利益とを差し引きしたものが全体的財産状態である。最高裁（最決平8・2・6刑集50・2・129）は、反対給付が債務負担に見合うものではない場合に財産上の損害を認めた。

(b) 法的財産概念・経済的財産概念　財産上の損害があったかどうかは、法的判断ではなく、経済的判断による（経済的損害概念）。したがって、法律上の権利が存在しても、その実行が不可能ないし困難なときは、その経済的価値は存在せず、または僅少である。**法的財産（損害）概念**は、財産（ないし損害）を、純粋に法律的に財産上の権利を中心として構成する立場である。

この見解によると、被害者が法律上の請求権をもっているかどうかが基準となる。さらに、損害概念を経済的見地において判断するとしつつ、違法な財産的利益を排除するという意味で法的・経済的見地において総合的に判断するものとする**法的・経済的財産概念**も唱えられている。

(c) **財産上の実害発生の危険と財産上の損害** 判例の中には、「財産上の損害を加えた」というのは、実害発生の危険を生じさせた場合をも含むとするものが多い（最判昭37・2・13刑集16・2・68）。経済的見地からみれば、回収の見込みがなく、また、無担保で貸し付けられた債権はすでに無価値であり、財産上の損害が発生しているといえる。最高裁も、債務がいまだ不履行の段階に至らず、現実の損害がいまだ生じていないとしても、経済的見地においては、財産的価値は減少したものと評価されるとした（前掲最決昭58・5・24）。

(d) **既遂・未遂** 背任罪は、本人に財産上の損害が生じた時点で既遂に達する。背任行為と財産上の損害の間には因果関係・客観的帰属可能性がなければならない。背任行為の実行に着手したが、財産上の損害が生じなかったときは、未遂である。

(e) **共　犯** 背任罪は身分犯であるので、共同実行者がそれぞれ身分をもっていたときは、共同正犯である。身分がない共同者については、通説・判例によれば、65条1項によって共犯となるが、65条1項は共同正犯に適用がないとする見解からは、狭義の共犯にしかならない（☞総論12講2－2）。背任行為の相手方が加功し利益を得た場合に共同正犯が成立するかについて、問題となる。判例には、銀行がした融資に係る頭取らの特別背任行為につき、融資先会社の実質的経営者に特別背任罪の共同正犯が認められるかを判断する際、事務処理者の任務違背、損害の発生の具体的内容につき認識があったか、図利加害目的があったか、また、不正な融資の実現に積極的に加担したかどうかを基準とするもの（最決平20・5・19刑集62・6・1623）がある。さらに、住宅金融専門会社の融資担当者の特別背任行為につき、同社から融資を受けていた会社の代表者が共同正犯となるかにつき、融資を受けるに際して、支配的な影響力の行使や、積極的な働きかけを行わなかったとしても、任務違背等について高度の認識があり、融資の実現に加担している場合、特別背任罪の共同正犯が認められるとするものがある（最決平15・2・18 刑集57・2・161＝百選Ⅱ-74）。共同正犯の成立につき、実行行為の分担を不要とし、共謀共同正犯を肯定する判例の立場からは、身分のない共犯者もその図利加害目的等の主観的状況ないし支配的影響力等の客観的事情の存在により正犯性を認めることになる。

第８講

財産罪の諸類型（4）
―盗品等・毀棄―

第８講へのアクセス

【Q１】盗品等に関する罪にはどのような罪があるだろうか。手形ブローカーから、盗品である約束手形の売却を依頼され、盗難被害に遭った会社関係者と交渉の上、その関連会社に対して売却する行為は、盗品等有償処分あっせん罪にあたるだろうか（最決平14・7・1刑集56・6・25＝百選Ⅱ-75参照）。

【Q２】盗品であることを知らずに委託を受けて保管していたものが、事情を知った後も保管しつづけた場合、盗品等保管罪は成立するのだろうか（最決昭50・6・12刑集29・6・365＝百選Ⅱ-76参照）。

【Q３】他人の家の中のふすまに大きな穴を開けた場合、建造物損壊罪における「損壊」にあたるだろうか。また、公園内の公衆トイレの白色の外壁にラッカースプレーでペンキを吹き付け、「戦争反対」などと落書きする行為は、「損壊」にあたるだろうか（最決平18・1・17刑集60・1・29参照）。芸術的なアートを落書きした場合はどうだろうか。

【Q４】野生動物を保護する団体に所属する被告人が、イルカが屠殺されて食用に供されるのを阻止しようとして、漁業組合が捕獲して仕切網により港内に閉じ込めていたイルカ約150頭を逸走させた行為は、器物損壊罪に該当するだろうか（静岡地沼津支判昭56・3・12判時999・135参照）。

1　盗品等に関する罪

盗品等に関する罪（盗品等関与罪）は、被害者が財産犯によって奪われた財物を追求し、回復するのを困難にし、その利益に関与する罪である。例えば、窃盗犯人から盗品を有償で譲り受けることなどが典型例である。この犯罪の本質は何かをめぐっては、窃盗犯人によって作り出された違法状態の維持とする見解、追求権の侵害とする見解があるほか、利益関与的性格、間接領得的性格、事後従犯的利益関与的性格をもつなどと説明されている。

1．盗品等に関する罪の本質

盗品等に関する罪（贓（ぞう）物に関する罪）とは、財産犯によって奪われた財物に関して、それに対する被害者の追求・回復を困難にするとともに、利益に与る犯罪である。盗品等の無償譲受け（＝収受）、運搬、保管（＝寄蔵）、有償譲受け（＝故買）、有償処分あっせん（＝牙保）がこれにあたる。

この罪の本質については、**違法状態維持説**と**追求権説**の二つの見解がある。前者は、これを犯罪によって成立した違法な財産状態を維持させることを内容とする犯罪ととらえる。この説によれば、違法な財産状態は、財産犯に限らず犯罪の種類を問わず犯罪によって生ぜしめられたものであればよいと解する。これに対して、後者は、本犯の被害者である所有者の盗品等に対する追求を困難にする犯罪であるとみる。これによれば、盗品等に対する私法上の回復請求権の実行を困難にすることが、本罪の本質である。平成7年の現代用語化を目的とする刑法改正により、本罪の客体は、「**財産に対する罪に当たる行為によって領得された物**」に限定されることになった。これにより、違法状態維持説は、旧来の形では維持し難くなった。

ほかにも、本罪を間接領得罪であるとみて、第2次的に所有権を侵害する犯罪であるとするものがある。これを**間接領得罪説**という。これは、事後的共犯の一部の行為を加重処罰する特別規定であると解する。さらに、いわゆる**利益関与説**は、本罪を犯罪による利益に関与する犯罪とみる。無償譲受けは、前近代的な利益関与行為であるのに対して、有償譲受け等は、交換経済を前提とする近代的な犯罪類型であるとする。

しかし、これらの見解のいくつかを折衷した見解が有力である。追求権説と違法状態維持説を折衷し、さらに利益関与説と事後共犯説を加味した**新しい違法状態維持説**がある。また、追求権説を中心に、本犯助長的事後共犯的性格と利益関与的性格も併せもつ見解も有力に唱えられている。また、本罪の法益を財産領得罪を禁止する刑法規範の実効性であるとして、事後的な援助行為を禁圧することによって、刑事政策的効果を上げようとする犯罪類型であるとみる見解も展開されている。

盗品等関与罪は、財産の領得によって被害者の追求権を侵害する犯罪であるという追求権説を出発点として、事後従犯的利益関与的性格をも付随的にもつ犯罪であると解すべきである。

2. 盗品譲受け罪等

> 盗品その他財産に対する罪に当たる行為によって領得された物を無償で譲り受けた者は、3年以下の拘禁刑に処する。(256条1項)。
> 前項に規定する物を運搬し、保管し、若しくは有償で譲り受け、又はその有償の処分のあっせんをした者は、10年以下の拘禁刑及び50万円以下の罰金に処する(同条2項)。

(1) 主体・客体

本犯の正犯者は、本罪の主体とはなりえない。本犯者には、その盗品等の処分は不可罰的事後行為である(最判昭24・10・1刑集3・10・1629)。本犯者は、新たに追求権を侵害するものではなく、本犯助長的性格をもたないからである。正犯者には共同正犯も含まれる。これに対して、本犯の教唆者・幇助者は、主体となりうる(最判昭24・7・30刑集3・8・1418)。

本罪の客体は、「盗品その他財産に対する罪に当たる行為によって領得された物」であって、被害者が法律上追求できるものをいう。これを盗品等と略称する。財産罪によって取得された財物に限られる。したがって、収賄罪において収受された賄賂、賭博罪において取得された物、通貨偽造罪における偽造通貨、文書偽造罪における偽造文書などは盗品にあたらない。動産・不動産を問わない。権利自体は盗品等ではないが、権利が化体された証券等は盗品等にあたる。本犯たる財産犯は、構成要件該当性、違法性を備える行為であればよく、有責性を備える必要はない。本犯の行為は既遂に達していることを要する。本犯が未遂の段階においては、本犯の共犯が成立するから、本罪の成立の余地はない（最決昭35・12・13刑集14・13・1929）。

追求権説に立つと、盗品等は、被害者が法律上追求することができる客体でなければならない。被害者に当該財産について追求権がなく、またはそれを喪失したときは、盗品性は失われる。例えば、民法192条によって第三者が即時取得した場合である。しかし、盗品または遺失物については、所有者は、民法193条により、盗難または遺失の時から２年間は占有者に対してその物の回復を請求することができるから、その間、盗品性は失われない（最決昭34・2・9刑集13・1・76）。

(2)　物の同一性

民事上、物の同一性が失われない限り、追求権が及び、盗品性を失わない。したがって、**民法246条**により加工者が所有権を取得した物については、盗品性を喪失する。最高裁判例によれば、窃取してきた婦人用自転車の車輪二個およびサドルを取り外し、これを他の男子用自転車の車体に取り付けて男子用に変更したという事案につき、両者は原形のまま容易に分離しうることが明らかであるから、これをもって両者が分離することができない状態において「附合」したものともいえないし、また、婦人用自転車の車輪およびサドルを用いて、男子用自転車の車体に工作を加えたものともいえず、被害者は依然としてその車輪およびサドルに対する所有権を失わないとされ、盗品性が肯定された（最判昭24・10・20刑集3・10・1660＝百選Ⅱ−77）。

(3)　不法原因給付物

これについても盗品等としての性格が認められるかどうかについては、①盗品性を肯定する見解、②盗品性を否定する見解、および③本犯たる財産犯の成否に応じて区別する見解に分かれる。基本的には、①追求権説に立てば、不法原因給付物については返還請求権がなく、盗品性は否定されるが、②違法状態維持説に立てば、違法性がある以上盗品であるということになる。③区別説は、横領罪のように、不法原因給付物に対して犯罪が成立しえない場合と、強盗罪・詐欺罪の場合のように犯罪が成立する場合とを区別し、犯罪が成立する場合には盗品となるものとする。本説が妥当である。

(4) 対価たる金銭

財産罪によって領得された財物そのものが盗品等であるから、それを売却して得た対価たる金銭も、盗品たる金銭によって購入した物も盗品性をもたない。盗品等の代替物には追求権は及ばないからである。しかし、判例は、盗品である小切手を呈示して現金を取得した場合、現金自体が盗品となるとする。この場合、小切手を呈示して現金に替える行為は、新たな法益を侵害する行為であるから、それ自体が詐欺行為であり、したがって、その現金は詐欺によって得られた盗品等となると解すべきである。

3．本罪の行為

①盗品等を無償で譲り受けること（1項)、②盗品を運搬すること、保管すること、有償で譲り受けること、またはその有償処分のあっせんをすること（2項）である。

(1) 盗品等無償譲受け罪

本犯の得た利益に与る行為であり、犯罪助長的要素がないので、2項より法定刑が軽くなっている。「**無償で譲り受け**」たとは、盗品等を代価を支払わずに取得することをいう。贈与を受けること、無利息での消費貸借を受けることも、本罪にあたる。事実上の処分権を取得する点で保管とは異なる。本犯者の意思にもとづいて譲り受ける必要がある。盗品等に関する罪は、本犯者との間で譲受け、運搬、保管などにつき「合意」が存在しなければならない。無償で譲り受けたといえるためには、合意の成立のみでは不十分であり、盗品等が現実に引き渡されなければならない。

(2) 盗品等運搬罪

運搬とは、委託を受けて盗品等を場所的に移転させることをいう。被害者の盗品等に対する追求・回復に影響を及ぼす程度の場所的移転でなければならない。有償・無償を問わない。すでに有償で譲り受けた者が、その盗品等を他の場所に運搬しても、別に運搬罪を構成しない。本犯者と共同して盗品等を運搬した者には運搬罪が成立する（最決昭35・12・22刑集14・14・2198)。学説においては、運搬のために盗品等を取得した時点で盗品性の認識が必要とされるという見解と運搬の途中でそれを知ったにもかかわらず運搬を続行した場合でも運搬罪が成立するという見解の対立がある。運搬罪は、継続犯であり、本犯からの占有移転を概念要素とはしていないので、占有移転の認識は不要である。したがって、後説が妥当である。情を知った時点からは、本犯者との間で合意があったものとみなされる。

盗品等を被害者のもとへ運搬する行為については、判例は、「被害者のためになしたものではなく、窃盗犯人の利益のためにその領得を継受して贓物の所在を移転したものであって、これによって被害者をして該贓物の正常なる（無償返還請求権の行使による）回復を全く困難ならしめたもの」であるとして、運搬罪の成立を肯定した（最決昭27・7・10刑集6・7・876）。しかし、学説においては、被害者の追求を困難にするとはいえないから、運搬罪は成立しないとするのが通説である。

(3)　盗品等保管罪

保管とは、委託を受けて盗品等を保管することをいう。有償・無償を問わない。寄託を受ける場合、質物として受領する場合、貸金の担保として受け取る場合等が含まれる。保管契約が締結されただけでは足りず、盗品を受け取ったことが必要である（京都地判昭45・3・12刑月2・3・258）。盗品であることを知らずに委託を受けて保管していた者が、事情を知った後も保管しつづけた場合、**事情を知った後**、本罪が成立する。保管とは、①盗品等を受け取って保管を開始し、②保管を継続する行為であるが、①の占有移転行為が不可欠であるとすると、保管は状態犯であるということになる。②の占有の移転を伴わない保管行為で十分であるとすると、継続犯であるということになる。判例は、**知情後の保管罪**の成立を肯定する（最決昭50・6・12刑集29・6・365＝百選Ⅱ-76）。学説においては、この判例の見解に対して批判が強い。追求権の実現の困難は、占有移転によってもたらされるのであるから、**占有移転の段階での盗品性の認識**が必要であるとする。しかし、保管罪における保管の概念に占有移転はその構成要件要素ではないから、この点の主観的要素も必要ではない。また、保管状態の継続は、盗品等の発見を困難にし、被害者の追求を困難にするものである。本犯助長行為の面からも、盗品等の保管によって助長される側面のあることを否定できない。知情後の保管については、少なくとも、本犯は「情を知らない保管」の認識はあったところに、盗品等を預かった者が情を知ったのであるから、その時点から両者の「合意」が生じたといえる。

(4) 盗品等有償譲受け罪

有償譲受けとは、盗品等を、**対価を提供して取得すること**をいう。売買、交換、債務の弁済、代物弁済、利息付消費貸借など、いかなる形態でもよい。本犯者から委託を受けたかどうかに関係しない。契約が成立しただけでは足りず、盗品が現に引き渡されたことを要する。盗品が引き渡された以上、代金の支払いがなくても本罪を構成する。本犯者から直接に買い受ける場合のほか、他の有償譲受け人から転買を受ける場合でもよい。

(5) 盗品等有償処分あっせん罪

有償処分あっせんとは、盗品等の有償的な処分、すなわち、売買、交換、質入などの**媒介・周旋**をすることをいう。有償・無償を問わず（最判昭25・8・9刑集4・8・1556）、また、本犯者からの委託の有無を問わない。行為者の名義をもってすると、本犯者の名義またはその代理名義をもってするとを問わない（最判昭24・1・11刑集3・1・13）。直接に買主に対して行う場合でも、間接に他人を介して行われる場合でもよい。盗品等は現実に存在することが必要であり、将来窃取すべき物の売却を周旋しても、窃盗幇助罪の成立はあっても、本罪は成立しない（前掲最決昭35・12・13）。売買を仲介・周旋した事実があれば、売買契約が成立しなくても、有償処分あっせんが成立するというのが判例（最判昭23・11・9刑集2・12・1504）である。しかし、追求権説からは、少なくとも周旋にかかる契約の成立したことを要するとされる。

最高裁は、手形ブローカーから入手した盗品である約束手形の売却を依頼され、それらが盗品であることを知りながら、窃盗被害に遭った会社の子会社に売却した事案に有償処分あっせん罪の成立を認めた（最決平14・7・1刑集56・6・265＝百選Ⅱ-75）。最高裁によれば、「盗品等の有償の処分のあっせんをする行為は、窃盗等の被害者を処分の相手方とする場合であって被害者による盗品等の正常な回復を困難にするばかりでなく、窃盗等の犯罪を助長し誘発するおそれのある行為であるから、刑法256条２項にいう盗品等の『有償の処分のあっせん』に当たると解するのが相当である」。

4．故　意

盗品等であることの認識が必要であるが、認識は未必的なもので足りる（最判昭23・3・16刑集2・3・227）。財産罪のどれかによって領得された物であることを認識していれば足り、どのような犯罪によって領得されたかを知っている必要はない。**認識（知情）の時期**については、実行行為のときであり、盗品等の移転を成立要件として必要とする犯罪については、移転の時点が実行行為のときである。したがって、盗品等を贈与され、買い受けたときには、そのときに認識している必要がある。しかし、盗品等であることを知らずに売買契約を締結したが、その後、受領までにこれを知った場合、盗品等有償譲受け罪が成立する。判例においては、有償譲受け罪につき、取引後に情を知ったときでも、「現実に賍物の移転のある際に賍物たるの情を知って」いるとして盗品等の罪の成立を認めたものがある（最判昭24・11・1裁判集刑14・333）。本犯との間に**意思の連絡**が必要であるとする肯定説（最判昭23・12・24刑集2・14・1877）が有力である。しかし、本犯者が盗品等であることを明かす必要はなく、盗品等関与罪の行為者に故意があれば足りるとする否定説も唱えられている。意思の連絡は、本犯者が、盗品等罪の行為者が情を知っているとの認識を有することまでは必要でないというべきである。

5．親族等の間の犯罪に関する特例

> 配偶者との間又は直系血族、同居の親族若しくはこれらの者の配偶者との間で前条の罪を犯した者は、その刑を免除する（257条１項）。
> 前項の規定は、親族でない共犯については、適用しない（同条２項）。

(1)　本条の趣旨

本条の根拠は、一定の親族関係にある者が本犯の利益に関与し、本犯者を庇護し、またはその利益を助長するために盗品を処分する行為は不法ではあるが、可罰的責任非難が減少する類型にあたるという点にある。窃盗罪に関する親族相盗例（244条）とその準用規定（251条）が、加害者と被害者が一定の親族関係にある場合につき規定するのに対して、盗品等に関する罪においては、本犯の被害者と盗品等罪の犯人との間には本犯者が介在しており、被害者と盗品等罪の犯人との間に親族関係が存在することは、偶然でしかな

い。むしろ、本犯者と盗品等罪の犯人との間の親族関係を根拠に特例が定められている。

(2) 配偶者・直系血族・親族と身分関係の意義

配偶者、直系血族、親族の意義は民法による。同居とは、同一の場所で同一の家計のもとに日常生活を営んでいることをいう（最決昭32・11・19刑集11・12・3093）。

身分関係が誰と誰との間に必要かについては、学説が対立する。①**通説・判例**は、**盗品等関与罪の犯人と本犯者の間**に存在することが必要であるとする（最決昭38・11・8刑集17・11・2357）。本条を親族相盗例と同旨の規定と解し、この身分関係は、**盗品等関与罪の犯人と本犯の被害者の間**を指すとする少数説もあるが、不当である。

盗品等関与罪の犯人相互間にこのような身分関係が存在する場合にも、本条を適用すべきであるとする見解がある。盗品等関与罪も財産犯であり、この場合も**期待可能性は減少する**ことを理由とする。しかし、本犯助長の点について身分関係の存在による期待可能性の減少を考慮するのが本条の趣旨であるから、このような場合に本条を適用する根拠はないというべきであり、通説である**否定説**が妥当である。また、本犯が共同正犯である場合に共同正犯中の一人と盗品等関与罪の犯人との間に、この身分関係が存在しても、当該の共同正犯者が盗品等関与罪に関与したのでない限り本規定の適用はない（最判昭23・5・6刑集2・5・473）。

(3) 刑の免除の根拠

これについては、①人的処罰阻却事由説、②可罰的違法性阻却事由説、および③責任阻却事由説が対立している。②③の見解は、犯罪不成立とする点で、刑の免除が有罪判決を意味するとする刑事訴訟法の規定（刑訴法333条1項・334条）に反すると批判される。私見によれば、本条の趣旨は、親族関係の存在にもとづいて**可罰的責任が減少**する場合であると解すべきである。刑の免除の根拠は可罰的責任の減少である。

2　毀棄および隠匿の罪

> 毀棄および隠匿の罪は、財物の効用を滅失し利用を妨げる犯罪である。領得罪が、経済的用法に従って利用・処分しようという目的で行われるのに対して、財物の毀棄・隠匿という非利欲犯的性格をもつ点で異なる。「毀棄」「隠匿」の意義が問題である。また、263条は、客体が「信書」の場合につき、「隠匿」のみを明文で規定し、軽く処罰しているので、信書の「隠匿」ないしそこに規定のない「毀棄」と、器物・文書に関して用いられる「毀棄」概念との関係が問題となる。

1．意　義

毀棄および隠匿の罪（40章）は、財物に対する毀損行為・隠匿行為によりその効用を滅失し、利用を妨げる犯罪である。公用文書等毀棄罪（258条）、私用文書等毀棄罪（259条）、建造物等損壊罪・同致死傷罪（260条）、器物損壊罪（261条）、境界損壊罪（262条の２）、および信書隠匿罪（263条）がこれにあたる。公用文書等および私用文書等毀棄罪の客体には、「電磁的記録」も含まれる。毀棄・隠匿の罪は、粗暴犯であって利欲犯ではない点で、類型的に領得犯よりも責任非難および一般予防の必要性が低く、したがって、法定刑も低い。

2．毀棄・損壊の概念

文書の「毀棄」、建造物ないし器物の「損壊」の概念については、客体の相違により使い分けられているが、実質的には同義である。これに関しては、**物理的損壊説**と**効用侵害説**が対立している。前説は、毀棄・損壊には、財物を物理的に損壊することを要するものとするのに対して、後説は、物理的損壊のみならず、財物の効用を害する一切の行為を含むとする（通説・判例）。他人の養魚池の水門を開いて鯉を流失させる行為や食器に放尿する行為、さらには、競売事件の記録を持ち出して隠匿する行為は、前説によれば、毀棄・損壊ではないが、後説によれば、それにあたる。物理的損壊説は、毀棄・損壊の日常用語的意味に近いが、規範の解釈としては、物の利用が侵害されれば、毀棄・損壊にあたると解するべきである。効用侵害説が妥当である。

3．公用文書等毀棄罪

> 公務所の用に供する文書又は電磁的記録を毀棄した者は、3月以上7年以下の拘禁刑に処する（258条）。

(1) 保護法益

本罪の保護法益は、公用文書および公用電磁的記録の使用価値である。ただし、公用文書・電磁的記録であるので、同時に公務の円滑な遂行も保護されている。次条以下の犯罪の法定刑（3年以下・5年以下の拘禁刑）と比べて、法定刑が重い点（7年以下の拘禁刑）にこれが表れている。

(2) 客 体

公務所の用に供する文書または電磁的記録である。「**公務所の用に供する文書**」とは、現に公務所で使用中の文書および公務所において使用の目的で保管する文書をいう。公務所が作成名義人である公文書とは区別される必要がある。したがって、公文書でも私文書でもよい。作成目的も、公務所のためであっても私人のためであってもよい（最判昭38・12・24刑集17・12・2485）。有価証券は、文書毀棄罪の客体となりうる。「**電磁的記録**」とは、電子的方式、磁気的方式、その他、人の知覚によって認識することができない方式により作られた記録であって、電子計算機による情報処理の用に供するものをいう（7条の2）。公務所の用に供する電磁的記録とは、現に公務所に保管されている電磁的記録のみならず、公務所が外部からのアクセスにつき管理している電磁的記録をも含む。公電磁的記録であると私電磁的記録であるとを問わない。

(3) 行 為

毀棄することである。**毀棄**とは、物理的損壊のみならず、**物の効用を害する一切の行為**をいう。文書を破り捨てる行為が典型的であるが、内容の一部またはその署名・押印を抹消する行為も毀棄である。また、弁解録取書を両手で丸め、しわくちゃにしたうえ床の上に投げ捨てる行為も毀棄である（最決昭32・1・29刑集11・1・325）。文書の実質的部分を害さず、たんに形式的部分を毀損するのも毀棄であるから、文書に貼付された印紙を剥離するのも毀棄である。公用文書を**隠匿**する行為は、毀棄にあたるかどうかについては争いがある。毀棄行為を有形的に**物体に作用する場合に限定する立場**から**否定説**も唱えられているが、隠匿行為を処罰できなくなり問題であるとして、隠匿を**効用毀損の一態様**と解するのが**通説・判例**である。電磁的記録の毀棄とは、電磁的記録の効用を失わせることである。記録媒体の物理的損壊、記録の消去がその例である。内容の消去・改変が「新たな証明力」を生じさせる場合には文書偽造罪、または、電磁的記録不正作出罪が成立する。

4．私用文書等毀棄罪

> 権利又は義務に関する他人の文書又は電磁的記録を毀棄した者は、５年以下の拘禁刑に処する（259条）。告訴がなければ公訴を提起することができない（264条）。

(1)　客体・行為

客体は、権利または義務に関する他人の文書または電磁的記録である。「**権利又は義務に関する**」とは、権利または義務の存在・得喪変更・消滅などを証明しうるものであることをいう。権利・義務に関する文書ではない事実証明のための文書は、本罪の客体ではない。「他人の文書」とは、他人名義の文書を意味するのではなく、他人が所有する文書の意味である。他人が所有する文書であれば、公文書であると私文書であるとを問わない。有価証券である**小切手**が私用文書に含まれるとするのが判例である（最決昭44・5・1刑集23・6・907）。学説の多数はこれを肯定する。「他人の」電磁的記録とは、他人の支配・管理するものの意味である。公電磁的記録であると私電磁的記録であるとを問わない。預金元帳ファイルの記録、電話料金の課金ファイル、テレフォンカードの磁気情報部分が挙げられる。

本罪の行為は、毀棄することである。「**毀棄**」の意義については、公用文書等毀棄罪と同様である。他人が所有する自己名義の文書の日付を改ざんすること、文書の内容を変更せず、文書の連署中一名の署名を抹消し、他の者の署名を加えることは毀棄である。

(2)　親告罪

本罪は、親告罪である（264条）。告訴権をもつのは、原則として、文書の所有者、電磁的記録の管理者である。自己の所有する文書について本罪が成立するときは、その文書に対する物上権者が告訴権者である。

5．建造物等損壊罪・同致死傷罪

> 他人の建造物又は艦船を損壊した者は、５年以下の拘禁刑に処する（260条前段）。よって人を死傷させた者は、傷害の罪と比較して、重い刑により処断する（同条後段）。

(1) 客　体

客体は、他人の建造物または艦船である。「他人の」（他人性）とは、他人の所有を意味する。この他人性は、必ずしも民事法に従属しない（最決昭61・7・18刑集40・5・438＝百選Ⅱ−78）。「**建造物**」とは、家屋その他これに類似する建築物であって、屋蓋を有し、牆（しょう）壁または柱材によって支持され、土地に定着し、少なくともその内部に人が出入りしうるものをいう。物置小屋も建造物である。建造物の構成部分については、**毀損しなければ取り外すことができない状態**にあるものは、建造物に含まれるが、建具・造作物のように、毀損することなく自由に取り外すことができるものは、建造物にはあたらない。したがって、家屋の天井板、敷居・鴨居、屋根瓦などは建造物であるが、雨戸、板戸、障子、ふすまなどは建造物ではない。建造物の一部である屋根瓦であっても、他のものを用いて簡単に補修できる部分は、器物損壊罪の客体になる。**玄関ドア**については、鉄筋コンクリート造３階建居宅の一階アルミ製玄関ドアに弾丸３発を命中貫通させた事案につき、「第一次的に、その客体が構造上及び機能上、建造物と一体化し、器物としての独立性を失っている」かどうかが重要であるとし、本件玄関ドアは、外枠および玄関ドア本体は構造上および機能上一体化し、構造上も機能上も建造物（その外壁）の一部をなすとしたものがある（大阪高判平5・7・7高刑集46・2・220）。また、市営住宅の居室の出入口に設置された金属製のドアを金属製のバットで叩いて凹損させた事案につき、当該物と建造物との接合の程度のほか、当該物の建造物における機能上の重要性を総合考慮して決すべきであるとし、外界との遮断、防犯、防風、防音等の重要な役割を果たしている本件ドアにつき、「適切な工具を使用すれば損壊せずに同ドアの取り外しが可能であるとしても」、建造物損壊罪の成立は認められるとしたものがある（最決平19・3・20刑集61・2・66＝百選Ⅱ-79）。「**艦船**」とは、軍艦および船舶をいう。航行能力があることが必要であり、廃船となっているもの、解体中のものは艦船ではない（広島高判昭28・9・9高刑集6・12・1642）。

(2)　行　為

「**損壊**」は、物理的に形体を変更しまたは毀損することによって、あるいはその他の方法によって建造物・艦船の全部または一部の効用を滅却・減損することをいう（東京高判昭26・3・7高刑特21・36）。効用を滅却・減損すればよいから、その本来の用法に従って使用できない状態に至らせれば、損壊である。建造物や艦船の主要構成部分を毀損したことを要しない（大判明43・4・19刑録16・657）。

物理的毀損を伴わないが効用減失・減損といえるかどうかが問題となるのが、**建造物へのビラ貼り**と損壊罪の成否の問題である。まず、物理的毀損を伴わなくても、本来の用法に従った効用が妨げられる場合がある。例えば、窓ガラス一面へのビラ貼りのため採光が妨げられた場合ないし見通しが阻害されたような場合には、効用減損があったということができよう。第２に、建造物の効用には、本来的用法に従って使用する場合の効用のほかに、それに付随する効用である**建造物の美観・威容**等が含まれるか争われている。**下級審の判例**には、美観を著しく害することは、建造物の効用を減損するものであるとするもの（名古屋高判昭39・12・28下刑集6・11＝12・1240、名古屋高金沢支判昭42・3・25下刑集9・3・191）がある。しかし、感情上の美観が損なわれただけで、建造物の機能上の本来的効用が減損していなければ、損壊とはいえない。第３に、物理的毀損を伴わない効用減損の場合には、軽微な減損で、原状回復の容易な場合には効用の実質的侵害にあたらない（札幌高判昭43・3・5下刑集10・3・229）。本来の効用が一時的に侵害されても、原状回復が容易な場合には、損壊とはいえないというべきである。この基準は、本来的用法に従った効用の阻害の基準を補完するものと位置づけることができよう。

最高裁判例には、**ビラ34枚**を駅長室内の板壁や腰板に貼付し、またガラス窓、出入り口ガラス戸、衝立などに30枚を貼付した場合について、清水を使って洗浄することによって比較的容易に旧状に復し、一部に残存した汚染も間もなく完全に消失したうえ、事務室の効用にさして障害を及ぼしたと認めえず、また、その品位と美観を害したものとも認められないとして、本罪の成立を否定したものがある（最判昭39・11・24刑集18・9・610）。これとは逆に、公園内の公衆便所の白色の外壁に赤・黒２本のラッカースプレーでほとんどを埋め尽くすような形でペンキを吹き付け「戦争反対」と大書した行為につき、ラッカーシンナーによっても完全に消去することはできなかったのであって、「本件落書き行為は、本件建物の外観ないし美観を著しく汚損し、原状回復に相当の困難を生じさせたものであって、その効用を減損させた」として、建造物損壊にあたるとした最高裁決定がある（最決平18・1・17刑集60・1・29＝百選Ⅱ-80）。

⑶ 建造物等損壊致死傷罪

他人の建造物を損壊し、その結果、人を死傷させた場合に成立し、傷害の罪と比較して重い刑によって処断される。結果的加重犯である。

6．器物損壊罪

> 前3条に規定するもののほか、他人の物を損壊し、又は傷害した者は、3年以下の拘禁刑又は30万円以下の罰金若しくは科料に処する（261条）。告訴がなければ公訴を提起することができない（264条）。

⑴ 客 体

公用文書等毀棄罪（258条）、私用文書等毀棄罪（259条）および建造物等損壊罪（260条）の客体以外のすべての物である。物の種類・性質を問わない。動産でも建造物以外の不動産でもよい。したがって、整地した敷地を掘り起こして畑として耕作物を植えつけたとき、土地に対する器物損壊罪が成立する。動物も含まれる。電磁的記録自体は本罪の客体とはならない。ただし、電磁的記録が物的媒体に記録されており、それを消去した場合には、電磁的記録物はその内容を変更され、「損壊」されうる。

⑵ 行 為

「**損壊**」とは、物理的に形体に変更を加えまたは滅尽させる行為のほか、**物の本来の効用を損なう行為**をいう。例えば、他人の食器に放尿し（大判明42・4・16刑録15・452）、あるいは物の利用を妨げる目的で隠匿し、または、木製看板を取り外して空き地に投げ捨てる行為（最判昭32・4・4刑集11・4・1327）は、損壊である（最決昭35・12・27刑集14・14・2229）。

「**傷害**」とは、動物を殺傷することをいう。動物としての効用を失わせる行為が傷害である。例えば、鳥かごを開けて他人の鳥を逃がしたとき、池に飼育されている他人の鯉約2000匹を逃がしたとき、捕獲されたイルカ150頭を逃がしたとき（静岡地沼津支判昭56・3・12判時999・135）がそうである。

(3)　親告罪

本罪は、親告罪である（264条）。告訴権者は、損壊・傷害された物の所有者（最判昭45・12・22刑集24・13・1862）ないしその適法な占有者である。

7．境界損壊罪

> 境界標を損壊し、移動し、若しくは除去し、又はその他の方法により、土地の境界を認識することができないようにした者は、5年以下の拘禁刑又は50万円以下の罰金に処する（262条の2）。

(1)　意義・客体

不動産侵奪罪の新設に伴って昭和35年に規定された不動産侵奪罪の予備的行為を犯罪とする規定である。

客体は、「土地の境界」、すなわち、権利者を異にする土地の限界線である。境界標とは、土地の境界を示すために土地に設置された標識である。標識は、柱、杭、塀などの工作物による場合も、立木・自然石などの自然物による場合もある。土地に関する所有権ばかりではなく、地上権、借地権でもよい。

(2)　行　為

本罪の行為は、土地の境界を認識できなくする一切の行為をいう。境界標を損壊し、移動し、もしくは除去する行為は例示である。「その他の方法」とは、境界標の損壊、移動、除去に準ずるものでなければならない。本罪の成立のためには、境界の認識ができなくなるという結果の発生が必要である（最判昭43・6・28刑集22・6・569）。

8．信書隠匿罪

> 他人の信書を隠匿した者は、6月以下の拘禁刑又は10万円以下の罰金若しくは科料に処する（263条）。告訴がなければ公訴を提起することができない（264条）。

(1) 客体・行為

客体は、「他人の信書」である。他人の信書とは、特定人から特定人に宛てた意思を伝達するための他人所有の文書である。封緘された信書に限らない。したがって、封書でなく葉書でもよい。

行為は、「隠匿」である。**隠匿の概念**については、それが毀棄・損壊に含まれるかに発する争いがある。**通説**は、毀棄・損壊を効用滅失・減損ととらえるので、隠匿を毀棄・損壊に含める。そうだとすると、信書を隠匿または毀棄する行為は、器物損壊ないし文書毀棄罪における隠匿または毀棄にもあたることになる。信書隠匿罪の法定刑は、文書毀棄罪・器物損壊罪と比べて軽くなっているため、この場合の両罪の関係が問題となる。

学説は、①信書隠匿罪を器物損壊罪の**特別減軽類型**と解し、信書毀棄も、**信書隠匿罪に含まれると解する見解**、②前説と同じく特別減軽類型とするが、信書隠匿と毀棄を区別し、本罪は、**信書隠匿のみを処罰**し、信書毀棄は器物損壊として処罰されるとする見解、③毀棄概念につき**物理的損壊説**に立ち、**隠匿は毀棄にあたらない**から、信書の隠匿につき独立罪として処罰しようとするものと解する見解、④信書の利用を不可能にしてその効用を害する隠匿は、器物損壊罪にあたるが、**目的物の発見を妨害する程度の隠匿**は、信書隠匿罪にあたるとする見解などがある。③説が前提とする物理的損壊説は不当であり、④説のように、利用不能にする隠匿と発見を妨げる隠匿を区別するのは困難であり、また、信書の「隠匿」だけを信書隠匿罪によって特に軽く処罰する趣旨と解すべきであるから、①説も妥当でなく、結局、②説が妥当である。

(2) 親告罪

本罪は親告罪である（264条）。

第９講

放火の罪

第９講へのアクセス

【Q１】放火の罪の保護法益との関係で、公共の危険は、どのような場合に認められるだろうか。家の中にも周囲にも誰もいないことを確かめて、砂丘の真ん中に建つ人の住む一軒家に放火したとき、現住建造物等放火罪は成立するだろうか。また、人の住む木造民家の壁から0.5メートルの位置に駐車されたバイクにガソリンをかけて燃やし、地上約２メートルの炎を立ち上がらせたとき、建造物等以外放火罪は成立するだろうか。

【Q２】放火罪の既遂時期について、独立燃焼説、効用喪失説、燃え上がり説、一部損壊説などの学説はそれぞれどのように考えるのだろうか。

【Q３】不燃性建造物において、火力ではなく有毒ガスや煙によって不特定多数の人の生命・身体等を危険にさらしている場合、「焼損」は認められないのだろうか。鉄骨鉄筋コンクリート造12階建マンション内に設置されたエレベーターのかご内で火を放ち、化粧鋼板の表面約0.3平方メートルを燃焼させた場合、焼損したといえるだろうか（最決平元7・7判時1326・157＝百選Ⅱ-82参照）。

【Q４】建造物の一体性を判断する基準は何だろうか。神社内の社殿の一部に火を放った場合、その神社が回廊によって接続された複数の木造建造物からなっており、その一部である社務所や守衛詰所には神職やガードマンが就寝していた場合、その全体を一個の現住建造物であるとすることはできるだろうか（最決平元・7・14刑集43・7・641百選Ⅱ-83参照）。

1 放火および失火の罪

放火の罪は、公共危険罪である。火力によって建造物その他を焼損することによって、不特定または多数の人の生命・身体・財産に危険をもたらすことが禁止されている。放火の客体に応じて、抽象的危険犯か具体的危険犯かが分けられている。

1. 本罪の趣旨

公衆の安全に対する罪（公共危険犯）とは、不特定または多数の人の生命・身体・財産に対し侵害の危険を生じさせる犯罪である。これには、騒乱の罪（8章）、放火および失火の罪（9章）、出水および水利に関する罪（10章）、往来を妨害する罪（11章）が属するほか、飲料水に関する罪（15章）およびあへん煙に関する罪（14章）も含められることがある。本書では、放火および失火の罪の一部のみを論じる。

放火および失火の罪は、火力によって建造物その他の物件を焼損する犯罪であり不特定・多数の人の生命・身体・重要な財産に対する危険をもたらす行為を処罰する公共危険罪である。法定刑はきわめて重い。

2. 種　類

客体の性質と状況に応じて、現住建造物等放火罪（108条）、非現住建造物等放火罪（109条）および建造物等以外放火罪（110条）に分かれる。そのうち、現住建造物等放火罪（108条）、非現住建造物等放火罪（109条1項）は、**抽象的危険犯**である。これらの罪は、未遂罪処罰規定（現住建造物等放火未遂罪・非現住建造物等放火未遂罪）（112条）、および予備罪処罰規定（放火予備罪）（113条）をもつ。自己所有の非現住建造物等放火罪（109条2項）および建造物等以外放火罪（110条）は、**具体的危険犯**であり、未遂罪・予備罪の処罰規定をもたない。

また、一定の軽い放火罪の類型から重い類型の結果が生じた場合の結果的加重犯として、延焼罪（111条）がある。過失犯としては、失火罪（116条）と加重類型である業務上失火罪・重過失失火罪（117条の2）があり、客体により抽象的危険犯と具体的危険犯に分かれる。消火妨害罪（114条）は、消火活動を妨げる行為を処罰するものである。

さらに、放火・失火に類する公共的危険を生じる関連犯罪類型として、激発物破裂罪（117条１項）、その過失犯として、過失激発物破裂罪等（117条２項・117条の２）があり、そのほか、ガス漏出罪およびその結果的加重犯としてのガス漏出致死傷罪（118条）が規定されている。これらの犯罪類型は、本書では取り扱わない。

3．本罪の性格

放火の罪は、基本的には**公共危険罪**である。しかし、副次的には、公共危険罪的性格の内部において、個人的法益の侵害という側面ももつ。自己の所有物に対する放火行為が、他人の所有物に対する放火行為よりも軽く処罰されているのは、個人の財産的侵害の観点が考慮に入れられているからである。さらに、人の居住・現在のいかんによって法定刑に差が設けられているのは、第２次的に、生命・身体に対する罪の側面をもっているからである。

2 放火罪の基本概念

放火の罪においては、「放火」「焼損」等の概念が重要である。とくに「焼損」概念については、判例は、独立燃焼説を採るが、独立に燃焼を開始したというだけではなく、むしろ効用を滅失することを必要とするのではないかとする学説も有力である。近年においては、難燃性の建築物も増え、燃え方にも、炎を出して燃えるのではなく、溶融し、有毒ガスを発生させるといった形態が増えている。これによって「焼損」概念は変化すべきなのだろうか。また、「焼損」すれば、放火罪が既遂になるとすれば、抽象的危険犯においては、焼損に至れば「公共の危険」が発生したと擬制されていることを意味するが、具体的危険犯においてはどうなのか。

1．放火の意義

まず、「放火する」とは、**客体の焼損に対して原因力を与える行為**をいう。

目的物に対して直接に放火する必要はなく、目的物に燃焼作用を及ぼしうる状態に達すれば、放火である。したがって、直接、客体に点火する場合でなく、媒介物に点火して、目的物に導火させせることも放火である。行為者がいまだ媒介物の火を支配下におき、行為者の意思にもとづく次段の行為がなければ建造物に延焼する可能性のある可燃物に燃え移る具体的危険性が認められない場合、**実行の着手**があったものとはいえない（東京地判昭57・7・23判時1069・153）が、木造家屋内でガソリンを撒くといった静電気の発生によっても引火するような危険な行為が行われたときは、その段階ですでに放火の着手が認められる（横浜地判昭58・7・20判時1108・138）。

現住建造物放火の故意で、これに隣接する非現住建造物（109条・110条の目的物）に放火したが、非現住建造物の焼損にとどまった場合、非現住建造物は、導火媒介物とみることができ、全体として現住建造物放火罪の未遂が認められる。放火罪は公共危険罪であり、媒介材料たる非現住建造物は、目的物ではないからである。

２．焼損の意義

焼損とは、火力による物の損壊をいう。目的物が「焼損した」とき、放火罪は既遂となる。焼損の意義については、①独立燃焼説、②効用喪失説、③中間的見解（燃え上がり説・一部損壊説）という学説の対立がある。

(a) **独立燃焼説**　火が媒介物を離れて目的物に移り、独立して燃焼を存続しうる状態に達したとき、焼損があるものとするのが独立燃焼説であり、判例は、古くから一貫してこの見解に立つ（最判昭23・11・2刑集2・12・1443、最判昭25・5・25刑集4・5・854＝百選Ⅱ−81）。目的物が独立に燃焼を継続しうる状態になれば、公共の危険が発生するというのである。

(b) **効用喪失説**　火力によって目的物の重要な部分が焼失し、その本来の効用を失ったことをいうとする。本説は、物の財産的側面に重点を置き、また、「焼損」という言葉の意義に「損壊」の意味が含まれているという解釈をとる。しかし、公共危険罪としての放火罪という観点からは、その既遂時期が遅くなりすぎるきらいがある。

(c) **中間的見解**　これには、独立燃焼説を基盤とする「**燃え上がり説**」と効用喪失説を出発点とする「**一部損壊説**（**毀棄説**）」の二つのものがある。燃え上がり説は、**重要部分燃焼開始説**とも呼ばれ、燃え上がって、物の重要な部分が燃焼を開始したことをもって、焼損とする。これに対して、**一部損壊説**は、火力によって目的物が建造物損壊罪における損壊の程度に達すれば足りるとする。

独立燃焼説を採用する判例によると、屋根横4尺縦一間くらい、およびその屋根の下の桁木4尺ほどを焼いた事案（大判明43・3・4刑録16・384）、天井板約一尺四方を焼損した事案（前掲最判昭23・11・2）、三畳の間の床板一尺四方、ならびに押入床板および上段各三尺四方を焼損した事案（前掲最判昭25・5・25）において、焼損が認められる。

独立燃焼説によれば、焼損に至れば公共の危険があるとみなされる。方法論的には、客体全体の燃焼への独立の可能性を開けば、公共の危険が発生したというのが、本説の考え方であるが、公共の危険は、全体への延焼の可能性によって発生するのではなく、その燃焼自体によって生じるべきである。本説に対しては、独立燃焼の時期が早すぎるという批判がある。**効用喪失説**は、焼損概念を公共の危険と切り離して、むしろ、財産的侵害の点から規定しようとする方法論に問題がある。客体の効用の喪失が、放火罪の結果（法益侵害の危険）と関係するわけではなく、むしろ、効用の喪失を待たなくても公共の危険は発生する。**燃え上がり説**ないし**重要部分燃焼開始説**は、燃え上がったかどうかの立証が困難で、基準が不明確かつ感覚的である点、また、最近の耐火性建築物においては、燃え上がることなく、高温で炭化するといった仕方で燃焼するが、この場合に、燃え上がり基準は役立たないという点に問題がある。重要部分燃焼開始基準も、重要部分が独立燃焼に至れば焼損であるというのは、建造物の取り外しのきかない構造の部分を重要部分という限り、独立燃焼説と異ならないとも批判されている。さらに、**一部損壊説**は、もともと効用喪失説では既遂時期が遅すぎるから、それを修正して、一部の財産的毀損の時点で既遂を認めようとするものである。放火の罪は、公共危険罪であるが、その内部においては財産犯的性質をももつ。本説が、公共の危険というそれ自体輪郭の不明確な状態ではなく、客体の焼損を既遂時期とするのは、客体の毀棄が公共の危険を推定していると考えたからである。客体の**一部分の損壊程度の燃焼**に至れば、火勢が人の直接の支配可能性の範囲を脱しているということができ、不特定多数人に危険を生ぜしめたといえる。本説が妥当である。

３．不燃性建造物の焼損

コンクリートなどの不燃性の素材の表面に建材ないし化粧鋼板・樹脂等をはりつけた構造の耐火性・不燃性（難燃性）建造物に対する放火については、①建材や樹脂が溶融し、損傷して、表面が損壊しても、コンクリートそのものは燃えず、また、②炎を上げて燃えることなく、高温で炭化し、さらに、③火力そのものによらずして、**有毒ガス**や**煙**で不特定・多数の人の生命・身体等を危険にさらすことがある。このような事案では、建造物の効用が失われても独立燃焼に至らず、燃え上がることもなく、また、独立燃焼や一部損壊もなくして公共の危険が生ずるといった事態が生じ、「焼損」の概念に新たな問題を投げかけている。

判例では、**東京交通会館地下二階**に設けられた可燃性塵芥集積区内に集積された紙屑等に放火して燃え上がらせ、塵芥処理場のコンクリート壁の厚さ約2.5センチメートルのモルタルを約12.9平方メートルにわたり剥離・脱落させ、コンクリート天井表面の厚さ約１センチメートルの石綿を約61.6平方メートルにわたり損傷、剥離させたほか、天井の蛍光灯、吸気・排気ダクトの塗装を燃やした事案について、「犯人の放った火が、媒介物を離れて当該目的建造物の部分に燃え移り、爾後その火が独立して燃焼を維持する程度に達した」とはいえないとして、未遂罪を認定するにとどめたもの（東京地判昭59・6・22刑月16・5＝6・467）がある。さらに、12階建マンション内の**エレベーターのかご**の床上に置かれた新聞紙に点火してかごの側壁を燃焼させたが、かごの側壁は、厚さ1.2ミリメートルの鋼板の内側にあたる面に商品名フルオールシートなる化粧シートを合成樹脂粘着剤で貼りつけた化粧鋼板でできていたところ、かごの壁面約0.3平方メートルの部分において、壁面表面のフルオールシートが溶融、気化して燃焼し、一部は炭化状態となり、一部は焼失したという事案において、媒介物であるガソリンから独立して燃焼したと認めたもの（最決平元・7・7判時1326・157＝百選Ⅱ−82）がある。学説においても、不燃物につき、独立燃焼に至らなくても、媒介物の火力により構造物が効用を失ったときは、既遂を認めるべきであるという**新効用喪失説**、あるいは、独立燃焼説の立場から効用喪失説をも「併用」する必要性が説かれている。

一部損壊説を出発点とするなら、損壊は、**火力による燃焼**にもとづくものでなければならず、また、燃焼は、炎を出して燃え上がる必要はない。さらに、一部損壊は、火力に対する人の支配可能性の範囲を逸脱する程度に、公共の危険を生じるものであることを要する。この基準によれば、耐火性建造物の不燃物の表面の合成樹脂等のみが燃焼した場合には、その範囲がある程度広くなっていたとしても、建造物全体に延焼する可能性もなく、人に恐怖心を与えるような火勢もなく、火力に対する支配可能性もあるので、いまだ焼損とはいえない。そこで、燃焼することなしに、有毒ガスや煙を発生させて建物内部の不特定多数人の生命・身体に危険を及ぼしたといった事案についても、上記のような燃焼を経ないがゆえに、火力そのものの危険を伴わないのであり、ただちに放火罪における公共の危険とはいえない。

4．抽象的危険犯か準抽象的危険犯か

放火罪については、108条および109条１項をはじめとして、原則として抽象的危険犯であるが、109条２項および110条の放火罪（さらに、116条２項・117条）については、具体的危険犯であるとするのが通説である。しかし、108条および109条１項については、抽象的危険犯としつつも、その意味については理解の相違がある。第１は、焼損に至れば**公共の危険の発生があると擬制される**とする見解である。第２は、**実質的な抽象的危険の発生**を必要とする見解である。これを準抽象的危険犯と呼ぶ。さらに、第３に、**具体的危険犯と解する立場**もある。108条および109条１項は、危険結果推定型の抽象的危険犯に属するというべきである。この類型の抽象的危険犯は、ある程度の危険の発生の可能性もなければ、不成立となる（準抽象的危険犯）。したがって、内部に人のいないことを確かめ、野中にある現住建造物たる一軒家に放火した場合には、現住建造物等放火罪は不成立である。

3　現住建造物等放火罪

108条の現住建造物等放火罪の客体は、人の「現住性」または「現在性」を必要とする。とくに問題となるのは、その人の現住・現在する「建造物」といえるためには、建造物が物理的に一体性をもったものでなければならないのか、それとも、物理的には独立していても、機能的に一体であればよいのか、その基準は何かである。例えば、隣接して建てられ、渡り廊下で結ばれ、相互に人の行き来がある建築物の一方に人が現住しているが、人の現住していない方の建築物が焼損したとき、現住建造物放火にあたるのか。その際、「延焼可能性」概念は、どのような意味をもつか。

> 放火して、現に人が住居に使用し又は現に人がいる建造物、汽車、電車、艦船又は鉱坑を焼損した者は、死刑又は無期若しくは5年以上の拘禁刑に処する（108条）。未遂は、罰する（112条）。

1．客　体

建造物・汽車・電車・艦船または鉱坑である。現に人が住居に使用し、または現に人がいることを要する。

(a) **人の意義**　「人」とは、犯人・その共犯者以外の者をいう。犯人の妻子その他の家族ないし同居人は、「人」である。犯人が一人で住んでいる住居に放火すれば、その住居が他人の所有に属するものであっても、現住建造物放火ではなく、非現住建造物放火罪（109条）の客体にあたる。

(b) **現住性**　「住居に使用し」とは、起臥寝食の場所として日常使用することをいい（大判大14・2・18刑集4・59）、昼夜間断なく人が現在する必要はない（大判大2・12・24刑録19・1517）。一時的使用であるか、継続的であるかを問わない（前掲大判大14・2・18）。したがって、待合の客用の離座敷も住居である（最判昭24・6・28刑集3・7・1129）。建造物の一部が起臥寝食の用に供せられていれば、その全体が住居となる。居住者全員を殺害した後に放火する行為は、本罪にあたらず、109条にあたる。妻が離婚を相当に固く決意して家出したとしても、離婚が確定的でなく、当該家屋を自分の住居であるとの意思を有していた場合には、住居に供する建物である（前掲横浜地判昭58・7・

20)。また、競売手続の妨害目的で自己の経営する会社の従業員を交代で泊まり込ませていた家屋につき、放火する前に従業員らを旅行に連れ出していても、同家屋に日常生活上必要な設備、備品等があり、従業員らが犯行前の約1カ月半交代で宿泊し、旅行から帰れば再び交代で宿泊するものと認識していた場合には、現住性が認められる（最決平9・10・21刑集51・9・755＝百選Ⅱ－84）。

(c) **現在性** 「現に人がいる」とは、放火の際、犯人以外の者が現に建造物の内部に居合わせることをいう。建造物の一部に現在すれば、全体として人の現在する建造物である。住居に使用されている建造物であれば、現に人が現在する必要はない。

(d) **建造物・汽車・電車・艦船・鉱坑** 「建造物」とは、家屋その他これに類似する工作物で、土地に定着し、人の起居出入りに適するものをいう（大判大13・5・31刑集3・459）。取り外しの自由な雨戸、板戸、畳、建具などは建造物にあたらない（大判大8・5・13刑録25・632）。従物が、構造物たる家屋の一部を構成するものとするには、「毀損しなければ取り外すことができない状態にあること」を要する（最判昭25・12・14刑集4・12・2548）。「艦船」とは、軍艦その他の船舶をいう。判例・通説は、大小形状を問わないとする。しかし、学説には、ボート、その他、櫓やオールで操作される小型の舟は、汽車・電車との対比上、艦船から除外されるとするものがある。通常、不特定多数人の危険の発生を伴わず、また、脱出も容易な小型の舟をこれに含める必要はないので、否定説が正当である。「鉱坑」とは、炭鉱のように、鉱物を採取するために掘られた地下設備をいう。

2．建造物の一体性

庁舎、会社、学校等の建物の一部に管理人室・宿直室等の起臥寝食の場所があれば、建物全体が現住建造物である。したがって、人の寝泊まりしている劇場に接着して建設され、その一部となっていた便所も、現住建造物にあたる（最判昭24・2・22刑集3・2・198）。一個の建造物の内部ないしそれに接着している建造物は、基本的に一体とみなされる。耐火構造の建造物で住居部分と業務用部分とがコンクリート等で仕切られていた場合や、建物が回廊・

渡り廊下等で接合されている場合、あるいは別棟になっていた場合の「一体性」はどうか。

判例には、**鉄筋10階建マンションの一階**の、住居に使用せず当時無人の**医院**に放火した事案で、他の区画とは鉄筋コンクリートの壁、天井などで画され、独立性が強く、他の居住部分と一体の建造物とみることは困難であるとし、また、居住部分との効用上の関連性も薄く、居住部分への延焼の蓋然性も考えられないとして、「構造上及び効用上の独立性」が強く、居住部分と一体とするのは相当でないとしたものがある（仙台地判昭58・3・28判時1086・160）。また、マンション内の**エレベーターのかご**に放火した事案については、エレベーターは、一体として住宅として機能し、現住建造物であるマンションを構成しているとし、本件エレベーターのかご部分は、「毀損しなければ取り外すことができない状態にある」場合に該当し、建造物の一部を構成するものであるとした（前掲最決平元・7・7）。さらに、**耐火構造のマンション全体**が、全体として一個の建造物にあたるとした事案がある。本件マンションは、いわゆる新建材等の燃焼による有毒ガスなどがたちまち上階あるいは左右の他の部屋に侵入し、人体に危害を及ぼすおそれがないとはいえないとして「いわゆる耐火構造の集合住宅であっても、刑法108条の適用にあたっては、各室とこれに接続する外廊下や外階段などの共用部分も含め全体として一個の建造物とみるのが相当である」とする（東京高判昭58・6・20刑月15・4＝6・299）。判例には、さらに、耐火構造のマンションの空室に放火した事案につき、他の居室への延焼可能性を肯定し、物理的にも機能的にも全体として一個の建造物であるとしたもの（東京地判平16・4・20判時1877・154）がある。

複数の建物が**渡り廊下等で接合されている事案**については、まず、柱と柱の間に羽目板もないたんなる渡り廊下で接続された二つの建造物（東京高判昭28・6・18東高刑時報4・1・5）、渡り廊下に柱がなく鉄骨の桁が渡してあり、トタンの屋根で雨や雪を防ぐようにしてある建造物（東京高判昭31・7・31高裁特3・15・770）は、構造上の観点から一体とはいえないとされた。**判例**では、物理的観点のみならず機能的観点から一体性を判断する。夜間、社殿の建物を守衛・ガードマンが巡回しており、回廊によって接続された複数の木造建造物からなる**平安神宮社殿の社務所・守衛詰所**に神職とガードマンが就寝することになっていたところ、それとは別の建物に放火したという事案で、「社殿は、その一部に放火されることにより全体に危険が及ぶと考えられる一体の構造であり、また、全体が一体として日夜人の起居に利用されていたものと認められる」として、物理的にも機能的にも、「その全体が一個の現住建造物であった」とした（最決平元・7・14刑集43・7・641＝百選Ⅱ-83）。

建造物の一体性の判断について、判例は、①**物理的・構造的一体性**のみならず、②**利用上の機能的一体性**を考慮し、さらに、物理的一体性の判断には③**延焼の可能性**（危険の及ぶ可能性）をも考慮している。つまり、物理的一体性とは、建造物の構造上の一体性のみならず、それに加えて、一体のものとして延焼の危険があるかどうかの判断が重要な基準となっている。機能的一体性は、建造物の全体が一体のものとして日常生活に利用されているかという判断である。物理的一体性が、構造上の一体性に加えて延焼の可能性をも考慮しているのは、構造上の一体性があっても延焼可能性がない場合に一体性を否定するためでもあり、逆に、構造上の一体性が弱い場合にも、延焼可能性によってそれを補充するためでもある。しかし、構造上、全く接合されていない建造物は、延焼可能性のみによって物理的一体性を肯定することはできないであろう。機能的一体性は、物理的一体性を補充する基準である。

4　非現住建造物等および建造物等以外放火罪

109条の非現住で、かつ、非現在の建造物等の放火も、抽象的危険犯である。しかし、それが自己の所有にかかるときは、「公共の危険」を生じない限り罰せられない。建造物以外の、例えば、自動車や家具等を焼損したときも、「公共の危険」が発生しない限り罰せられない。これらは、具体的危険犯であるが、その故意には、具体的な危険のあることの認識は必要なのであろうか。必要であるとすると、例えば、自動車に放火して近接する現住建造物に延焼する危険があることを認識していれば、現住建造物自体の放火に対する故意があることになるのではないだろうか。

1．非現住建造物等放火罪

> 放火して、現に人が住居に使用せず、かつ、現に人がいない建造物、艦船又は鉱坑を焼損した者は、２年以上の有期拘禁刑に処する（109条１項）。未遂は、罰する（112条）。
> 前項の物が自己の所有に係るときは、６月以上７年以下の拘禁刑に処する。ただし、公共の危険を生じなかったときは、罰しない（109条２項）。
> 第109条第１項に規定する物が自己の所有に係るものあっても、差押えを受け、物権を負担し、賃貸し、配偶者居住権が設定され、又は保険に付したものである場合において、これを焼損したときは、他人の物を焼損した者の例による（115条）。

(1)　客　体

非現住建造物等放火罪の客体には、109条１項に定める客体のほか、建造物等が、自己所有にかかる場合（同条２項）、その例外としての差押えを受けるなどした非現住建造物等の場合（115条）がある。

(a)　**109条１項**　本罪の客体は、現に人の住居に使用されておらず、「かつ」、人がその内部にいない建造物、艦船、鉱坑である。従来、「又は」であったものが、平成７年の改正により、「かつ」に改められた。108条と異なり、汽車、電車は含まれない。これらのものへの放火は、110条にあたる。営業所、事務所、物置小屋、倉庫、納屋などが本罪の客体にあたる。居住者・現在者を全員殺害した後の家屋は、109条１項にいう建造物である。判例において建造物かどうか問題となったものとして、豚小屋がある。建造物は、「人の起居又は出入りすることが予定されている建物」であることを要するとし、豚小屋は、「性質上人の起居又は出入が全く予定されていないもの」であり、これに該当しないとし、その他、犬小屋、堆肥小屋も同じとした（前掲東京高判昭28・6・18）。

(b)　**自己所有非現住建造物等放火罪（109条２項）**　これらの物が自己の所有にかかる場合には、６月以上７年以下の拘禁刑である。公共の危険を発生させない限り、処罰されない。無主物は、自己の所有物と同様に取り扱われるべきである。具体的危険犯である。したがって、公共の危険の発生は、構成要件要素であり、それを充足しなければ、未遂犯処罰規定はないから、処罰されない。公共の危険が発生したかどうかは、当該具体的状況下における一般人の判断を基準として、客観的に判定されるべきである。通説は、公共の危険の概念を、物理的なものではなく、一般人の心理的な状態とする。一般人が不安感を感じるかどうかが重要なのである。したがって、自然的・物理的観点からは危険が存在しない場合にでも、通常人の感覚からすれば危険が認められるときは、公共の危険があることになる。しかし、公共の危険も、具体的危険説のみではなく、むしろ、客観的危険説をも基礎にして判断されるべきであるから、物理的・経験的な蓋然性を基準として、客観的に判断すべきである。

(c) **115条** 自己の所有に係るものであっても、差押えを受け、物権を負担し、賃貸し、配偶者居住権が設定され、または保険に付したものであるときは、他人の物と同様に取り扱われる（115条）。したがって、109条１項によって処罰される。これによって、未遂・予備も可罰的となる（大判昭7・6・15刑集11・841）。

(2) 公共の危険の認識

109条２項の「故意」を認めるには、公共の危険の発生に関する認識が必要か。

(a) **故意** 自己所有非現住建造物等放火罪（２項）は、具体的な公共の危険の発生したことが必要な具体的危険犯である。これを構成要件的結果であるとすると、故意を認めるためには、**公共の危険の発生に関する認識**が必要であるということになる。これに対して、不要説（最判昭60・3・28刑集39・2・75＝百選Ⅱ-86）は、公共危険罪における「危険」を「処罰条件」とし、焼損の時点を放火罪・失火罪に共通した既遂時期とすることを前提とする。不要説の根拠は、公共の危険の認識と延焼の認識とが同一であり、適用上の差異がないという点、ならびに、焼損については故意があるが、公共の危険の発生について認識のない場合、失火罪とするのは論理的不整合を生じるものとする点にある。しかし、両者の区別は、理論上も実際上も意味があり、犯罪の成立に必要な故意が欠けるときに、過失犯が成立するのは、論理上当然のことであって、失火罪および建造物等損壊罪（260条）の観念的競合ないし併合罪とすることは不自然ではない。

(b) **認識の内容** 必要説にとっての問題点は、**公共の危険の認識の内容**である。なぜなら、公共の危険とは、108条・109条１項の目的物への延焼の危険であるとすれば、その認識は、結局、108条・109条１項の故意を意味することになり、両者の区別は困難だからである。学説においては、この両者の内容的区別が試みられている。例えば、①公共の危険の発生についての予見はあるが延焼を容認することのない心理状態、②108条・109条1項の故意は、「延焼」自体の認識を要求するのに対して、公共の危険の認識は、**「延焼の可能性」の認識**で足り、あるいは延焼の危険と無関係に公共の危険は生じうるのであり、両者は区別しうるという見解、③延焼の危険はないが、なおその幻影におびえるというのが一般的であるということの認識（一般公衆が延焼の危険を感じるであろうという認識）などがある。しかし、**第1説**は、公共の危険の「認容」がないならば、認容説に立つとそれに対する故意があるとはいえないから、不当であり、**第2説**によれば、「延焼」の認識が、確定的な故意を指し、延焼の可能性の認識が未必の故意を指すのかどうかは明らかでない。そうだとすれば、本説は、そのような振り分けの根拠を示していない。**第3説**は、危険の概念そのものを、物理的な危険ではなく、一般人の心理的な不安感をいうとする点で妥当性を欠く。

さらに、109条2項・110条は故意犯と過失犯の複合的な犯罪類型であり、公共の危険＝延焼の危険については、**過失があれば足りるとする見解**がある。この見解は、具体的危険犯一般について、具体的危険結果については、故意の対象とならないとするのか、それとも、放火罪のみについてそれが故意の対象とならないとするのか明らかでない。

(c) **危殆化故意としての危険の認識**　具体的危険犯における「危険」の認識とその危険の実現である「結果」の認識を区別することが考察の出発点である。

第1に、108条・109条1項の放火を行う目的で、その手段として109条2項・110条の物件に放火した事例については、108条・109条1項の放火罪の故意を認めるためには、延焼結果についての実現意思が必要である。それは延焼の事実を表象し、その実現のために行動を操縦することを前提とする。具体的には、108条・109条の客体の焼損の実現が認識されていなければならない。第2に、公共の危険ないし延焼の危険に対する故意は、具体的な事情、因果関係等の認識を前提とするが、あくまで危険に対する実現意思であって、結果の発生に対する実現意思ではない。具体的には、108条・109条の客体へと延焼する危険性の認識があれば足りる。この故意は、さまざまな危険を徴表する事実の認識の集合体である。ただ、行為者は、その危険の徴表の意味を統合して具体的に焼損の結果発生につながることを認識しておらず、その実現意思があるわけではない。このようにして、延焼結果の実現意思はないが、延焼に対する危険の発生を認識するという危殆化故意はあるという心理状態は存在する。

2．建造物等以外放火罪

> 放火して、前２条に規定する物以外の物を焼損し、よって公共の危険を生じさせた者は、1年以上10年以下の拘禁刑に処する（110条１項)。
> 前項の物が自己の所有に係るときは、１年以下の拘禁刑又は10万円以下の罰金に処する（110条２項)。

(1) 客　体

「前２条に規定する物以外の物」とは、建造物、現に人がいる汽車・電車、艦船、鉱坑以外の物である。したがって、自動車、航空機のほか、現に人がいない汽車・電車、その他、建造物にあたらない物である。焼損することが意味をもたないような物も含むのかについては、学説が分かれる。判例には、それは、それ自体を焼損することに意味のある物をいい、マッチ棒や極く少量の紙片の如く、他の物体に対する点火の媒介物として用いられていて、それ自体を焼損することによっては、一般的定型的に公共の危険の発生が予想されないような物は、含まないとするものがある（東京地判昭40・8・31判タ181・194)。

(2) 公共の危険

本罪は、具体的危険犯であるから、**公共の危険の発生**が必要である。公共の危険とは、現住建造物ないし非現住建造物への**延焼の危険**を意味するばかりではなく、**不特定または多数人の生命・身体・財産に対する危険**を意味する。最高裁決定には、駐車場に無人でとめられていた被害車両に対し、ガソリンをかけた上、これにガスライターで点火して放火したが、駐車場は、市街地にあって、道路を挟んで小学校や農業協同組合の建物に隣接する位置関係にあり、また、近くには他人の所有に係る２台の自動車が無人でとめられていたほか、被害車両の近くにはゴミ集積場が設けられていたという事案がある。同決定は、刑法110条1項にいう「公共の危険」は、必ずしも同法108条および109条1項に規定する建造物等に対する延焼の危険のみに限られるものではなく、不特定または多数の人の生命、身体または前記建造物等以外の財産に対する危険も含まれると解するのが相当であるとし、2台の車両に延焼の危険が及んだなどの本件事実関係の下では、110条1項にいう「公共の危険」の発生を肯定することができるとした（最決平15・4・14刑集57・4・445＝百選Ⅱ-85）。

(3)　故　意

故意の内容として、**公共の危険の認識**を必要とする。判例は、所定の物を焼燬（しょうき）（焼損）する認識のあることは必要であるが、「焼燬の結果公共の危険を発生させることまでを認識する必要はないものと解すべきである」とする（前掲最判昭60・3・28）が、不当である。

(4)　自己の所有に係る物

客体が自己の所有に係るときは、刑が減軽されている。放棄された無主物については、財産罪的保護が不要となるから、自己の所有物と同様に取り扱われるべきである。

5　その他の類型

自己所有物件に対する放火の結果的加重犯として、延焼罪の規定がある。放火予備罪も処罰規定があり、火災の際に消火を妨害する行為は、消火妨害罪により処罰される。過失によって出火し、他人所有建造物等ないし自己所有非現住建造物等を焼損したとき、失火罪として処罰される。業務上の過失による失火ないし重過失による失火は、加重処罰されている。

1．延焼罪

> 第109条第2項又は前条（110条）第2項の罪を犯し、よって第108条又は第109条1項に規定する物に延焼させたときは、3月以上10年以下の拘禁刑に処する（111条1項）。
> 前条（110条）第2項の罪を犯し、よって同条（110条）第1項に規定する物に延焼させたときは、3年以下の拘禁刑に処する（111条2項）。

(1) 意 義

本罪は、自己所有物件に対する放火罪の**結果的加重犯**である。延焼の結果について故意のないことを要する。

(2) 要 件

111条1項の放火の客体は、自己所有の非現住建造物等（109条2項）または自己所有の「その他の物」（110条2項）であり、延焼の客体は、現住建造物等（108条）または非現住建造物等（109条1項）である。111条2項の放火の客体は、自己所有の「その他の物」（110条2項）であり、延焼の客体は、建造物、現に人がいる汽車、電車、艦船、鉱坑以外の物（110条1項）である。基本犯である109条2項・110条2項の罪が成立したうえで、108条・109条1項・110条1項の客体に延焼することが必要である。すなわち、放火の客体について「罪を犯し」ていることが必要であるから、自己の所有物に放火して自己所有物件を焼損し、また、公共の危険が発生していることを前提としたうえで、延焼することが必要なのである。「**延焼**」とは、行為者の予期しなかった客体について焼損の結果を生じさせることをいうとされる。重要なのは、延焼の客体について侵害故意がない場合に限るということである。

111条に明文のない延焼については、現住建造物等放火罪（108条）を犯す故意で放火したが、非現住建造物に延焼したというように、重い放火罪を犯す故意で、軽い放火罪の客体に延焼した場合には、公共危険罪としての性格から、重い方の放火罪の成立のみを認めれば足りる。逆に、例えば、109条1項の罪を犯す故意で、108条の罪の客体に延焼した場合、あるいは、110条1項の罪を犯し、108条または109条1項の罪の客体に延焼したというように、軽い罪を犯す故意で、重い罪に延焼した場合には、軽い罪（109条1項ないし110条1項）のみが適用される（大判昭13・8・22新聞4317・15）。

2．放火予備罪

> 第108条又は第109条第1項の罪を犯す目的で、その予備をした者は、2年以下の拘禁刑に処する。ただし、情状により、その刑を免除することができる（113条）。

予備とは、放火の実行の着手以前の準備行為をいう。放火の材料を準備する行為等がそうである。準備行為の始期は明確ではないが、少なくとも、他の予備罪と同様に、「**客観的に相当の危険性の認められる程度の準備**」(東京高判昭42・6・5高刑集20・3・351) ないし「実行の危険性を顕在化させる準備行為」(東京高判平10・6・4判時1650・155) が必要であろう。現住建造物等放火罪 (108条) または他人所有非現住建造物等放火罪 (109条1項) を犯す目的が必要である。

3．消火妨害罪

> 火災の際に、消火用の物を隠匿し、若しくは損壊し、又はその他の方法により、消火を妨害した者は、1年以上10年以下の拘禁刑に処する（114条）。

火災の際に消火活動を妨害する罪である。妨害が奏功する必要はなく、妨害行為をすれば既遂となる。**抽象的危険犯**である。

「**火災の際**」は、行為の状況をいう。火災が発生しそうな場合および発生している場合を含む。「火災」は、公共の危険を生ぜしめる程度の規模に達したもの、そのような規模に達するであろうという場合をいう。放火、失火、自然発火等、火災の原因を問わない。自己の責に帰すべき事由による場合でもよい。妨害行為は、作為に限られないが、たんに公務員から援助を求められたのに、これに応じないだけでは、軽犯罪法 (1条8号) に違反するだけで、消火妨害罪にはあたらない。「**消火用の物**」とは、消防自動車、消防ホース、消火器等、消防の用に供されるすべての器具ないし設備をいう。「隠匿」とは、消火用の物の発見を不可能または困難にすることをいう。「損壊」とは、物質的な破壊をいう。「その他の方法」とは、消火活動を妨害する一切の行為をいう。

4．失火罪

> 失火により、第108条に規定する物又は他人の所有に係る第109条に規定する物を焼損した者は、50万円以下の罰金に処する（116条1項）。
>
> 失火により、第109条に規定する物であって自己の所有に係るもの又は第110条に規定する物を焼損し、よって公共の危険を生じさせた者も、前項と同様とする（同条2項）。

過失によって出火させる罪である。客体により、他人所有建造物等放火罪 (1項) と自己所有非現住建造物等放火罪 (2項) とに分かれる。

(1) 他人所有建造物等放火罪

抽象的危険犯である。過失の出火によって1項所定の客体を焼損することを要する。本罪にも、115条の適用が認められる。

(2) 自己所有非現住建造物等放火罪

具体的危険犯である。焼損のほか、公共の危険を発生させたことを要する。焼損については故意があったが、公共の危険の認識がなく、予見・回避可能であったにすぎない場合も、失火罪を構成する。

5．業務上失火罪・重失火罪

> 第116条（失火罪）又は前条（117条）第1項（激発物破裂罪）の行為が業務上必要な注意を怠ったことによるとき、又は重大な過失によるときは、3年以下の拘禁刑又は150万円以下の罰金に処する（117条の2）。

業務上失火罪・重失火罪につき、とくに刑を加重したものである。

(1) 業務上失火罪

業務とは、「職務として火気の安全に配慮すべき社会生活上の地位」をいう（最決昭60・10・21刑集39・6・362）。社会生活上、反復・継続して従事する事務であるだけであって、「職務として」行われるのではないのであれば、本罪にいう業務ではない。本条にいう業務は、①火気の使用を直接の内容とする職務（例えば、調理師、ボイラーマン、溶接作業員のそれ）、②火気発生の高い危険物・器具等を取り扱う職務（例えば、ガソリン、プロパンガス取扱業者のそれ）、③火災の発見・防止を任務とする職務（例えば、夜警、火気防止責任者のそれ）、に限られる。

(2) 重失火罪

重失火とは、不注意の程度が著しい重過失による失火をいう（東京高判昭62・10・6判時1258・136）。わずかな注意を払えば、予見・回避可能であったという場合（東京高判平元・2・20判タ697・269参照）である。

第10講

交通を妨害する罪・社会生活環境に対する罪

第10講へのアクセス

【Q 1】線路の上に小石を置くなどして単に交通の妨害を生じさせただけでも、往来危険罪における「往来の危険」といえるだろうか。電車の脱線等の実害の発生が必然的ないし蓋然的であることまで必要とするのだろうか。あるいは、実害の発生する可能性があれば足りるだろうか（最決平15・6・2刑集57・6・749＝百選Ⅱ-87参照）。

【Q 2】わいせつ物公然陳列罪における「公然陳列」とは何だろうか。わいせつ画像のデータをプロバイダーのホスト・コンピュータのハードディスク内に記憶・蔵置し、インターネットを利用して再生・閲覧可能な状態にする行為は、公然陳列にあたるだろうか（東京地判平8・4・22判時1597・151等参照）。

【Q 3】顧客によるダウンロード操作に応じて自動的にわいせつデータを送信する機能を備えた配信サイトを利用して送信する方法によって、当該わいせつなデータファイルを顧客のパソコンの記録媒体上に記録、保存させることは、わいせつ電磁的記録送信頒布罪における「頒布」にあたるだろうか（最決平26・11・25 刑集68・9・1053=百選Ⅱ-101）。

【Q 4】死体遺棄罪における「遺棄」につき、①出生直後に死亡した赤ん坊の死体を段ボール箱に入れ、接着テープで封をした場合（福岡高判令3・6・25高刑集73・1・6参照）、②約25年間にわたり死体をポリバケツ内でコンクリート詰めにするなどの状態で住宅居室内に放置し、さらに、転居して自宅の押し入れ内に2年余り放置した場合（大阪地判平30・7・2裁ウェブ参照）、それぞれどの行為に死体遺棄罪を認めるべきだろうか。死体遺棄罪の公訴時効3年（刑訴法250条2項6号）は成立しないだろうか。

1　交通を妨害する罪

交通機関や交通施設（道路・鉄道・船舶）の安全を脅かし、不特定または多数人の生命・身体・財産に危険を生じさせる行為を禁止することによって、交通の安全を保護するのが、「往来を妨害する罪」の目的である。汽車転覆等罪（126条1・2項）を犯し、よって人を死亡させたときは、汽車転覆等致死罪（同条3項）にあたるが、3項には、殺意ある場合も含むのだろうか。また、往来危険汽車転覆等罪（127条）は、往来危険罪（125条）の結果的加重犯であり、往来危険の結果として、汽車・電車の転覆・破壊等が生じた場合、「前条の例による」と規定するが、人を死亡させた場合の加重類型である126条3項の適用もあるのだろうか。

1．総　説

往来を妨害する罪（11章）は、**公の交通機関および交通施設を侵害する罪**であり、道路・鉄道・船舶の交通の安全を保護法益とする。不特定・多数人の生命・身体・財産に対する危険の発生を禁止する。したがって、本罪は、公共危険罪である。これには、往来妨害罪（124条1項）、往来妨害致死傷罪（同条2項）、往来危険罪（125条）、汽車転覆等罪（126条1項・2項）、汽車転覆等致死罪（同条3項）、往来危険汽車転覆等罪（127条）、往来妨害未遂罪・往来危険未遂罪・汽車転覆等未遂罪（128条）、過失往来危険罪・業務上過失往来危険罪（129条）が属する。

2．往来妨害罪

> 陸路、水路又は橋を損壊し、又は閉塞して往来の妨害を生じさせた者は、2年以下の拘禁刑または20万円以下の罰金に処する（124条1項)。未遂は、罰する（128条)。

本罪の客体は、公衆の往来に供される**陸路・水路・橋**である。公有・私有を問わない（最決昭32・9・18裁判集刑120・457)。「陸路」とは、公衆の通行の用に供される陸上の通路すなわち道路をいう。鉄道は、往来危険罪（125条）の客体とされているから、本罪の陸路からは除外される。「水路」とは、艦船、船舶などの航行の用に供される河川、運河、港口などをいう。「橋」は、河川・湖沼の上に架けられた橋、陸橋、桟橋を含む。ただし、汽車・電車の運行のためだけに架設されたものは、本罪の橋には含まれず、往来危険罪(125条)にいう「鉄道」にあたる。

本罪の行為は、損壊・閉塞して往来を妨害することである。「**損壊**」とは、物理的に毀損してその効用を滅失・減損させることをいう。その結果、往来の妨害を生じさせる程度の損壊であることを要する。「**閉塞**」とは、有形の障害物を置いて通路を遮断することをいう。設けられた障害物が部分的に通路を遮断するにすぎない場合であっても、その道路の効用を阻害して往来の危険を生じさせるものであるときは、閉塞にあたる(最決昭59・4・12刑集38・6・2107)。損壊・閉塞ともに相当の時間にわたってその状態を継続する必要がある。「往来の妨害を生じさせた」とは、通行が不可能ないし困難になる状態を生じさせることをいう。本罪は、**具体的危険犯**とされている。すなわち、損壊・閉塞行為が行われても、危険の発生が擬制されているわけではなく、通行不可能ないし困難な状態が惹き起こされることが必要である。

本罪の故意は、陸路、水路、橋を損壊・閉塞して往来の妨害を生じさせることの認識が必要である。すなわち、往来の妨害の具体的危険についての認識を含む。

3．往来妨害致死傷罪

> 前項の罪を犯し、よって人を死傷させた者は、傷害の罪と比較して、重い刑により処断する(124条2項)。

往来妨害罪の結果的加重犯である。すなわち、往来妨害罪の成立が前提であって、その結果として死傷の結果が発生したことを要するから、損壊・閉塞の行為自体から致死傷の結果を生じさせたときは、本罪にあたらないとするのが通説である。通説の立場からは、橋が落下して往来を妨害して通行人に傷害を与えたのではなく、橋の破壊行為自体から直接人の傷害が発生したときは、往来妨害罪と過失傷害罪の観念的競合である。「人」とは、通行人のほか、犯人以外のすべての人をいう。

4．往来危険罪

> 鉄道若しくはその標識を損壊し、又はその他の方法により、汽車又は電車の往来の危険を生じさせた者は、２年以上の有期拘禁刑に処する（125条１項）。灯台若しくは浮標を損壊し、又はその他の方法により、艦船の往来の危険を生じさせた者も、前項と同様とする（同条２項）。未遂は、罰する（128条）。

保護法益は、汽車、電車および艦船の往来の安全である。

本罪の行為は、①鉄道もしくはその標識を損壊し、またはその他の方法により、汽車・電車の往来の危険を生じさせることと②灯台もしくは浮標を損壊し、またはその他の方法により、艦船の往来の危険を生じさせることである。１項にいう「**鉄道**」とは、線路のみならず汽車・電車の運行に直接必要なすべての施設をいう。枕木、橋梁、トンネルなども鉄道である。「**標識**」とは、汽車・電車の運行に必要な信号機その他の標示物をいう。「**損壊**」とは、物理的に破壊することをいう。「その他の方法」とは、汽車・電車の運行に危険を生じさせる一切の行為をいう。「**汽車**」とは、蒸気機関車が牽引し、線路上を走行する交通機関をいう。「**電車**」とは、電力によって線路上を走行する交通機関をいう。汽車代用のガソリンカーについては、汽車に含まれるとする判例（大判昭15・8・22刑集19・540）がある。２項にいう「**灯台**」とは、艦船の航行に必要な燈火による陸上の標識である。「**浮標**」とは、水の深浅その他船舶の航行上の安全を標示する水上の標示物をいう。「**損壊**」とは物理的に破壊することである。「その他の方法」とは、船舶の往来の危険を生じさせる一切の行為をいう。「**艦船**」とは、軍艦および船舶をいう。船舶は、一定規模のものであることを要するか。学説には、①汽車・電車に準じた規模のものに限るとする見解、②ボート等の小船舶を除外するという見解もあるが、不特定または多数の船舶の往来を危険にする以上、③船舶の大小形状にかかわらず本罪にあたると解すべきである。

本罪の既遂には、汽車・電車・艦船の往来の危険を生じさせたことが必要である。「往来の危険を生じさせた」とは、それらの交通機関の衝突、転覆、脱線、沈没、破壊等、「これら交通機関の往来に危険な結果を生ずる虞のある状態を発生させること」をいう（最判昭35・2・18刑集14・2・138）。**具体的危険犯**であるから、実害を生じたことを要しない（大判大9・2・2刑録26・17）。「往来の危険」に関し、最高裁（最決平15・6・2刑集57・6・749＝百選Ⅱ-87）は、パワーショベルで鉄道用地と境界を接する自己の所有地上において掘削したことにより、線路脇の電柱付近の土砂を崩壊させるなどした事案につき、往来の危険とは、「汽車又は電車の脱線、転覆、衝突、破壊など、これらの交通機関の往来に危険な結果を生ずるおそれのある状態をいい、単に交通の妨害を生じさせただけでは足りないが、上記脱線等の実害の発生が必然的ないし蓋然的であることまで必要とするものではなく、上記実害の発生する可能性があれば足りる」とし、本件については、これを肯定した。

本罪の故意には、実害発生の具体的危険の認識が必要である。実害の発生の認識は不要であり、実害の発生の可能性の認識があれば足りる。

5. 汽車転覆等罪

> 現に人がいる汽車又は電車を転覆させ、又は破壊した者は、無期又は3年以上の拘禁刑に処する（126条１項）。現に人がいる艦船を転覆させ、沈没させ、又は破壊した者も、前項と同様とする（同条２項）。未遂は、罰する（128条）。

本罪の客体は、現に人がいる汽車、電車、艦船である。「人」とは、犯人以外の者をいう。「現に人がいる」時期については、実行の着手から結果発生までの間のいずれかの時点でよいと解する。汽車・電車は、走行中・停車中を問わず、また、艦船は航行中・停泊中を問わず、本罪の客体である。ただし、交通機関としての機能を停止している場合はこの限りではない。

本罪の行為は、汽車・電車に対しては、転覆または破壊であり、艦船に対しては転覆・沈没または破壊である。汽車・電車の「**転覆**」とは、それらの転倒、横転、墜落をいう。たんなる脱線は、転覆ではない。汽車・電車の「**破壊**」については、汽車・電車の実質を害してその交通機関としての用法の全部または一部を不能にする程度に損壊することをいう（大判明44・11・10刑録17・1868、最判昭46・4・22刑集25・3・530、通説）。艦船の「**転覆**」とは、舷側、甲板を水につけて艦船を横転させることである。「**沈没**」とは、船体の主要な部分が水中に没した状態をいう。艦船の「**破壊**」とは、艦船の実質を害し、航行機関たる機能の全部または一部を不能にする程度の損壊をいう。最高裁の判例には、人の現在する本件漁船の船底部約３分の１を厳寒の千島列島ウルップ島海岸の砂利原に乗り上げさせて坐礁させたうえ、同船機関室内の海水取入れパイプのバルブを開放して同室内に約19.4トンの海水を取り入れ、**自力離礁を不可能**ならしめて、同船の航行能力を失わせたなど、本件の事実関係のもとにおいては、船体自体に破損が生じていなくても、艦船の「破壊」にあたるとしたものがある（最決昭55・12・9刑集34・7・513）。

転覆・沈没・破壊については、その方法を問わない。往来危険罪（125条）の方法である鉄道またはその標識の損壊、灯台または浮標の損壊といった方法によってもよい。

本罪の故意は、汽車、電車、艦船に人が現在すること、および、それによって、転覆、沈没、破壊の結果が発生することを認識することを要する。

6．汽車転覆等致死罪

> 前2項の罪を犯し、よって人を死亡させた者は、死刑又は無期拘禁刑に処する（126条3項）。

本罪は、汽車転覆等罪（126条1項）・艦船転覆等罪（同条2項）の**結果的加重犯**である。人の現在する汽車・電車の転覆・破壊、艦船の転覆・沈没・破壊が基本犯であり、それによって加重結果として、人の死亡が発生したことを要する。汽車等転覆等罪は、既遂に達していなければならない。未遂に終わったが、死亡の結果が生じた場合には、本罪を構成しない（反対＝東京高判昭45・8・11高刑集23・3・524）。「人を死亡させた」における「人」は、①汽車・電車または艦船内に現在する人に限るか、②車船内に限らず、歩行者等その周囲にいる人をも含む（最大判昭30・6・22刑集9・8・1189）かについては見解の対立があるが、公共危険罪としての性格からして汽車等の内部にいる人が死亡した場合のみではなく、駅のホームにいる乗客や鉄道沿線の住民が死亡した場合も含むと解するべきであり、後説が妥当である。

殺意がある場合には、本条の適用があるか。これについては、①殺人が既遂の場合、つまり、殺意をもって汽車等を転覆・破壊し、よって人を死亡させたとき、本罪のみが成立するが、殺人が未遂に終わったときは、刑の均衡上、汽車転覆等罪と殺人未遂罪の観念的競合になるとする見解、②殺意のない場合にも本罪が適用されるのであるから、殺意のある場合には、刑の均衡上、殺人罪と本罪との観念的競合になるとする見解（大判大7・11・25刑録24・

1425)、および③汽車転覆等罪と殺人または殺人未遂罪と本罪との観念的競合になるとする見解が対立している。本罪は、基本的に、殺意のある場合も含むと解すべきであるが、殺人が未遂に終わった場合には、汽車転覆等罪(126条1項・2項) のみを適用すると、殺人未遂罪と比べ刑が不均衡となるから、結論的には、**第1説が妥当**である。

7．往来危険汽車転覆等罪

> 第125条の罪（往来危険罪）を犯し、よって汽車若しくは電車を転覆させ、若しくは破壊し、又は艦船を転覆させ、沈没させ、若しくは破壊した者も、前条（126条）の例による（127条）。

往来危険罪 (125条) の**結果的加重犯**であり、往来危険罪を犯すことによって、汽車・電車の転覆・破壊または艦船の転覆・沈没・破壊の実害が生じた場合につき加重処罰しようとするものである。往来危険については、故意があったが、その結果である汽車・電車・艦船の転覆・破壊・沈没については故意がなかった場合でも (過失があれば)、故意の汽車転覆等罪と同等に処罰すべきものとする。

「前条の例による」の解釈については、それが、汽車・電車・艦船を転覆・破壊・沈没させたときに126条1項・2項の例によるということのみを意味するのか、それとも転覆・破壊・沈没の結果としてさらに**人を死亡させたとき**に、126条3項を適用するという意味もあるのかについては見解の対立がある。①126条3項の適用を否定する前説は、127条において125条の結果的加重犯の要件として掲げられているのは、転覆・破壊・沈没の場合のみであり、人を死亡させた場合は含まないことを根拠とする。これに対して、②126条3項の適用を肯定する後説 (前掲最判昭30・6・22、通説) は、127条において「前条の例による」と規定されており、「前条1項、2項の例による」とは規定されていないのであるから、文理上当然に126条3項の適用をも認める趣旨であると解する。さらに、③「前2項」は、人の現在性を要求するものであり、人の現在する汽車等を転覆・破壊し、その結果、人を死亡させた場合にのみ適用があるとする折衷説も、有力に唱えられている。この折衷説は、127条が126条の例によるとしているということは、少なくとも人の現在する電車等を前提としているものとする。したがって、この第３説によれば、無人の汽車等が転覆した場合には、そもそも本条の適用はないことになる。

判例は、「**三鷹事件**」において、法廷意見と５人の裁判官の少数意見に分かれた（前掲最判昭30・6・22）。①**法廷意見**は、126条３項の適用を肯定した。127条は、汽車・電車の転覆または破壊によって致死の結果を生じた場合には、「３項の例によって処断すべきを定めたもの」と解するのである。これに対して、②**少数意見**は、127条は、「…これに因て生じた致死の場合の結果的加重責任については、何ら規定するところのないもの」という。人を死亡させた場合に、もし、法廷意見がいうように、126条３項の適用があるとすれば、その法定刑は「死刑又は無期懲役（拘禁刑）」に限ることとなり、前段の場合と比べて、あまりにも刑の権衡を失するからである。「前条の例による」の意義については、原則として、法的効果の部分を指すと解する第１説が妥当である。127条においては、文理上、要件の部分は、「125条の罪を犯し、電車等を転覆・破壊・沈没させた者」に限定されるのであって、そこに記述されていない「よって人を死亡させた者」までをも要件に加える趣旨ではない。したがって、126条３項の適用はないと解するのが妥当である。

８．過失往来危険罪・過失汽車転覆等罪

> 過失により、汽車、電車若しくは艦船の往来の危険を生じさせ、又は汽車若しくは電車を転覆させ、若しくは破壊し、若しくは艦船を転覆させ、沈没させ、若しくは破壊した者は、30万円以下の罰金に処する（129条１項）。その業務に従事する者が前項の罪を犯したときは、3年以下の拘禁刑又は50万円以下の罰金に処する（同条2項）。

本条は、過失往来危険罪（１項前段）、過失汽車転覆等罪（１項後段）、業務上過失往来危険罪・業務上過失汽車転覆等罪（２項）からなる。

(1)　過失往来危険罪

125条の過失犯であり、過失による具体的危険犯である。したがって、「往来の危険を生じさせ」とは、汽車等の転覆・破壊・沈没の具体的危険を生じさせることをいう。

(2)　過失汽車転覆等罪

汽車等に現に人がいたかどうかは問わない（通説）。その結果、人を死傷さ

せたときは、過失致死傷罪（209条・210条）と本罪との観念的競合である。

(3) 業務上過失往来危険罪・業務上過失汽車転覆等罪

本罪の主体は、業務に従事する者であり、業務とは、社会生活上の地位にもとづき継続して行う人の事務である。機関士、電車の運転手、乗務車掌、駅長等の事務がこれにあたる。汽車等は、無人であってもよい。

2 社会生活環境に対する罪

ここでは、人が共同社会生活をするうえで、多くの人々が相互に自身の自己決定に従って、しかも他人のそれを尊重しながら暮らすことのできる社会環境を守るための刑事規制が取り扱われる。社会生活環境（風俗ないし習俗）に対する罪には、性的自己決定権をめぐる社会生活環境、勤労を中心とする経済的生活環境、宗教的生活環境に対する罪が含まれる。社会生活環境は、その社会に生存する個々人の自由な生活を展開するための基盤であり、その共同社会の最大公約数としての環境が侵害される公共的危険からの安全を保護している。

1．総 説

本講でいう社会生活環境に対する罪は、一般に「風俗に対する罪」と呼ばれる。保護法益は、社会生活環境に対する公衆の自己決定権と現在の社会生活環境に対する信頼である。社会生活環境には、性的環境、経済的環境、宗教的環境がある。社会生活環境に対する罪には、わいせつおよび重婚の罪（22章）、賭博および富くじに関する罪（23章）、礼拝所および墳墓に関する罪（24章）が属する。これによって、性生活、経済・勤労生活、および宗教生活に関する善良の風俗が保護されているとするのが通説である。

2．公然わいせつ罪

> 公然とわいせつな行為をした者は、6月以下の拘禁刑若しくは30万円以下の罰金又は拘留若しくは科料に処する（174条）。

本罪の行為は、公然とわいせつな行為をすることである。「**公然**」とは、不特定または多数人が認識できる状態をいう（最決昭32・5・22刑集11・5・

1526)。現に不特定または多数人が認識したことを要しない。知人等の個人的関係があるかどうかが公然性の判断に影響を与える。判例では、被告人の知人・仲間の4名がわいせつ行為の観覧者であった事案では、公然性は否定されている（静岡地沼津支判昭42・6・24下刑集9・6・851)。

「**わいせつな行為**」とは、「その行為者又はその他の者の性欲を刺激興奮又は満足させる動作であって、普通人の正常な性的羞恥心を害し善良な性的道義観念に反するもの」をいう（東京高判昭27・12・18高刑集5・12・2314)。現実に性的羞恥心を害することを要せず、普通人の性的羞恥心を害する性質・程度の行為であれば足りる。わいせつかどうかの判断は、社会一般の性的感情や社会通念に照らして客観的に行われなければならない。

いわゆるストリップショウは本罪にあたるとするのが通説である。わいせつ物陳列罪（175条1項）にあたるとする少数説もある。しかし、人間の身体は「物」ではなく、わいせつ物陳列にはあたらない。ストリップショウ等をテレビ中継した場合には、画像が媒介物に蔵置されているわけではないので、本罪が成立する。インターネットによるライブ配信の場合も、サーバコンピュータのメモリ上を通過するとしても、知覚できないほどの一瞬にすぎないから、本罪が成立する。しかし、録画したものを放映すれば、媒体物に蔵置された画像を見ているので、わいせつ電磁的記録記録媒体陳列罪にあたる。

3．わいせつ物頒布等罪

> わいせつな文書、図画、電磁的記録に係る記録媒体その他の物を頒布し、又は公然と陳列した者は、2年以下の拘禁刑若しくは250万円以下の罰金若しくは科料に処し、又は拘禁刑及び罰金を併科する。電気通信の送信によりわいせつな電磁的記録その他の記録を頒布した者も、同様とする（175条1項)。有償で頒布する目的で、前項の物を所持し、又は同項の電磁的記録を保管した者も、同項と同様とする（同条2項)。

(1)　インターネット時代のわいせつ物頒布等罪

近年のインターネットの発展により、いわゆるサイバーポルノとしてのわいせつ画像のインターネット上での頒布や公然陳列に対応するため、電磁的記録に係る記録媒体を用いた犯行を処罰対象に含めることが必要となった。平成23年の改正により、本罪の客体に、わいせつな文書、図画に加えて「電磁的記録に係る記録媒体」が、そして、行為形態として「電気通信の送信」による「頒布」が付け加えられた。「**記録媒体**」とは、画像情報が化体された「物」を意味するから、客体はあくまでも「物」である。この改正により、従来の「販売」の概念は用いられなくなり、行為は、有償・無償を問わず、「**頒布**」行為とされた。「**電気通信の送信**」による頒布とは、電子メールにわいせつ画像を添付して特定の者に送るような場合をいう。「**その他の記録**」とは、電磁的記録ではないが、「電気通信の送信」で送られる記録をいう。例えば、紙に印刷されたわいせつ画像をファックスで送信する場合がその例である。ファックスで不特定多数の人に送信した場合には、送信側のファックスの機械内の記録媒体が公然陳列されたことになり、特定の者に送信された場合には、相手側の機械でプリントアウトされた「その他の記録」が頒布されたことになる。２項では、「**有償で頒布する目的**」で、わいせつな「物」を「所持」し、「電磁的記録」を「保管」した者を処罰する。

(2) 175条の合憲性

わいせつ文書・図画等の頒布・販売・公然陳列・販売目的所持の処罰が、憲法13条（個人の尊厳）、21条（表現の自由）、23条（学問の自由）、31条（法定手続の保障）に照らして合憲といえるかが争われている。**判例**は、一貫して合憲であるとする（最大判昭32・3・13刑集11・3・997＝チャタレー事件大法廷判決、最大判昭44・10・15刑集23・10・1239＝悪徳の栄え事件、最判昭48・4・12刑集27・3・351＝艶本国貞事件、最判昭58・3・8刑集37・2・15、最判昭58・10・27刑集37・8・1294）。明確性の原則との関係では、**わいせつ概念の明確性**については、それ自体は不明確であり、あいまいであるとしても、判例によって展開された具体的判断方法によって得られる概念内容、あるいは、客観的にみてもっぱら好色的興味にのみ訴えるためのものである、いわゆるハードコア・ポルノに限ってわいせつ性を認めるといういわゆる「端的な春本・春画説」によって得られる概念内容は、いちがいに不明確とはいえないであろう。しかし、適正処罰の原則からは、本罪の規定方法は、憲法31条（適正処罰の原則）違反として違憲である可能性が高い。

(3) 客 体

(a) 文書、図画、電磁的記録に係る記録媒体、その他の物 175条１項前段の客体は、わいせつな文書、図画、電磁的記録に係る記録媒体その他の物である。ここで掲げられた客体は、すべて有体物たる「物」であり、その意味では従来と変わらない。「**文書**」とは、発音符号によって表示される物である。「**図画**」とは、象形的方法によって表示される物をいう。情報や音声、光線・映像などは、物ではない。しかし、それらが媒体物に保存された場合、媒体は物である。そこで、**電磁的記録に係る記録媒体**は、電磁的方法によって情報・音響・映像などが記録された物である。「電磁的記録」とは、「電子的方式、磁気方式その他人の知覚によっては認識することができない方式で作られる記録であって、電子計算機による情報処理の用に供されるものをいう」（7条の2）。したがって、わいせつな会話、音声や画像データを記録したフロッピーディスク、CD、DVD、USBメモリ、SDカード、ハードディスクなどは、わいせつな「電磁的記録に係る記録媒体」である。

判例には、自己の女性器をスキャンした三次元形状データファイルが記録されたCD-Rを不特定の3名の者に頒布するなどした事案につき、わいせつな電磁的記録に係る記録媒体としたものがある（最判令2・7・16 刑集74・4・343）。問題は、音声を記録するレコードやカセットテープであるが、これらは、「電子計算機による情報処理の用に供されるもの」ではない。したがって、これらは、文書・図画・電磁的記録記録媒体以外の物である「その他の物」にあたる。「**その他の物**」に含まれるのは、例えば、わいせつな彫刻物、置物、性器の模擬物（最決昭34・10・29刑集13・11・3062）である。

(b) 容易顕在化可能性　わいせつ性が容易に顕在化可能な物は、わいせつ物である。したがって、補助器具を用いて、容易に顕在化するものは、わいせつ物である。市販の画像修正ソフトを用いれば容易に外すことができるモザイク模様のマスクをかけてホームページ上に掲載されたもともとわいせつな画像は、わいせつ物であるといえる。**最高裁**は、かつてわいせつ画像データを記録・蔵置させたパソコンネットのホストコンピュータの**ハードディスク**は、「わいせつ物」にあたるとしていた（最決平13・7・16刑集55・5・317）が、175条1項の改正後は「電磁的記録記録媒体」にあたる。なお、後述のように「公然と陳列した」とは、「その物のわいせつな内容を不特定又は多数の者が認識できる状態に置くことをいい、その物のわいせつな内容を特段の行為を要することなく直ちに認識できる状態にするまでのことは必ずしも要しないもの」である。ホストコンピュータのハードディスクに記憶、蔵置させたわいせつな画像データを再生して現実に閲覧するためには、会員が、自己のパソコンを利用して、ホストコンピュータのハードディスクから画像データをダウンロードした上、画像表示ソフトを使用して、画像を再生閲覧する操作が必要であるとしても、そのような操作は、ホストコンピュータのハードディスクに記憶、蔵置された画像データを再生閲覧するために通常必要とされる簡単な操作にすぎないので、この場合、会員は、**比較的容易にわいせつな画像を再生閲覧することが可能**であるといえ、「公然陳列」にあたる。

(4) わいせつの意義

「わいせつ」というのは、いわゆる規範的構成要件要素であって、価値判断を含み、また、解釈者の主観的判断が入り込む概念である。「わいせつ」とは、一般に、①徒らに性欲を興奮又は刺激せしめ、かつ②普通人の正常な性的羞恥心を害し、③善良な性的道義観念に反することをいう（最判昭26・5・10刑集5・6・1026、前掲最大判昭32・3・13＝チャタレー事件）。この三つの要件（わいせつ三要件）のすべてが充たされたとき、わいせつと判断されるというのが通説である。

判例は、わいせつ性の判断基準および方法につき**具体化し明確化**している（最判昭55・11・28刑集34・6・433＝百選Ⅱ-100＝四畳半襖の下張事件判決）。文書のわいせつ性の有無は、文書の内容自体のほかに、作者・出版社の意図、印刷・製本の体裁、広告・宣伝・販売・展示の方法、現実の読者層の状況等を考慮し、読者に与える影響を具体的に論証することによって、相対的に判断されなければならないという「**相対的わいせつ概念**」を認める見解と、これを否定して「**絶対的わいせつ概念**」を唱える見解とがある。否定説は、文書のわいせつ性は、その文書自体について客観的に判断すべきものであり、現実の購読者層の状況あるいは著者や出版社としての著述、出版意図などの意図や読者層など当該文書外に存する事実関係は、文書のわいせつ性判断の基準外に置かれるべきものとする。

また、わいせつ性の判断の対象となる作品は、作品の一部だけを取り出して、わいせつか否かを判断するのではなく、作品の全体について行われなければならない（前掲最大判昭44・10・15）。科学的論文や芸術作品も、わいせつ性をもつのか、それはどのような関係にあるのかについては、①両者は別のものであり、両立するという見解と②芸術性・思想性は、文書のわいせつ性を緩和し、純然たる科学的な著書・論文やすぐれた文芸作品には、わいせつ性は存しないという見解とがある。

最高裁は、先に紹介した事案で、わいせつ電磁的記録送信頒布罪（175条1項後段）について、「わいせつな電磁的記録又はわいせつな電磁的記録に係る記録媒体に該当するかを判断するに当たっては、電磁的記録が視覚情報であるときには、それをコンピュータにより画面に映し出した画像やプリントアウトしたものなど同記録を視覚化したもののみを見て、これらの検討及び判断をするのが相当である」とした（前掲最判令2・7・16）。

(5)　行　為

わいせつな文書、図画、電磁的記録に係る記録媒体その他の「物を頒布」し、公然と「陳列」し（175条1項前段）、「電気通信の送信により」わいせつな電磁的記録その他の「記録を頒布」し（同条1項後段）、有償で頒布する目的で「所持」し、電磁的記録を「保管」すること（同条2項）である。

(a)　わいせつ物頒布罪　「頒布」とは、不特定または多数の者に有償・無償を問わず、交付することをいう。改正前は、「頒布」に加えて有償の交付を意味する「販売」の語が用いられていたが、改正により削除された。旧規定（2項）では、有償貸与の目的で所持した場合、有償販売目的ではないので、販売目的所持罪で処罰できないという問題点があった。「頒布」には、わいせつな「物」を相手方に交付・占有させる場合と、電気通信の送信によりわいせつな「記録」を相手方に受信・保存させる場合とがある。判例によれば、後者にいう「頒布」とは，不特定又は多数の者の記録媒体上に電磁的記録その他の記録を存在するに至らしめることをいう（最決平26・11・25 刑集68・9・1053=百選Ⅱ-101）。この判例は、顧客の操作に応じて自動的にデータを送信する機能を備えた配信サイトを利用して送信する方法によって、アメリカのサーバコンピュータから日本にいる顧客のパーソナルコンピュータへデータを転送させてわいせつな動画等のデータファイルを当該顧客のパーソナルコンピュータ等の記録媒体上に記録・保存させた行為につき、175条1項後段にいうわいせつな電磁的記録の「頒布」にあたるとしたものである。

(b) わいせつ物公然陳列罪 **「公然と陳列した」**とは、不特定または多数の者が観覧しうる状態に置くことをいう。映画の上映、録音テープの再生のほか、ダイヤルQ²の電話回線を利用し、電話を録音再生機に接続し、電話をかければ不特定多数の者が同時にわいせつな音声を聞けるようにする行為（大阪地判平3・12・2判時1411・128）、わいせつ画像のデータをプロバイダーのホストコンピュータのハードディスク内に記憶・蔵置し、パソコン通信ないしインターネットを利用して再生・閲覧可能な状態にする行為（東京地判平8・4・22判時1597・151、京都地判平9・9・24判時1638・160、大阪高判平11・8・26高刑集52・42）も公然陳列である。

インターネット上の動画の投稿・配信サイトを管理・運営していた被告人に、わいせつ動画の投稿者との「黙示の意思連絡」を認め、わいせつ電磁的記録記録媒体陳列罪および公然わいせつ罪の各共同正犯が成立するとした判例がある（最決令3・2・1刑集75・2・123）。この事案では、投稿者の投稿・配信と、それを可能にする被告人らの各サイトの管理・運営行為が相互不可欠の関係にあることから、実行共同正犯も認められるものと解される。

(c) わいせつ記録送信頒布罪 平成23年に改正された175条1項後段は、「電気通信の送信によりわいせつな電磁的記録その他の記録を頒布したものも、同様とする」と規定する。「**電気通信**」とは、有線、無線その他の電磁的方式により、符号、音響または映像を送り、伝え、または受けることをいう。「**送信**」とは、これらを「送る」行為をいう。「頒布」とは、不特定または多数の者の記録媒体に記録を存在させることをいう（前掲最決平26・11・25＝百選Ⅱ-101）。前述の事案において、不特定の者3名に自己の女性器をスキャンした三次元形状データファイルをインターネットを通じて「送信」して「頒布」した行為は、この罪にあたる（前掲最判令2・7・16）。

本罪は国外犯には適用されないが、日本国内から外国のプロバイダーのサーバーにわいせつ画像を記憶・蔵置させ、国内からのアクセスを可能にした場合に、**国内犯**として本罪の適用があるかが問題となる（☞総論3講⑦-2）。遍在説によると、実行行為の一部が国内で行われていれば、刑法の適用があることになるが、本罪は、「公然陳列」行為があった時に成立するから、それがどこで行われたかが問題である。**判例**は、国内での実行行為を認め、刑法の適用を肯定する（大阪地判平11・3・19判タ1034・283）。

(d) **有償頒布目的わいせつ物所持罪・わいせつ電磁的記録保管罪**　本罪の行為は、有償で頒布する目的で、わいせつ物を所持し、または電磁的記録を保管することである。

本罪の行為は、わいせつ物の「所持」またはわいせつな電磁的記録の「保管」である。「**所持**」とは、わいせつ物を自己の支配下に置くことをいう。「**保管**」とは、わいせつ電磁的記録を記録媒体上で支配し管理することをいう。「頒布」が、無償の交付、すなわち「占有の移転」を意味するから、有償での占有の移転の目的を意味する。所有権の移転である必要はないので、有償の貸与等をも含む。「**有償で頒布する目的**」でなされることが必要である。ここでの目的は、日本国内で販売する目的をいい、国外で販売する目的を含まない（最判昭52・12・22刑集31・7・1176）。

有償頒布（販売）の目的物と所持の目的物とは同一物であることを要すると解すべきである。「販売の目的」の文言が用いられていた時代の判例には、**マスターテープ**を販売する意図はなく、それからダビングしたテープを販売する目的でマスターテープを所持していた場合に、「所持にかかる猥褻（わいせつ）物と販売する猥褻物とが同一物でなくても、猥褻物を複写して複写物を販売する目的で所持するに至れば『販売の目的』及び『所持』がある」と判示したもの（富山地判平2・4・13判時1343・160、東京地判平4・5・12判タ800・272も参照）があるが、不当である。同様に、最高裁は、光磁気ディスクにわいせつ画像データを保存・所持（保管）し、必要に応じてそれをCDに記憶させて販売（有償頒布）用のCDを作成して販売（有償頒布）する目的であった場合、175条の「有償頒布の目的」での所持にあたると判示した（最決平18・5・16刑集60・5・413）。しかし、「電磁的記録」の場合は、記録されたデータそのものが有償頒布と保管の対象なので、両者の同一性は明らかである。

(6)　故　意

わいせつ性の認識が必要である。意味の認識があれば足りる。わいせつ性の認識は未必的なものでよい（東京高判昭27・12・10高刑集5・13・2429）。

4．重婚罪

> 配偶者のある者が重ねて婚姻をしたときは、２年以下の拘禁刑に処する。その相手方となって婚姻をした者も、同様とする（184条）。

本規定の目的は、一夫一婦制の維持であり、民法732条の重婚の禁止を刑罰で担保しようとするものである。したがって、社会生活秩序の維持が目的である。主体は、配偶者のある者およびその相手方となって婚姻をした者である。「婚姻」とは、法律上の婚姻関係を結ぶことをいう。

5．賭(と)博および富くじに関する罪

(1) 総　説

賭博および富くじに関する罪は、偶然の事情により財物の得喪を争う行為を罰するものである。賭博罪（185条）、常習賭博罪（186条１項）、賭博場開張図利罪・博徒結合図利罪（同条２項）および富くじ罪（187条）がある。

本罪の保護法益は、勤労によって財産を取得するという健全な経済的生活秩序を維持することである。判例によると、その目的は、「国民をして怠惰浪費の弊風を生ぜしめ、健康で文化的な社会の基礎を成す勤労の美風」を害し、「国民経済の機能に重大な障害を与える恐れ」を防止すること（最判昭25・11・22刑集4・11・2380）である。しかし、賭博行為は、商品先物取引法、競馬法、自転車競技法などにより公認される場合がある。これらは、公の管理の下で行われており、その限りで、勤労という経済的社会生活環境の保護の例外である。これを考慮すると、公認された以外の賭博行為・富くじ行為などの処罰の目的は、公認された賭博制度に対する公共の信頼の保護であるといってもよい。

(2) 賭博罪

> 賭(と)博をした者は、50万円以下の罰金又は科料に処する。ただし、一時の娯楽に供する物を賭(か)けたにとどまるときは、この限りでない（185条）。

賭博とは、二人以上の者が、金銭その他の財産をかけて、偶然の勝敗を争い、財物の得喪を決めることをいう。二人以上の者が関与することが必要なので必要的共犯の一種である。偶然の勝敗とは、偶然の事情によって財物の得喪の勝敗を決定することをいう。囲碁、将棋、麻雀などのように、当事者

の技能が勝敗の決定に影響する場合であってもよい。当事者の全員にとって偶然の要素が存在することが必要であるから、当事者の一方が、詐欺的手段を用いて勝敗を支配していた場合には、賭博罪は成立せず、詐欺罪が成立するというべきである。ここで「財物」とは、有体物に限らず、「財産上の利益」の一切を含む。賭博には、行為者自身、または、これに代わる者の動作の結果によって勝敗を決める賭け麻雀のような場合と、それと無関係な事情によって勝敗が決まる野球賭博のような場合とがある。前者を、賭事（とじ）といい、後者を博戯（ばくぎ）という。その場で消費する食べ物やたばこなどのように、「一時の娯楽に供する物」を賭けたにとどまるときは、賭博罪は成立しない。金銭は、一時の娯楽に供する物の対価を負担させる金銭である場合を除き、その多寡にかかわらず、これに含まれない。

(3) 常習賭博罪

> 常習として賭博をした者は、3年以下の拘禁刑に処する（186条1項）。

本罪は、賭博をした者が「常習性」を有するときの加重類型である。常習性とは、一定の犯罪、ここでは賭博行為を反復して行う習癖をいう。「常習性」は身分であり、本罪は加減的身分犯である。これが、違法要素か責任要素かについては、争いがあるが、常習性によって、行為者の非難を高めるのであり、可罰的責任要素と解すべきである。行為は、常習性の発現として賭博をすることである。一回限りの行為であっても常習性は認められる。なお、共同して賭博を行ったが、一方は単純賭博、他方は常習賭博であるという場合に、それぞれにどのような共同正犯が成立するかについては、学説が分かれる。また、非常習者が常習賭博者の、あるいは、常習賭博者が非常習賭博者の、賭博行為をそれぞれ教唆・幇助した場合については、65条2項の適用が問題となるが、これについても共犯論によって結論は異なる。行為共同説ないし罪名独立性説（☞総論第12講2－2）によれば、正犯・共犯を問わず、その者の身分に応じた犯罪が成立するというべきである。

(4) 賭博場開張等図利罪

> 賭博場を開張し、又は博徒を結合して利益を図った者は、3月以上5年以下の拘禁刑に処する（186条2項）。

本条は、賭博場開張図利罪（前段）および博徒結合図利罪（後段）を規定する。前段は、賭博罪の教唆・幇助を罰するものであるが、賭博行為を主宰ないし助長して利益を図るもので、法定刑は、1項より重い。賭博場開張図利罪において「賭博場を開張し」とは、主宰者としてその支配下において賭博をさせる場所を開設することをいう。自ら賭博行為をする必要はない。他人が賭博行為を行うことを知って、部屋や場所を提供するだけではこれにあたらず、賭博罪の従犯となる。

後段は、博徒結合図利罪であり、博徒を結合して利益を図る行為を処罰する。博徒とは、常習的または業として賭博を行う者をいう。結合とは、犯人自らが中心となって博徒の間に親分・子分の関係を結び、一定の区域内で賭博を行う便宜を与えることをいう。図利目的を要する。便宜を与えれば既遂であるが、継続犯である。

(5) 富くじ罪

> 富くじを発売した者は、2年以下の拘禁刑又は150万円以下の罰金に処する(187条1項)。富くじ発売の取次ぎをした者は、1年以下の拘禁刑又は100万円以下の罰金に処する(同条2項)。前2項に規定するもののほか、富くじを授受した者は、20万円以下の罰金又は科料に処する(同条3項)。

本罪は、富くじの発売(1項)、取次ぎ(2項)、授受(3項)を罰する。これらの富くじ行為は、賭博行為の一種であって、あらかじめ番号札を発売して購買者から金銭その他の財物を集め、その後、抽選その他の偶然的方法によってその購買者の間に不平等な利益を分配することをいう。賭博と富くじの区別は、賭博の場合、財物の得喪の危険を負担するのが当事者全員であるが、富くじの場合、購買者だけで発売者は負担しないという点にある。「発売」は、多人数に対するくじ札の有償譲渡を意味する。「取次ぎ」とは、発売者と購買者の間の富くじの売買の周旋をいう。「授受」とは、発売・取次ぎ以外の富くじの所有権の移転行為をいう。

6. 礼拝所および墳墓に関する罪

(1) 総　説

保護法益は、公衆の宗教的社会生活環境である。通説・判例の表現によれば、法益は、宗教生活上の善良な風俗(習俗)ないし国民の正常な宗教感情である。個人の集合体である公衆にとってそれぞれの宗教の自由を間接的に保障する意味をもつ。礼拝所不敬罪（188条１項）、説教等妨害罪（同条２項）、墳墓発掘罪（189条）、死体損壊・遺棄罪（190条）、墳墓発掘死体損壊・遺棄罪（191条）、変死者密葬罪（192条）がこの罪に属する。変死者密葬罪は、警察ないし犯罪捜査目的のための行政刑罰法規であり、宗教とは無関係であるが、便宜上ここに置かれている。

(2) 礼拝所不敬罪・説教等妨害罪

> 神祠、仏堂、墓所その他の礼拝所に対し、公然と不敬な行為をした者は、６月以下の拘禁刑又は10万円以下の罰金に処する（188条１項）。説教、礼拝又は葬式を妨害した者は、１年以下の拘禁刑又は10万円以下の罰金に処する（同条２項）。

礼拝所不敬罪の客体は、宗教的な崇敬の的となっている場所である、「神祠、仏堂、墓所その他の礼拝所」である。社務所、寺事務所、庫裡などはこれにあたらない。「墓所」とは、人の遺体・遺骨を埋葬・安置して死者を祭祀し、または祈念する場所をいう。「その他の礼拝所」には、キリスト教、イスラム教などの教会がある。本罪の行為は、公然と不敬な行為をすることである。「公然」とは、不特定または多数人の認識しうる状態を指す。「不敬な行為」とは、礼拝所の尊厳または神聖を害する行為をいう。例えば、墓所への放尿がそうである（東京高判昭27・8・5高刑集5・8・1364）。

説教等妨害罪の客体は、説教、礼拝または葬式である。「説教」とは、宗教上の教義を説く行為をいう。「礼拝」とは、神仏に宗教的崇敬の念を表明する動作をいう。「葬式」とは、死者を弔う儀式をいう。行為は「妨害する」ことであり、説教等の平穏な遂行に支障を与える一切の行為をいう。

(3) 墳墓発掘罪

> 墳墓を発掘した者は、２年以下の拘禁刑に処する（189条）。

客体は、墳墓である。墳墓とは、人の死体、遺骨、遺髪などを埋葬して死者を祀り、礼拝の対象とする場所をいう。古墳のようにすでに礼拝の対象となっていない場所は墳墓には含まれない。行為は、発掘であり、「発掘」の解釈については、覆土除去説と内部露出説とがある。前説からは、墳墓の覆土の全部または一部を除去し、または墓石などを破壊・解体する方法で墳墓を破壊することを意味する（最決昭39・3・11刑集18・3・99）。後説は、墳墓の内部を望見できる程度に露出させることを要するとする。しかし、礼拝の対象である墳墓が不法に掘り起こされれば、「発掘」であり、死体が外部から認識しうる状態を作り出すことを要しないと解すべきである。

(4) 死体損壊等罪

> 死体、遺骨、遺髪又は棺に納めてある物を損壊し、遺棄し、又は領得した者は、3年以下の拘禁刑に処する（190条）。

(a) 保護法益・客体・行為　保護法益は、通説によれば、死者に対する公衆の敬虔（けん）感情である。死者が生前にもっていた人格権の事後効果を保護するものともいえる。「死体」とは、死亡した人の身体である。身体の一部も含み、また、死胎をも含む（死体解剖保存法1条によれば、「死胎」とは、妊娠4月以上で死亡した胎児の死体をいう）。「遺骨」「遺髪」は、祭祀または記念のため保存された死者の骨または頭髪をいう。「棺に納めてある物」とは死体などとともに、棺内に置かれた物をいう。行為は、損壊、遺棄または領得である。「損壊」とは物理的に破壊することをいう。屍姦は、死体を侮辱する行為ではあるが、損壊にはあたらない。「**遺棄**」とは、習俗上認められない方法で放棄することをいう。後述のように、作為による放置と不作為による放置の場合がある。不作為による死体遺棄が肯定された判例として、葬祭義務者である夫が妻子の死体が他人宅の押入れに隠されてあるのを知りつつ、これを放置してその場所から立ち去った事案がある（東京高判昭40・7・19高刑集18・5・506）。人を殺した者が犯跡を隠そうとしてこれを隠匿するのは死体遺棄である。「領得」とは、不法に占有を取得することをいう。

(b) 遺棄概念と作為・不作為　詳論すべきは、「遺棄」概念である。本罪の保護法益は、死者を悼み、適時適切に葬るという宗教風俗上の死者への敬虔感情であり、これを害するおそれのある行為が、本件の「遺棄」である。そこで、宗教感情に反する埋葬、冷遇放置、隠匿などがこれに当たる（東京高判昭56・3・2高刑速昭56・108）。遺棄は、典型的には、死体を行為者の支配領域を離れた場所に作為によって放置・隠匿することをいうが、不作為によって放置する形態もある。不作為による場合には、葬祭義務者が、その支配領域内に放置する場合と、自らが死体を放置して支配領域から立ち去る場合がある。その行為が作為か不作為かは、作為の遺棄でなければ、不作為による遺棄を問うという関係にあるとみるのが妥当であろう。例えば、一軒家の2階で亡くなった父親の遺体に布団を掛けて2日間放置したとき、作為による「隠匿」として遺棄といえるか、父親が死亡したときの状態のまま20年間放置して1階に住み続けたときは、不作為なのかなどが問題となる。

まず、不作為につき問われるべきは、いつまで遺体を放置すれば「遺棄」となるのかである。葬祭義務者は、死亡届を提出すべきであるが、その提出期限は「死亡の事実を知った日から7日以内」である（戸籍法86条1項）。また、墓埋法（墓地、埋葬等に関する法律）3条で、死亡または死産後24時間以内に埋葬等を行うことは禁止されている。これらの期間の制約から、葬祭義務は、原則として「相当の期間内」に履行されればよいのであって、即座に不作為犯が認められるわけではないことが分かる。

判例には、AとBがCに継続的に暴行を加えていたところ、AがBを迎えに行くためにCを後部座席に乗せて車を運転していた最中に、Cが車中で座った状態で死亡した事案がある。AとBは、被告人と連絡をとりながら、死亡の経緯について口裏合わせする時間稼ぎをするために、約1時間、その車でCの死体をそのままの状態で運搬したが、最終的に119番通報した。この運搬行為が遺棄にあたるかについて、裁判所は「宗教風俗上、道義上首肯し得ないような方法による死体の処置であるとはいえない」と判断した（〔1審〕福岡地判令3・1・21 裁ウェブ、〔2審〕福岡高判令3·6·25高刑集73・1・6）。さらに、ベトナムからの技能実習生であった被告人が、死産を隠すために、双子のえい児を段ボール箱に二重に入れ、外から分からないようにしたうえで、回復したら誰にも伝えず自分で埋葬しようなどと考え、1日以上にわたりそれを自室に置き続けた行為が問題となった事案がある。第1審は、本事案が作為か不作為かを区別せず、作為と不作為が併せて死体の遺棄にあたるとした（熊本地判令3・7・20裁ウェブ）。これに対して、第2審では、死体の葬祭義務を負う被告人が、1日と約9時間にわたりそれらの死体の葬祭を行わずに自室内に置いたままにした行為は、「不作為」による死体の「遺棄」にあたらないとし、むしろ、死体を隠匿し、他者がその死体を発見することが困難な状況を作出した「作為」が、「遺棄」にあたるとした（福岡高判令4・1・19判時2528・123）。しかし、「遺棄」とは、他者が発見することが困難な状況を作出するだけでは足りず、行為者の客観的支配から脱することを要する。本件では、死体を段ボール箱に入れて封をし、自室の手の届く範囲に置いているのであるから、客観的に被告人の支配領域とはいえない領域に放棄・隠匿したものではなく、他者が発見することが困難な状況を作出したかどうかも疑問である。また、被告人には埋葬の意思も認められ、本件行為が死者に対する敬虔感情を害するおそれのある行為といえるかどうかも疑わしい。

(c) **既遂時期と時効** 長期間にわたって死体を放置し、あるいはケースなどに入れて何回も移動させた事案における作為ないし不作為による遺棄罪の成否、また、時効の完成があるかどうかも問題になる。判例においては、①死体を、土を詰めたプラスチック製ケース内に埋められた状態で自宅ガレージに放置したが、その後、約4年間にわたり何回も転居しその都度このケースも持ち運んでいたという事案で、その後も、「被告人による死体の葬祭義務は消滅せず、その義務違反行為が続いていたとみるべきであって、不作為による継続的な遺棄行為が行われていたものと認めることができる」としたものがある(大阪地判平29・3・3裁ウェブ)。また、②計約20年ないし約25年にわたり、出産したえい児4名の死体をポリバケツ内でコンクリート詰めにするなどの状態で、まず、文化住宅居室内に、さらに、転居して自宅の押し入れ内に(2年余り)放置した場合について、「4名の死体を葬祭すべき義務は消滅しておらず、その義務に違反する行為として不作為による遺棄が継続していたというべきである」として時効は完成していないとしたものがある(大阪地判平30・7・2裁ウェブ)。ここでは、ケースに入れて放置し、またはポリバケツに入れてコンクリート詰めにしたことで、あるいは保管場所を移転させたことで、作為の遺棄が成立しているかどうか、そして、保管場所の移転によって新たな遺棄が成立するかが問われる。さらに、不作為の遺棄については、死亡から相当な期間を経過しても、作為義務と作為可能性がある限り、不作為による死体遺棄が継続するのかどうかが問われる。時効については、死体遺棄罪の公訴時効は3年であるので(刑訴法250条2項6号)、遺棄の実行行為が終了した時点から起算されるが、上述の判例の事案のように、たとえ作為による遺棄が介在するように見えても、不作為による遺棄が続くとすれば、時効が完成することはないともいえる。

(5) 墳墓発掘死体損壊等罪

> 第189条の罪を犯して、死体、遺骨、遺髪又は棺に納めてある物を損壊し、遺棄し、又は領得した者は、3月以上5年以下の拘禁刑に処する（191条）。

墳墓発掘罪と死体損壊・遺棄罪の結合犯である。不法に墳墓を発掘した者が死体等を損壊、遺棄、領得したとき、成立する。

(6) 変死者密葬罪

> 検視を経ないで変死者を葬った者は、10万円以下の罰金又は科料に処する（192条）。

検視を経ないで変死者を密葬する行為を処罰する。本罪は、警察目的、犯罪捜査目的のための行政取締法規である。判例は、「変死者」とは、不自然な死亡を遂げ、その死因の不明な者をいうとする（大判大9・12・24刑録26・1437）が、より狭く犯罪を死因とする死体、その疑いがある死体および「変死の疑いのある死体」（刑訴法229条）を含む。「検視」とは、死体に対する検証をいう。検視には司法検視と行政検視があるが、ここで、行政検視を含むかどうかについては争いがある。

なお、平成24年には、警察等が取り扱う死体について、調査、検査、解剖その他死因または身元を明らかにするための措置に関し必要な事項を定める「警察等が取り扱う死体の死因又は身元の調査等に関する法律」（法34号）が成立し、平成25年にはその施行令（政令49号）が制定された。

第11講

偽造の罪（1）
―文書偽造の罪―

第11講へのアクセス

【Q1】文書偽造罪における「文書」とは何か。パソコン画面に映し出された契約書を構成する文字列は、文書にあたるだろうか。また、原本と同一の意識内容を保有し、証明文書として社会的機能と信用性を有する文書のコピーも、文書と解することができるだろうか（最判昭51・4・30刑集30・3・453＝百選Ⅱ-88参照）。

【Q2】文書偽造の罪において、形式主義と実質主義とは、何が異なるのだろうか。有形偽造および無形偽造の意味についても調べ、それぞれを処罰する規定について、どのような罪があるか調べてみよう。

【Q3】作成者の概念について、事実説、観念説それぞれの見解を調べてみよう。社長秘書が口述筆記により社長名義の文書を筆記し、別の事務職員が原稿にそってパソコンで入力し、印字した場合、文書の作成者は誰だろうか。

【Q4】弁護士資格を有しない者が、自己と同姓同名の弁護士がいることを利用し、弁護士の肩書を付して文書を作成したとき、文書の名義人と作成者との人格の同一性に齟齬を生じさせたことになるだろうか（最決平5・10・5刑集47・8・7＝百選Ⅱ-95参照）。

【Q5】無免許運転をした者が、警察官の取締りに対し、名義使用の承諾を得た知人の名前を称したうえ、道路交通法違反の交通事件原票中の供述書欄に、その知人の名前を署名した場合、私文書偽造罪は成立するだろうか（最決昭56・4・8刑集35・3・57＝百選Ⅱ-97参照）。

1　文書偽造の罪

文書偽造の罪は、通貨偽造・有価証券偽造・印章偽造の罪とならんで、社会生活における支払・証明・記録等、重要な取引の手段となっているものを権限なく作成し、または事実と反する内容のものを作成し、取引の安全を危うくする罪である。文書偽造の罪は、他の偽造罪にも通じる基本的な概念や構造を示すものである。文書偽造罪における「文書」ないし「偽造」の意義等は、他の偽造罪にとっても基礎となるものである。

1．体系的地位

文書偽造の罪（17章）は、通貨偽造の罪（16章）、有価証券偽造の罪（18章）および印章偽造の罪（19章）とならんで、取引の安全に対する罪に位置づけられる。取引の安全に対する罪は、社会・経済生活上不可欠なさまざまな取引の手段となっている通貨、文書、有価証券、印章および署名の真正に対する公共の信用を侵害する罪であり、**公共の信用に対する罪**とも呼ばれる。

本講では、まず、偽造罪の基本的概念の理解にとって重要な文書偽造の罪を取り扱う。

2．趣　旨

(1)　保護法益

文書は、社会生活において権利義務や事実の証明手段として重要な役割を果たす。そこで、刑法は、文書の信用性を害する行為を禁止し、刑罰によってその実効性を保証する。文書偽造の罪は、文書に対する公共の信用性を保護して、取引の安全を図る目的を有するものである。

(2)　文書の機能

文書は、記録保存機能、証拠機能、保証機能（責任明示機能）の三つの機能をもつ。記録保存機能とは、観念ないし意思の表示を永続的に記録・保全し、いつでも再生しうるようにする機能である。証拠機能とは、文書の観念的内容が、その外部にある事実に対して、一定の証明ないし証拠となるべき機能である。保証機能（責任明示機能）とは、名義人をその意思ないし観念の表示に対する保証人とさせ、責任の所在を明らかにする機能である。

(3) 文書偽造の罪の種類

文書偽造の罪に属するのは、詔書等偽造罪（154条）、公文書偽造罪（155条）、虚偽公文書作成罪（156条）、公正証書原本等不実記載罪（157条）、偽造公文書・虚偽公文書行使罪（158条）、私文書偽造罪（159条）、虚偽診断書等作成罪（160条）、偽造私文書・虚偽診断書等行使罪（161条）、さらに、電磁的記録不正作出・供用罪（161条の２）である。161条の２は、昭和62年に新設された。その際、従来の規定も改正され、客体として「文書」のほかに「電磁的記録」が加えられた（157条・158条）。

客体としての文書は、公文書と私文書が区別され、行為として、文書偽造と虚偽文書の作成が区別されている。さらに、印章・署名の有無によって区別して規定される。

3．形式主義と実質主義

広義の偽造は、狭義の偽造と虚偽文書の作成に分けられる。**狭義の偽造**は、**有形偽造**ともいわれ、作成名義の真実性を偽るものであるのに対して、**虚偽文書の作成**は、**無形偽造**ともいわれ、文書の内容を偽るものである。この有形偽造を処罰する主義を形式主義といい、無形偽造を処罰する主義を実質主義という。**形式主義**によれば、作成権者が、内容虚偽である文書を作成しても処罰されない。**実質主義**によれば、内容が真実であれば、作成権限のない者が作成しても処罰されない。しかし、実際には、この両主義が、併用されている。わが国の刑法は、形式主義を基調としつつ、補充的に実質主義をも併用する立法主義をとる。すなわち、有形偽造については、私文書についても権利義務ないし事実証明に関する文書である限りで広くこれを保護するが、私文書の無形偽造については、医師の診断書等、特定のものに限ってこれを保護する（160条）。

2　文書の意義

> 文書は、ある程度永続する有体物の上に表示され、見ることができ、読むことができなければならない。録音は、読むことができないので、文書ではない。ハードディスクやCDに記録された「電磁的記録」（7条の2参照）は、文書に加えて保護されるようになった。コピーとして証明の手段とされるものが文書なのかについては、争いがある。

1．文書の一般的意義

文書とは、広義においては、文字またはその他の可読的符号を用い、ある程度永続しうる状態において、物体上に記載された意思または観念の表示であり、その表示から名義人を判断することができ、また、その表示内容が、法律上または社会生活上重要な事項について証拠となりうるものをいう。広義における文書のうち、文字その他の発音的符号を用いたものを狭義における文書という。これに対して、象形的符号を用いたものを図画という。

2．物体上の意思・観念の表示

(1)　発音的符号による表示

文書は、文字またはそれに代わる発音的符号を用いて表示されたものである。日本文字のみならず、外国文字でもよく、また、点字、電信符号、速記用符号などによって表示されたものも文書である。発音的符号は、視覚に訴えるものでなければならないから、録音テープ、レコードなどは、文書ではない。

(2)　可読性・理解可能性

符号は、可視性をもち、可読性があることを要する。可読性とは、可視的に一義的な意味を客観的に理解しうるものであることを意味する。したがって、可読性は可視性と理解可能性の二つの要件からなる。符号そのものが可視性をもつ必要があるので、精工な光学的補助器具ないし機械的処理によりはじめて可視性を得るものは文書ではない。**電磁的記録**は、可視性をもたないので、文書ではない。文書に表示される観念または意思は、**客観的に理解**

可能でなければならない。観念または意思の表示が省略されていても、それに一定の意味が付与されていて、客観的に理解しうる場合には、文書である。これを**省略文書**と呼ぶ。郵便受付時刻証明書、郵便局の日付印、物品税表示証紙は、省略公文書であり、銀行の出金票、銀行の支払伝票、印鑑紙、白紙委任状などは省略私文書である。

(3) **永続性・物体性**

文書は、**ある程度永続しうる状態**で物体上に表示されたものであることを要する。永続性の要件については、砂の上に書かれた文字、板の上に水で書かれた文字などは永続性がないから、文書とはいえない。テレビやコンピュータのディスプレーに映し出された文字は、スイッチが切られれば消滅するので、永続性をもたない。

3. 名義人の存在とその表示

文書には、名義人の存在が必要である。名義人とは、文書に表示された文書の作成主体をいう。文書は保証機能をもつ必要があるので、名義人の表示されない、または特定されない文書は、その文書の内容に関する責任を追及できないので、文書偽造罪における文書とはいえない。名義人の氏名が文書上に表示されている必要はない。また、**名義人は実在することを要しない**。したがって、名義人が死亡者・架空人であってもよい（最判昭28・11・13刑集7・11・2096、最判昭36・3・30刑集15・3・667）。虚無人であっても一般的に名義人が実在すると誤信するものであれば文書偽造罪が成立するものとして処罰すべきだからである。

4. 原本性

文書は、ある事項の証拠となるべく、名義人によって作成されたものであることが明らかでなければならないから、草稿や写しではなく、原本であることを要する。人の観念や意思の表示が、確定的に表れたものでなければならないことを**文書の確定性**という。原本のみが文書である。ただし、認証文の付された写しは、認証者、すなわち、写しの作成者が誰であるかを明示しており、名義人が表示された文書である。

コピー機やスキャナーの発達・普及により、複写は、原本の内容をそのまま写し出すものとなった。そこで、社会生活上の広範な領域で、資格証明などのため、原本ではなくコピーの提出が要求されることが少なくなくなった。コピーは、原本の精確な複写であることからそれ自体として証明手段としての社会的機能を果たすようになったのである。このようなコピー機による写しの文書性について、最高裁は、行政書士である被告人が、真正な供託金受領書の写しであるかのような外観を呈する写真コピーを作成した事案において、公文書偽造罪を認めた。「公文書偽造罪の客体となる文書は、これを原本たる公文書そのものに限る根拠はなく、たとえ原本の写しであっても、**原本と同一の意識内容**を保有し、証明文書としてこれと同様の**社会的機能と信用性**を有するものと認められる限り、これに含まれる」（最判昭51・4・30刑集30・3・453＝百選Ⅱ-88）とした（最決昭54・5・30刑集33・4・324、最決昭58・2・25刑集37・1・1、最決昭61・6・27刑集40・4・340）。学説においては、肯定説と否定説に分かれている。

肯定説の中心的な根拠は、精巧なコピーは、原本の内容・形状を機械的に再現するので、**コピーの作成名義人**は、コピーに写し出された**原本の名義人**であるとし、コピーの社会的機能と信用性が原本と同程度であるとする点にある。これに対して、**否定説**の中心的な根拠は、コピーは、誰でも作成することができ、改ざんも自由であるから、むしろ、原本の名義人がコピーを作成したとはいえない場合が多く、コピーの文面から名義人が判然とするわけではないという点である。コピーは、名義人の表示がないものであり、文書とはいえない。否定説が妥当である。

3 偽造の概念

偽造の概念は、有形偽造と無形偽造に分けられる。有形偽造とは、作成権限がないのに文書を作成することであり、作成者と名義人との人格の不一致の場合をいう。無形偽造とは、権限のある者が、内容の虚偽である文書を作成することをいう。それにしても、文書の作成者とは、誰のことをいうのであろうか。例えば、会社の契約書を作った代表取締役は、その契約書の作成者なのだろうか。あるいは会社に契約の効果が発生するのであるから、会社が作成者なのであろうか。名義人とは、文書に表れた作成者だとすると、この場合、それは誰なのか。

1．広義における偽造

偽造の意義については、四つに分類されている。最広義においては、文書偽造の罪における「**偽造**」「**変造**」「**虚偽文書の作成**」「**行使**」をすべて含む概念である。広義における偽造とは、最広義における概念から「行使」を除いたものである。この広義における偽造は、有形偽造と無形偽造に分けられる。変造は、有形変造・無形変造のいずれの場合もありうる。狭義における偽造とは、有形偽造を指す。これに対して、無形偽造は、虚偽文書作成をいう。最狭義における偽造とは、有形偽造から変造を除いたものである。各条文中にいう「偽造」とは、この最狭義の意味において用いられている。

2．狭義における偽造

(1) 有形偽造と無形偽造

有形偽造とは、**作成者と名義人の人格の同一性の不一致**をいう。作成権限のない者が他人の名義を冒用して文書を作成することであると定義されることもある。これに対して、無形偽造ないし虚偽文書の作成とは、名義人が、真実に反する内容の文書を作成することをいう。わが国の刑法は、形式主義を採り、有形偽造を原則的に処罰する。無形偽造の処罰規定としては、公文書については虚偽公文書作成罪（156条）および公正証書原本等不実記載罪（157条）を規定するが、私文書については虚偽診断書等作成罪（160条）のみを規定する。

(2)　名義人と作成者の意義

名義人と作成者の人格が一致する限り、真正文書である。ここで名義人とは、文書から窺われる観念または意思の表示行為主体である。これに対して、作成者とは、自らの判断によって現実にその文書の作成行為をした者である。名義人とは、文書から窺われる作成者なのであるから、まず、作成者の概念を明らかにする必要がある。

作成者の概念の理解については、基本的に、事実説と観念説の二つの見解がある。**事実説（＝行為説）**は、文書の記載行為を行った者、すなわち、文書に観念や意思の起案を事実上書き記した者が作成者であるとする。この説によると、秘書が社長の名義で文書を作成し、別の事務職員が入力・印字する場合、それぞれこれらの者が作成者である。したがって、名義人と作成者の人格が不一致であるから、有形偽造となる。**観念説（＝精神性説**ないし**意思説）**は、作成者とは、文書が観念的に由来する人であるとする。したがって、前例では、社長作成の真正文書となる。

観念説の定義は、不明確である。例えば、消費貸借における貸主が、借主に借用証書の作成を要求した場合、「借用証書の記載をさせた相手方」が作成者とはいえない。そこで、観念説は、作成権限が誰に由来するかを基準とする説、または、法的効果が帰属する主体が作成者であるとする説を採る。前者は、作成権限は、法的に有効に与えられる必要があるので、規範的に権限の由来する者をもって作成者とする（**法的権限説**）。後者は、とくに権利義務に関する文書につき、法的効果が帰属する主体をもって作成者とする（**法的効果帰属主体説**）。学説の中には、これらの見解を、「規範的意思説」と呼んで、「事実的意思説」と対比するものがある。**事実的意思説**は、法的効果と切り離された事実的意思の由来する者を作成者とする見解である。さらに、意思ないし観念の発する主体というより、文書の責任主体を作成者とする**責任主体説**も有力に唱えられている。この見解は、作成者（名義人）とは「文書を作成すること自体に関する責任の主体」であるとする。これらの説は、後に解説する代理人名義の冒用の問題を解決するために、法的効果の帰属主体を名義人としつつ、事実証明に関する文書についての名義人をも考慮した定義を採用するものである。

以上のような作成者と名義人の捉え方は、いずれも難がある。以下のように解するべきである。

(3) 作成行為帰属主体説

作成者の概念は、観念説ではなく、**事実説**を出発点として決定すべきである。「文書の記載行為を行った者」が原則として作成者なのである。この記載行為は、その内容と形式につき自らの判断と裁量にもとづいて行われるべきである。したがって、秘書の口述筆記や、事務職員が原稿にそってタイプするのは、ここでいう「作成行為」ではない。しかし、代理人が本人のために、本人の名義を用いて作成し、自らも、代理人であることを明示した文書の作成者は、明らかに代理人である。この場合、代理人が文書の内容と形式について本人から委任されており、事実上それらを判断して決定するからである。また、弁護人が、本人のために作った訴状の作成者は、明らかに弁護人である。このように自らの判断と裁量によって文書の内容と形式を決定し、当該文書作成行為を行う者が作成者であると考えるべきである。これは、事実説（＝行為説）を出発点としつつ、従来の同説を修正するものであるので、「**修正行為説**」とも呼ぶことができる。

(4) 名義人概念

名義人とは、**文書から窺われる作成者**である。この文書から窺われる作成者と現実の作成者の人格が一致しない場合が「偽造」である。文書上の名義人とは、原則的に文書の作成主体として文書に表示されている者であり、その識別要素としては、「氏名」が最も重要な意味をもつ。しかし、文書上に表示される氏名は、本名であるとは限らず、通称、俗称、芸名、ペンネーム、その他、変名、偽名が用いられることがある。そのような本名以外の名称が、現実の作成者を特定させ、識別させるものであれば、「**名義人と作成者の人格の同一性**」があり、偽造とはいえない。

(a) **通称・俗称・変名・偽名等**　通称・俗称等は、長く使用され定着して通用し、一定の範囲内では、本人を指すことは明らかであるので、当該「文書の目的と流通範囲」が「通称等の通用範囲」を超えない限り、**特定識別機能**をもち、同一性があるというべきである。しかし、判例は、特定識別機能があっても、本名で作成すべき文書があるとする（最判昭59・2・17刑集38・3・336＝百選Ⅱ-94）。この判例によれば、再入国許可申請証は、ことがらの性質上、当然に、本名を用いて作成することが要求されている文書である。しかし、単発的に使用される変名・偽名であっても、その文書の性質と、住所、肩書等から特定識別機能をもち、さらに、関係者が文書に表示された氏名に無関心な場合等には、人格の同一性はある。判例は、偽名を用いて自身の顔写真を添付した履歴書を作成し就職先に提出した事案では、偽造を認めた（最決平11・12・20刑集53・9・1495）。団体名義の文書（国際運転免許証）に関しては、文書上は文書の発給権限のある団体であると窺われるような団体名（国際旅行連盟）であれば、発給権限のない同名の団体（発給権限を有しない国際旅行連盟）が作成した文書については、名義人と作成者の人格の不一致があり、偽造である（最決平15・10・6刑集57・9・987＝百選Ⅱ-96）。なお、外国政府発行の旅券が本名でない名義で発行されていた場合に、入管法にいう「有効な旅券」であるとする判例（東京地判平15・8・25判時1868・157）がある。

(b) 肩書・資格・所属等　文書上の名義人としての氏名に肩書・資格・所属等を付した場合、①氏名のみが表示された名義人なのか、②氏名と肩書等とが相互に補完しあって名義人の表示をなすのか、③氏名には意味がなく、肩書・所属等が重要なのか。この問題も、文書の性質やその流通範囲との関係で定められるべきである。肩書が意味をもたない場合があるとともに、肩書・資格を付することにより、それが「特別の証拠価値」を表示する場合には、氏名を補完して特定識別機能をもつことがある。肩書の方が意味をもち、氏名が意味をもたない場合がある。判例によれば、弁護士資格を有しない者が、同姓同名の弁護士がいることを利用し、弁護士の肩書を付して文書を作成したとき、私文書偽造罪にあたる（最決平5・10・5刑集47・8・7＝百選Ⅱ-95）。

(c)　二重の「名義人」の表示　本人（A）のために代理人（B）が作成した文書で、代理人が自らの氏名を「A代理人B」と表示したいわゆる顕名代理の場合、名義人は、本人であろうか、それとも代理人であろうか。本人とする説が圧倒的多数であるが、少数説には、代理人ないし本人の代理人であるという肩書をもった代理人であるとする説も唱えられている。文書の記載行為を行ったのは、代理人である。したがって、作成行為帰属主体説によると、代理人が名義人である。

(d) **証明文書における知見表示者** **処分文書**(権利義務に関する文書)と**証明文書**(事実証明に関する文書)との違いは、前者が個人の処分しうる意思表示をなす文書であるのに対し、後者は、実際に一定の事実を知見した者が、その「**知見**」を表示する文書であるという点にある。このような知見表示文書の特殊性は、**知見を実際に体験した者の名義においてしか作成できない文書**であるという点である。現実の作成者は、体験者以外の者でありうる。そして、その場合でも真正文書であることはありうる。しかし、実際に知見していない者の名義の文書には、文書のうえから窺われる実際に知見した者である作成人とは別の人格による知見が表示されるので、不真正文書である。**知見表示文書**は、内容の真実性と密接に結びついた文書なのである。したがって、例えば、交通事故を起こしていない者(A)の承諾を得て、その名義で、**交通事故原票の供述欄**に署名した場合(最決昭56・4・8刑集35・3・57＝百選Ⅱ-97)、Aは知見を実際に経験した者ではないので、名義人とはなりえないのであって、この署名は偽造にあたる。また、替え玉受験における試験答案も、入学しようとする者が作成すべき事実証明に関する文書である(最決平6・11・29刑集48・7・453＝百選Ⅱ-89)。

(e) **偽造の方法** 偽造の方法には制限がない。新たに他人名義の文書を作り出す場合でも、既存文書を利用して行われる場合でもよい。

(f) **真正文書の外観の作出** 偽造というためには、偽造された文書が**一般人をして真正の文書と誤認されるに足りる程度の形式・外観を備えていること**を要する。そのような形式・外観を備えているかどうかは、文書の客観的形状のみならず、文書の種類・性質や社会における機能、さらに、そこから想定される文書の行使の形態等を考慮しなければならない。判例には、自己の運転免許証の上に他人の運転免許証の写しの一部を置き、さらに氏名欄の上に別の氏名が書かれた紙片を置き、新たな氏名を作出したうえで、その上からメンディングテープで覆ったものを、イメージ・スキャナーで読み取らせ、遠隔地に設置されたディスプレー上に表示させる形で係員に対し、この文書が真正に作成されたものであるかのように装って行使した事案につき、偽造を認めたもの（大阪地判平8・7・8判タ960・293＝百選Ⅱ-90）がある。

3．代理人名義の冒用

代理権・代表権を有しない者が、他人の代理資格・代表資格を冒用して文書を作成した場合、文書上には本人名義と代理人・代表者名義との両者が表示される。そこで、「甲代理人乙」「A代表者B」などと表示された文書の名義人は、本人であるのか、代理人・代表者であるのかが問題となる。この文書が本人名義の文書であるとすると、名義人と作成者の人格の同一性がないから、これは不真正文書である。これが代理人・代表者名義の文書であるとすると、名義人と作成者の人格が一致するようにみえるので、真正文書でありうることになる。代理人名義の冒用に関しては、基本的に、有形偽造説と無形偽造説に分かれる。

(1)　有形偽造説

通説・判例は、代理人の表示のある文書の名義人は本人であるとし、代理権限のない者が、権限なく他人名義を冒用するのは、有形偽造であるとする（最決昭45・9・4刑集24・10・1319＝百選Ⅱ-93）。**法効果帰属説**（**規範的意思説**）によれば、その根拠は、法律効果が代理・代表される本人に帰属する形式の文書であり、社会の一般人は、代理人・代表者個人の文書であることに信頼を抱くのではなく、その文書が被代理者・被代表者本人の意思を表示したものである点を信用するものだからである。また、いわゆる**事実的意思説**も、本人の意思表示にもとづいて作成された形式の文書であることを理由に、本人を名義人とする。本説によると、代理権の有効・無効は、誰が名義人かという問題と無関係だからである。そのほかに、代理人・代表者の氏名の表示は、代理資格・代表資格の表示と一体をなして一つの作成名義となっているとして、代理・代表権限のない者が、それがあるかのように表示した場合には、他人名義の冒用にほかならないとする見解が唱えられている。代理人の氏名の表示は代理資格と一体をなしており、「A代理人B」という一つの作成名義を形成しているとする。代理権がないにもかかわらず、そのように表示した場合には、他人名義を冒用したのであり、有形偽造となるとするのである。

(2) 無形偽造説

代理・代表資格を冒用した文書の名義人は、代理人・代表者であり、代理・代表資格を偽った点に内容の虚偽が存在するにすぎないから、無形偽造であるが、刑法典上、私文書の無形偽造が処罰されていないのは不都合であり、これを避けるため、無形偽造であっても、行使の目的で生活取引において不正な証拠となるべき文書を作成する限り、文書偽造であるとする。本説は、わが国の刑法が実質主義を採っているとし、無形偽造については、155条3項（公文書）、159条3項（私文書）を適用すべきだとする。しかし、わが国の刑法は形式主義を基調としており、155条3項ないし159条3項は、無印有形偽造に関する規定である。

(3) 本書の立場

作成行為帰属主体説によれば、代理名義の冒用の場合、文書上に代理人の氏名の表示があるから、その文書の作成行為を行ったのは、本人ではなく文書上から窺われる作成者が**代理人**であることは明らかである。したがって、名義人は、代理人である。しかし、その文書の社会的信用性は、代理人が、真の代理人であるという点にある。つまり、「甲代理人」という肩書をもった「乙」が名義人なのであり、作成者が、それをもたない無権代理の「乙」であるのだから、人格の同一性はなく、有形偽造となるのである。

4．他人名義の使用の承諾

他人に自己名義の文書の作成権限を認める場合につき、四つの類型に分けることができる。第1に、裁量権を認めず、機械的な文書作成のみを委託した場合には、作成者と名義人は人格上一致する。第2に、上司名義の文書の作成が、一定の範囲内で包括的・制度的に部下に委任されている場合にも、その与えられた権限の範囲内で、名義人と作成者とは人格上一致する。第3に、自己の名義における法律行為を、裁量権を与えて代理させた場合（**匿名代理**）、例えば、甲から作成権限を授権された乙は現実の作成者であるが、代理人乙の氏名は文書上に表示されず、名義人は甲である。したがって、有形偽造である。しかし、名義人甲が承諾しているので、処分文書においては、法律効果は甲に帰属するのであり、また、第三者に損害は発生せず、文書の保証機能が危殆化されるわけでもなく、公共の信用が害される危険はない。したがって、構成要件該当性が否定される。第4に、名義人がたんに名義の使用を承諾した場合、すなわち、本人のための代理権を授与したのではなく、他人に事実上自己名義の使用を承諾したにすぎない場合には、処分文書と証明文書とで原則的に異なる。処分文書については、本人が、名義使用の承諾から生じる法律効果を引き受けるとき、概念上有形偽造ではあるが、匿名代理と同様に、危険性がないことを理由に構成要件該当性を否定しうる。証明文書については、承諾は意味がないから、知見表示者名義の文書でない限り、偽造である。

4　変造・虚偽文書作成・行使の意義

文書の変造にも、有形変造と無形変造がある。有形偽造と有形変造の区別は、権限のない者が、文書の本質的部分に変更を加えるか、あるいは、非本質的部分に変更を加えるのか、いずれによって新たな証明力を作り出すかによる。無形偽造と無形変造の区別も、作成権限を有する名義人自身が自己名義の真正文書の本質的部分に改変を加えるか、非本質的部分に改変を加えるかによる。「行使」とは，偽造・変造にかかる文書を、情を知らない他人に認識させ、または認識可能な状態に置くことをいう。

1．変造の概念

変造の意義は、二つに大別できる。第1に、有形偽造の一種としての変造であり、これを**有形変造**（狭義における変造）といい、第2に、虚偽文書の作成の一種としての変造であり、これを**無形変造**という。有形変造は、**権限のない者**が、真正な他人名義の**文書の非本質的部分に変更を加え、新たな証明力を作り出すこと**を意味する。これに対して、無形変造は、作成権限を有する**名義人自身**が自己名義の**真正文書の非本質的部分に改変を加えること**をいう。無形変造の処罰は、156条においてのみ規定されている。

すでに成立した他人名義の真正文書の非本質的部分に改変を加えるのでなければならない。**本質的部分**に変更を加えて新たな証明力を作り出せば、変造ではなく、偽造である。例えば、特定人に交付された自動車運転免許証に貼付してある写真を、他人の写真と貼り替え、生年月日の数字を改ざんしたときは、まったく別個の新たな免許証を作成したのであり、偽造である（最決昭35・1・12刑集14・1・9）。結局、**変造と偽造の区別**は、従来の文書と同一性を保持するか、まったく新たな文書を作成したかによる。公文書の内容に改ざんを加えたうえでそのコピーを作成した場合、それが変造の程度にとどまるものであったとしても、原本とは別個の文書を新たに作成したのであるから、公文書偽造罪にあたるというのが判例である（最決昭61・6・27刑集40・4・340）。

2．虚偽文書の作成の概念

虚偽文書の作成（無形偽造）とは、名義人ないし作成権限を付与された者が、真実に反する内容の文書を作成することをいう。形式主義を採用するわが国の刑法は、虚偽文書の作成の処罰を、私文書については、医師の診断書等一定のものに限定している（160条）。公文書については、内容の真実性が、文書に対する信頼の重要な要素であるから保護されるべきである（156条・157条）が、私文書については、原則として作成名義の真正が保護されれば足り、内容の真実性は、私人の処分の範囲内のことがらであるとみなされたのである。

代理権・代表権を有しない者が、本人名義の私文書を作成すれば、有形偽造であるが、それらを有する者が、匿名代理によって本人名義の文書を作成した場合も、一応、有形偽造の概念にあてはまる。しかし、名義人の承諾があるので、文書の信用性に危険を生じず、構成要件該当性を阻却されるのであって、私文書の虚偽作成であるがゆえに不可罰なのではない（通説反対）。与えられた作成権限内でその権限を濫用した場合には、虚偽文書の作成であって、有形偽造とはならない（最決昭33・4・11刑集12・5・886）。

「**虚偽**」とは、文書の記載内容と事実の不一致であるから、生じた事実を文書の内容として採用しないという不作為によっても生じる。「虚偽」文書の作成とされるには、一般人をして内容の真実な文書と誤信させる程度のものであればよい。

3．行使の概念

「行使」とは、偽造文書を真正なものとして使用し、または虚偽文書を内容の真実なものとして使用することをいう。「使用する」とは、相手方に呈示・交付・送付すること、あるいは一定の場所に備えつけることによってその内容を閲覧に供することを意味する。行使とは、**他人に認識させ、または認識可能な状態に置くこと**を意味する（最大判昭44・6・18刑集23・7・950＝百選Ⅱ-99）。認識しうる状態に達すれば既遂であり、相手方が現実にその文書の内容を認識したかどうかを問わない。

行使の相手方は、必ずしも当該文書に利害関係をもつ者でなくてもよいが、利害関係を有する者の認識可能性が生ずるものでなければならない。例えば、偽造犯人が偽造文書をわが子である幼児に見せても行使とはいえない。相手方は、**情を知らないこと**を要する。したがって、共犯者に呈示しても行使ではない。行使は、文書をその本来の用法に従って使用する場合に限らない。

4．行使の目的

文書偽造、虚偽文書の作成は、「行使の目的」で行われることが必要である。**行使の目的**とは、他人に偽造文書・虚偽文書を真正・真実な文書と誤信させようとする目的をいう。

5　偽造の罪の諸類型

偽造の罪は、その客体が詔勅等か、公文書か私文書か、公正証書や免状かどうか、あるいは、印章・署名を使用するか否かによって、犯罪類型が異なる。虚偽私文書の作成（160条）については、医師の診断書等以外は処罰されえないことに注意すべきである。電磁的記録を不正に作出する行為ないし不正に作られた一定の電磁的記録を供用する行為も処罰される（161条の２）。

1．詔書等偽造罪

> 行使の目的で、御璽、国璽若しくは御名を使用して詔書その他の文書を偽造し、又は偽造した御璽、国璽若しくは御名を使用して詔書その他の文書を偽造した者は、無期又は3年以上の拘禁刑に処する（154条1項）。
> 御璽若しくは国璽を押し又は御名を署した詔書その他の文書を変造した者も、前項と同様とする（同条2項）。

天皇の公文書の偽造・変造をとくに重く処罰する規定である。偽造罪（1項）と変造罪（2項）に分けて規定されている。御璽（ぎょじ）とは天皇の印章、国璽（こくじ）とは日本国の印章、御名とは天皇の署名をいう。詔書とは、天皇が一定の国璽に関する意思表示を公示する文書であって、詔書の形式がとられるものをいう。「その他の文書」とは、詔書以外の天皇の名義の公文書をいう。

2．公文書偽造罪

> 行使の目的で、公務所若しくは公務員の印章若しくは署名を使用して公務所若しくは公務員の作成すべき文書若しくは図画を偽造し、又は偽造した公務所若しくは公務員の印章若しくは署名を使用して公務所若しくは公務員の作成すべき文書若しくは図画を偽造した者は、1年以上10年以下の拘禁刑に処する（155条1項）。
> 公務所又は公務員が押印し又は署名した文書又は図画を変造した者も、前項と同様とする（同条2項）。
> 前2項に規定するもののほか、公務所若しくは公務員の作成すべき文書若しくは図画を偽造し、又は公務所若しくは公務員が作成した文書若しくは図画を変造した者は、3年以下の拘禁刑又は20万円以下の罰金に処する（同条3項）。

(1) 意　義

公文書の偽造・変造を処罰する。有印公文書偽造罪（155条1項）、有印公文書変造罪（同条2項）、無印公文書偽造・変造罪（同条3項）に分けて規定されている。

(2) 有印公文書偽造罪・有印公文書変造罪

本罪の主体に限定はない。公務員でも作成権限をもたない文書を作成し（最判昭25・2・28刑集4・2・268）、公務所または公務員名義の文書を作成すれば、本罪にあたる。上司である他の公務員の作成を補助する公務員については、権限を委譲されている場合や作成権者が決裁している場合を除いて原則として作成権限をもたない。

本罪の客体は、公務所または公務員の作成すべき文書（公文書）もしくは図画（公図画）である。公務所とは、「官公庁その他公務員が職務を行う所」をいう（7条2項）。公務員とは、「国又は地方公共団体の職員その他法令により公務に従事する議員、委員その他の職員をいう」（7条1項）。「委員」とは、法令により一定の公務を委任された非常勤の職員をいう。各種審議会の委員、労働委員会委員、教育委員会委員がそうである。公務所・公務員が、その名義で、**作成権限の範囲内**で、所定の形式に従って作成すべき文書・図画であることを要する（最決昭38・12・27刑集17・12・2595）。図画とは、象形的符号により記載された一定の思想ないし観念を表示したものをいう。

本罪の行為は、1項の「偽造」と2項の「変造」に分かれる。

(a)　**1項**　行使の目的で、①公務所・公務員の印章・署名を使用して、公務所・公務員の作成すべき文書・図画を偽造すること、または、②偽造した公務所・公務員の印章・署名を使用して、公務所・公務員の作成すべき文書・図画を偽造することである。「**公務所・公務員の印章**」とは、公務所・公務員の人格を表章するために、物体上に顕出された文字または符号の影蹟、すなわち印影をいう。「**署名**」とは、自署に限るか、たんなる記名（印刷等による名称の表記）をも含むかについては学説に対立がある。印章・署名は、いずれか一方が使用されれば足りる。印章・署名の「**使用**」とは、真正の印顆（印形）を不正に押捺し、または、正当に物体上に顕出された印章・署名を不正に使用することをいう。「**偽造**」とは、作成権限のない者が公文書・公図画を作成することである（☞3－2）。

(b)　**2項**　公務所・公務員が捺印しまたは署名した文書・図画を変造する行為も罰せられる。「**変造**」とは、真正に成立した他人名義の文書の非本質的部分に権限なく変更を加えることをいう。行使の目的が必要である。

(3)　無印公文書偽造罪・無印公文書変造罪

行使の目的で、公務所・公務員が印章・署名を使用しないで作成すべき文書・図画を偽造し、または作成した文書・図画を変造することが行為の内容である。

3．虚偽公文書作成罪

> 公務員が、その職務に関し、行使の目的で、虚偽の文書若しくは図画を作成し、又

は文書若しくは図画を変造したときは、印章又は署名の有無により区別して、前2条（154条・155条）の例による（156条）。

(1) 意義・要件

公務員の虚偽文書作成を罰する。印章または署名の有無により、虚偽有印公文書作成罪と虚偽無印公文書作成罪とに分けられる。

本罪は身分犯であり、その主体は、当該文書を**作成する権限を有する公務員**である必要がある（最決昭29・4・15刑集8・4・508）。補助公務員に作成権限が与えられている場合もその主体となる（最判昭51・5・6刑集30・4・591＝百選Ⅱ-91）。**補助公務員**が、作成権者の決裁を受けることなく文書を作成した場合には、公文書偽造罪であり、本罪にはあたらない（前掲最判昭25・2・28）。

本罪の行為は、行使の目的で、内容虚偽の公文書・公図画を作成すること（無形偽造）および真正の公文書・公図画を変造すること（無形変造）である。行為の方法は、「印章・署名の有無により区別」され、さらに客体は、天皇の公文書（天皇文書）（154条）と公文書（155条）とに分れる。

(2) 本罪の間接正犯

本罪が、単独正犯としては、公務員のみが主体となりうる真正身分犯であることから、非公務員または作成権限のない公務員が、情を知らない、作成権者である公務員を利用して本罪を犯すことができるかについて、争いがある。後述の公正証書等原本不実記載罪（157条）は、まさにこのような場合の一種について規定するものである。すなわち、157条は、公務員に対し「虚偽の申立て」という一定の手段によって、公正証書等（の一定の客体）の虚偽作成（不実記載）を行わしめる行為に対し、156条の虚偽公文書作成罪よりも軽い法定刑を定めているが、このような規定があるにもかかわらず、これとは別に、156条の間接正犯が認められるかが問題である。これについては、間接正犯の成立を肯定するものと、否定するものとがある。

157条は、本罪の間接正犯的な場合を独立の構成要件として規定するのであるが、これに含まれない場合でも、いやしくも公文書の公的信用性を害する行為については、私人によるものであろうと、補助公務員によるものであろう（最判昭32・10・4刑集11・10・2464＝百選Ⅱ-92）と、一般に、本罪の間接正犯を認めるべきものとするが、157条に該当するときは法条競合により157条の罪だけが成立するものとするのが**通説・判例**である。これに対して、**否定説**は、非公務員またはその文書について作成権限を有しない公務員は、身分犯である本罪の実行行為をなしえず、また、157条は、本罪の間接正犯的な場合を一定の限度でとくに法定刑を軽くして処罰するものであるから、本罪の間接正犯的形態を不可罰と解するのが刑法の趣旨に合致するものとする。

4．公正証書原本不実記載等罪

> 公務員に対し虚偽の申立てをして、登記簿、戸籍簿その他の権利若しくは義務に関する公正証書の原本に不実の記載をさせ、又は権利若しくは義務に関する公正証書の原本として用いられる電磁的記録に不実の記録をさせた者は、５年以下の拘禁刑又は50万円以下の罰金に処する（157条１項）。
> 公務員に対し虚偽の申立てをして、免状、鑑札又は旅券に不実の記載をさせた者は、１年以下の拘禁刑又は20万円以下の罰金に処する（同条２項）。
> 前２項の罪の未遂は、罰する（同条３項）。

(1)　意　義

１項は、公正証書原本不実記載罪、２項は、免状等不実記載罪と呼ばれる。本罪は、いずれも公務員を利用する虚偽公文書作成の一種である。情を知らない公務員を利用するので、間接正犯的な無形偽造の場合を罰するものであるといってよい。

(2)　公正証書原本不実記載罪

１項の客体は、登記簿、戸籍簿等の権利・義務に関する公正証書の原本または権利・義務に関する公正証書の原本として用いられる電磁的記録である。権利義務に関する公正証書とは、公務員がその職務上作成する文書であって、権利義務に関する一定の事実を証明する効力を有するものをいう（最判昭36・3・30刑集15・3・605）。「権利若しくは義務に関する公正証書の原本として用いられる電磁的記録」も、本罪の客体である。それは、公務員がその職務上作るべき公正証書の原本に相当する電磁的記録である。

本罪の行為は、公務員に対して虚偽の申立てをし、権利・義務に関する公正証書の原本に不実の記載をさせ、または権利・義務に関する公正証書の原本たるべき電磁的記録に不実の記録をさせることである。

(3)　免状等不実記載罪

本罪は、公務員に虚偽の申立てをして、免状、鑑札、または旅券に不実の記載をさせることを内容とする犯罪である。「**免状**」とは、一定の人に対して一定の行為を行う権利を付与する公務所または公務員の証明書をいう。「**鑑札**」とは公務所の許可・登録があったことを証明するものであって、公務所が作成して交付し、その交付を受けた者がこれを備え付け、または携帯することを要するものをいう。「**旅券**」とは、外務大臣または領事官が、外国に渡航する人に対して国籍・渡航目的等を証明し、かつ、旅行に必要な保護等を関係官に要請する旨を記した文書であって、旅券法にもとづいて発給されるものをいう（旅券法２条以下）。本罪の行為は、公務員に対して虚偽の申立てをして、免状等に不実の記載をさせることである。

5．偽造公文書・虚偽公文書行使罪

> 第154条から前条（157条）までの文書若しくは図画を行使し、又は前条第１項の電磁的記録を公正証書の原本としての用に供した者は、その文書若しくは図画を偽造し、若しくは変造し、虚偽の文書若しくは図画を作成し、又は不実の記載若しくは記録をさせた者と同一の刑に処する（158条１項）。前項の罪の未遂は、罰する（同条２項）。

①詔書等偽造罪、公文書偽造罪、虚偽公文書作成罪、公正証書原本不実記載等罪の文書・図画を行使し、または、②公正証書原本不実記載等罪（157条１項）の電磁的記録を公正証書の原本としての用に供する行為を、それぞれ処罰する規定である。

本罪の行為は、①については「**行使**」することであり、②については、「**供用**」することである。行使とは、文書等を名義の真正なものないし内容の真実なものとして他人に認識させ、または認識しうる状態に置くことをいい、不実公正証書原本等行使罪については、一般公衆が閲覧できる状態に置くことをいう。自動車を運転する際に偽造した運転免許証を携帯していただけでは、いまだ行使とはいえない（最大判昭44・6・18刑集23・7・950＝百選Ⅱ－99）。「公正証書の原本としての用に供」する（＝供用）とは、電磁的記録を公務所に備えて、利害関係人の申立てにより一定の権利・義務に関して公証をなしうる状態に置くことをいう。

公文書を偽造して行使したとき、公文書偽造罪と本罪との牽連犯である。

6．私文書偽造罪・私文書変造罪

> 行使の目的で、他人の印章若しくは署名を使用して権利、義務若しくは事実証明に関する文書若しくは図画を偽造し、又は偽造した他人の印章若しくは署名を使用して権利、義務若しくは事実証明に関する文書若しくは図画を偽造した者は、３月以上５年以下の拘禁刑に処する（159条１項）。他人が押印し又は署名した権利、義務又は事実証明に関する文書又は図画を変造した者も、前項と同様とする（同条２項）。前２項に規定するもののほか、権利、義務又は事実証明に関する文書又は図画を偽造し、又は変造した者は、１年以下の拘禁刑又は10万円以下の罰金に処する（同条３項）。

私文書につき、公文書とは別に、その半分以下の軽い法定刑を定めた規定である。有印私文書偽造・変造罪、無印私文書偽造・変造罪に分類される。

(1)　有印私文書偽造罪

本罪は、印章もしくは署名を用いて私文書を偽造することを内容とする犯罪である。

本罪の客体は、他人の権利・義務・事実証明に関する文書・図画である。**権利・義務に関する文書**とは、権利・義務の発生・存続・変更・消滅の効果を生じさせることを目的とする意思表示を内容とする文書および権利・義務の存否を証明する文書をいう。**事実証明に関する文書**とは、判例によれば、実社会生活に交渉を有する事項を証明するに足りる文書である。

本罪の行為は、行使の目的で、①他人の印章・署名を使用して、権利・義務・事実証明に関する文書・図画を偽造すること、または、②偽造した他人の印章・署名を使用して、権利・義務・事実証明に関する文書・図画を偽造することである。

(2)　有印私文書変造罪

本罪は、他人が押印し、または署名した権利・義務または事実証明に関する文書または図画を変造することを内容とする犯罪である。変造は、行使の目的でなされなければならない。

(3)　無印私文書偽造・変造罪

「前２項に規定するもののほか」とは、他人の印章または署名のないことを意味する。すなわち、印章・署名のどちらか一方でもあれば、前２項によることになる。偽造・変造は、行使の目的で行われる必要がある。

7．虚偽診断書等作成罪

> 医師が公務所に提出すべき診断書、検案書又は死亡証書に虚偽の記載をしたときは、3年以下の拘禁刑又は30万円以下の罰金に処する（160条）。

虚偽私文書作成を罰する規定である。本罪は、身分犯であり、主体は、医師（医師法2条）である。客体は、公務所に提出すべき診断書・検案書・死亡証書である。「診断書」とは、医師が診断の結果に関する判断を表示して人の健康状態を証明するために作成する文書をいい、「検案書」とは、死体につき死亡の事実、死因、死期、死所等を医学的に確認する文書をいう。「死亡証書」とは、生前から診察していた医師が、死亡の事実を確認する文書をいう。「**虚偽の記載**」とは、真実に反する記載および自らの医学的判断に反する記載をいう。

8．偽造私文書・虚偽診断書等行使罪

> 前2条の文書又は図画を行使した者は、その文書若しくは図画を偽造し、若しくは変造し、又は虚偽の記載をした者と同一の刑に処する（161条1項）。前項の未遂は、罰する（同条2項）。

偽造・変造された私文書・私図画、医師が虚偽の記載をした公務所に提出すべき診断書・検案書・死亡証書の行使を罰する規定である。本罪の客体たる私文書等は、行使の目的をもって偽造・変造・虚偽記載されたものであることを要しない。その行使は、公務所に提出することによる。

9．電磁的記録不正作出罪

> 人の事務処理を誤らせる目的で、その事務処理の用に供する権利、義務又は事実証明に関する電磁的記録を不正に作った者は、5年以下の拘禁刑又は50万円以下の罰金に処する（161条の2第1項）。前項の罪が公務所又は公務員により作られるべき電磁的記録に係るときは、10年以下の拘禁刑又は100万円以下の罰金に処する（同条2項）。

(1) 意　義

本罪は、電磁的記録の不正な作出を処罰する規定である。電子的情報処理システムの発達により、社会的に重要な事項の証明に、電磁的記録が用いられることが多くなり、その社会的信用をも保護する必要が出てきた。本罪は、電磁的記録の証明機能の保護と電磁的記録に対する公共の信用の保護を

図るものである。私電磁的記録不正作出罪（161条の2第1項）と公電磁的記録不正作出罪（同条2項）とに分けられ、後者を加重処罰している。

(2)　私電磁的記録不正作出罪

人の事務処理の用に供する権利・義務または事実の証明に関する電磁的記録を不正に作出する行為を罰する規定である。電磁的記録とは、①電子的方式、磁気的方式、その他人の知覚をもって認識できない方式によって作られ、②電子計算機による情報処理の用に供されるものをいう（7条の2）。「人の事務処理」における「事務」とは、財産上、身分上その他人の社会生活に影響を及ぼしうる性質の仕事をいう。「権利、義務又は事実証明に関する」電磁的記録であることを要する。本罪の行為は、電磁的記録を不正に作ることである。「不正に作った」とは、電磁的記録作出権限者の意図に反して権限なく電磁的記録を作出することをいう。電磁的記録作出権者とは、コンピュータ・システムを設置・管理し、それによって一定の事務処理を行おうとしている者をいう。「人の事務処理を誤らせる目的」を要求するので、本罪は目的犯である。

(3)　公電磁的記録不正作出罪

客体が、「公務所又は公務員により作られるべき電磁的記録」である場合には加重処罰される。

10.　不正作出電磁的記録供用罪

> 不正に作られた権利、義務又は事実証明に関する電磁的記録を、第1項の目的で、人の事務処理の用に供した者は、その電磁的記録を不正に作った者と同一の刑に処する（161条の2第3項）。前項の未遂は、罰する（同条4項）。

不正に作出された権利・義務または事実証明に関する電磁的記録を、「人の事務処理を誤らせる目的」（161条の2第1項の目的）で、「人の事務処理の用に供」する行為を処罰する。これには、不正作出公電磁的記録供用罪と不正作出私電磁的記録供用罪の二つの態様がある。

本罪の客体は、**不正に作出された権利・義務または事実証明に関する電磁的記録**である。「事務処理の用に供」するとは、不正に作出された電磁的記録を電子計算機において事務処理のために使用しうる状態に置くことをいう。「**供用**」は、「行使」が人に対するものであるのに対して、電子計算機に使用されて人の事務処理に用いられることをいう。本罪は、**目的犯**であり、「人の事務処理を誤らせる目的」が必要である。未遂罪は、処罰される。供用行為の開始によって未遂となる。

第12講

偽造の罪（2）
—通貨・有価証券・印章の偽造・支払用カードの不正作出—

第12講へのアクセス

【Q1】通貨偽造罪の保護法益と構成要件は何だろうか。偽造、変造、模造の違いについても調べてみよう。

【Q2】支払用カード電磁的記録に関する罪の客体および行為にはどのようなものがあるだろうか。偽造キャッシュカードを調達し、コンビニのATMで多額の現金を引き出した場合、何罪が成立するだろうか。

【Q3】印章偽造の罪における「印章」とは何を意味するのだろうか。「印影」に限るのか、「印顆」も含むのかについて考えてみよう。また、同罪における署名は、「自署」に限られるのだろうか、「記名」も含まれるのだろうか。

【Q4】不正指令電磁的記録保管罪の客体および行為について調べてみよう。インターネット上のウェブサイトの運営者が、そのサイトの収入源として仮想通貨を得る仕組みを導入するために、サイトの閲覧者の同意を得ることなく、プログラムコードをサーバコンピュータに保管した行為は、同罪の「保管」にあたるだろうか（最判令4・1・20刑集76・1・1参照）。

1　通貨偽造の罪

経済取引において、支払手段として用いられる通貨・有価証券・印章の偽造ならびに支払用カードの不正作出も、取引の安全に対する罪であり、偽造罪の一種である。第18章の２の「支払用カード電磁的記録に関する罪」は、平成13年の立法によって新設された。また、平成23年には、第19章の２に「不正指令電磁的記録に関する罪」が新設された。

1．総　説

通貨偽造の罪（16章）の保護法益は、通貨に対する公共の信用とそれによる取引の安全であり、社会的法益に対する罪に属する。第２次的に国家の通貨発行権も保護法益であるのかについては学説上争いがあり、判例にもこれを肯定するもの（最判昭22・12・17刑集１・94）もあるが、否定すべきである。外国通貨や有価証券のような支払・決済手段と同様に、取引の安全を保護法益と解すれば足りる。

2．通貨偽造罪

> 行使の目的で、通用する貨幣、紙幣又は銀行券を偽造し、又は変造した者は、無期又は3年以上の拘禁刑に処する（148条１項）。未遂は、罰する（151条）。

本罪の意義は、行使の目的で通貨を偽造または変造する行為を処罰する点にある。抽象的危険犯である。偽造または変造の程度に至らなかったときは、未遂である。

本罪の客体は、通用するわが国の通貨、すなわち、貨幣・紙幣・銀行券である。「通用する」とは、強制通用力があることをいう。貨幣とは、政府が発行する通貨を意味し、銀行券とは、政府の認許により特定銀行が発行する貨幣代用証券をいう。上述の意味の貨幣には、金属貨幣と紙幣がある。貨幣とは、狭義では、強制通用力をもった金属貨幣をいう。これに対して、「紙幣」とは、政府その他の発行権者によって発行される貨幣代用証券をいう（旧臨時通貨法５条以下）。昭和62年に「通貨の単位及び貨幣の発行等に関する法律」（＝通貨法・昭62法42）が制定され、紙幣に関する規定がなくなったため、硬貨たる貨幣および日本銀行券のみが通貨となった。

本罪の行為は、行使の目的で、「偽造」し、または「変造」することである。**偽造**とは、通貨の製造・発行権をもたない者が、一般人に真貨と誤信させるような外観のものを作り出すことをいう。偽造の程度に至らないが、真貨と紛らわしい外観を呈するものを作り出すことは「**模造**」である（通貨及証券模造取締法1条・2条）。偽貨に相当する真貨の存在が必要かについては学説が分かれるが、一般人に真貨と誤認させるようなものを作出すればよいから、真貨の存在は不要と解すべきである（通説）。**変造**とは、通貨の製造・発行権をもたない者が、真貨に加工して真貨に類似する外観を有するものを作出することをいう。一般人に真貨と誤認させる程度の外観を有するものでなければならない。真貨に加工して得られたものが、以前の真貨と同一性を欠くに至ったときは、変造ではなく、偽造である。

行使の目的とは、偽造・変造したものを、本来の用法に従って真正な通貨として流通に置く目的をいう。行使の目的は、他人に行使させる目的でもよい。

3．偽造通貨行使罪

> 偽造又は変造の貨幣、紙幣又は銀行券を行使し、又は行使の目的で人に交付し、若しくは輸入した者も、前項と同様とする（148条2項）。未遂は、罰する（151条）。

本罪の客体は、偽造・変造の貨幣、紙幣または銀行券である。行使の目的で作られたものでなくても、また、自らが偽造・変造したものでなくてもよい。

本罪の行為は、①行使すること、または、行使の目的で、②人に交付し、もしくは③輸入することである。「**行使**」とは、偽造・変造の通貨（偽貨）を真貨として流通に置くことをいう。「**流通に置く**」とは、客体を自己以外の者の占有に移転し、不特定多数の者の手に渡る危険のある状態に置くことをいう。公衆電話機や自動販売機に偽貨を投入して使用することも行使にあたる（通説）。例えば、たばこの自動販売機に偽造硬貨を投入する行為は偽造通貨行使罪にあたる（東京高判昭53・3・22刑月10・3・217）。しかし、人が見れば一見して明らかに偽貨であることが分かるが、自動販売機には識別不可能なものを投入した場合には、行使ではない。

行使の相手方は、偽貨であるとの情を知らない者でなければならない。情を明かして、あるいは情を知った者に偽貨を引き渡すのは、「**交付**」である。情を知らない使者に物品を購入させるため、偽貨を手渡した場合については、学説上、①行使にあたるとする説、②行使の間接正犯であるとする説、および③交付と解する説が対立している。使者に手渡しただけではいまだ流通に置かれていないから、行使ではなく、使者は情を知らないから交付でもない。第２説が妥当である。行使罪は、偽貨を流通に置いた時点で既遂となる。

「**交付**」とは、偽貨であるという情を明かして、または、偽貨であることを知っている相手方に手渡すことをいう。交付は、有償・無償を問わない。行使の目的で交付することを要する。通貨偽造の共同正犯間で偽貨を分配するのは、偽造通貨交付罪にはあたらない。

「**輸入**」とは、偽貨を国外から国内に搬入することをいう。行使の目的が必要である。輸入が既遂となるには、陸揚げないし荷降ろしできる状態に達したことを要するとする**陸揚げ説**と、領海・領空内に搬入すれば足りるとする**領海説**が対立しているが、陸揚げ説が妥当である（通説）。

4．外国通貨偽造罪

> 行使の目的で、日本国内に流通している外国の貨幣、紙幣又は銀行券を偽造し、又は変造した者は、２年以上の有期拘禁刑に処する（149条１項）。未遂は、罰する（151条）。

「日本国内に流通している」とは、日本国内で事実上使用されていることをいう。合法的に流通するものであることを要する。「外国の」とは、外国政府またはその承認した機関において製造発行されたものの意味である。

5．偽造外国通貨行使罪

> 偽造又は変造の外国の貨幣、紙幣又は銀行券を行使し、又は行使の目的で人に交付し、若しくは輸入した者も、前項と同様とする（149条２項）。未遂は、罰する（151条）。

「行使」し、行使の目的をもって「交付」もしくは「輸入」する行為が処罰される。偽造の外国通貨を邦貨と両替するのも、行使にあたる（最決昭32・4・25刑集11・4・1480）。

6．偽造通貨収得罪

> 行使の目的で、偽造又は変造の貨幣、紙幣又は銀行券を収得した者は、3年以下の拘禁刑に処する（150条）。未遂は、罰する（151条）。

本罪の客体は、偽造または変造の貨幣、紙幣または銀行券である。外国の通貨も含む（通説）。本罪の行為は、行使の目的で、収得することである。「**収得**」とは、自己の占有に移すことをいう。有償・無償、原因の如何を問わない。横領は、自己の占有に移すのではないから、収得ではないとするのが通説である。情を知らずに偽貨を預かった者が、後にそれに気づいて横領したときも、収得にはあたらない。行使の目的が必要である（目的犯）。

7．偽造通貨収得後知情行使・交付罪

> 貨幣、紙幣又は銀行券を収得した後に、それが偽造又は変造のものであることを知って、これを行使し、又は行使の目的で人に交付した者は、その額面価格の3倍以下の罰金又は科料に処する。ただし、2千円以下にすることはできない（152条）。

本罪の趣旨は、偽造通貨を収得した後に、偽造通貨であると認識して、行使・交付した場合、類型的ないし定型的に適法行為の期待可能性が減少するから、収得のときに偽造通貨であることを認識していた場合よりも、とくに軽く処罰するところにある。

本罪の行為は、偽造・変造の通貨であることの認識なく収得した後に、偽造・変造の通貨であることを知って、行使し、または行使の目的で交付することである。「収得」が適法なものに限られるかについては、争いがある。違法な収得者には、もともと事後の適法行為は期待できず、また、違法な収得による功利的な計算の必然的な結果として行使するにすぎず、誘惑に負けて行使した場合と異なり可罰的責任は減少しないから、適法に収得した場合に限ると解すべきである。

8．通貨偽造準備罪

> 貨幣、紙幣又は銀行券の偽造又は変造の用に供する目的で、器械又は原料を準備した者は、3月以上5年以下の拘禁刑に処する（153条）。

本罪の趣旨は、通貨偽造・変造罪の予備にあたる行為のうち、器械または原料を準備する行為のみを処罰する点にある。本罪は、①器械・原料の準備行為（自己予備的形態）を独立罪としたものとする見解があるが、通説は、②通貨偽造罪の従犯としての器械・原料の準備行為（他人予備的形態＝幇助的形態）をも含むものと解する。「器械」とは、偽造・変造の用に供しうる一切の器械を指称する。偽造・変造に直接必要なものに限らない。鋳造機、印刷機、写真機、複写機などがその例である。「原料」とは、地金、用紙、インク等を指す。

本罪の行為は、貨幣、紙幣、銀行券の偽造・変造の用に供する目的で、器械または原料を準備することである。「**準備する**」とは、器械・原料を用意し、偽造の目的を遂行しうる状態に置くことをいう。器械・原料を買い入れ、製作するなどの行為がそれである。

「偽造または変造の用に供する目的」が必要である（目的犯）。それに加えて、偽貨を行使する目的が必要かどうかについては争いがある。必要説が通説である。

2　有価証券偽造の罪

> 有価証券は、通貨とならぶ重要な支払手段であり、その公共の信用は保護されなければならない。刑法では、有価証券の概念は、私法上の概念よりも広く用いられている。有価証券偽造の罪の犯罪類型についても、文書偽造の罪と同様の概念的区別が行われている。

1．総　説

有価証券偽造の罪（18章）の保護法益は、有価証券に対する公共の信用である。有価証券も、支払手段として重要な役割を担うからである。この罪に含まれる犯罪類型として、有価証券偽造罪（162条1項）、有価証券虚偽記入罪（同条2項）、偽造有価証券行使罪（163条1項）、および同未遂罪（同条2項）

がある。

2. 有価証券偽造罪・有価証券変造罪

> 行使の目的で、公債証書、官庁の証券、会社の株券その他の有価証券を偽造し、又は変造した者は、3月以上10年以下の拘禁刑に処する(162条1項)。

(1) 有価証券の意義

公債証書、官庁の証券、会社の株券は、有価証券の例示である。有価証券とは、財産上の権利が証券に表示され、その表示された権利の行使につきその証券の占有を必要とするものをいう。その表示する財産権は、債権であると、物権であると、その他の権利であるとを問わない。有価証券の多くは、流通性を有するが、鉄道乗車券、勝馬投票券などのように流通性を欠くものでも有価証券とされるものがある。

「**公債証書**」とは、国または公共団体の債務を証明するために、国または公共団体が発行した証券である(国債、地方債)。「**官庁の証券**」とは、官庁の名義で発行される有価証券をいう。財務省証券などがある。「**会社の株券**」とは、株式会社の発行した株主としての地位を表示する有価証券である。「**その他の有価証券**」としては、手形、小切手などのように私法上有価証券とされるもののほか、鉄道乗車券、電車定期乗車券、宝くじ、勝馬投票券、競輪の車券、クーポン券、ゴルフクラブの会員証、パチンコ店の発行する景品交換に応ずる玉数を記した紙片などがある。しかし、郵便貯金通帳、信用組合の出資証券、ゴルフクラブの入会保証金預託書については、判例上、有価証券性が否定されている。契約証書、手荷物預り証、下足札、印紙、郵便切手も有価証券ではない。

(2) 行 為

行使の目的で有価証券を「偽造」「変造」することである。「**偽造**」とは、作成権限のない者が他人名義の有価証券を作成することをいう。一般人をして真正の有価証券であると誤信させるに足りる外観を備えることが必要である。作成権限を逸脱する場合は、有価証券偽造が成立するが、権限を濫用するにすぎない場合には、偽造ではなく、背任罪の成立が問題となる。有価証券の一般的作成権限を有する者が、その**権限の範囲を超えて**、有価証券を作成する場合には、偽造となる。例えば、会社の取締役は、一般的に包括的な有価証券の作成権限が与えられていることがあるが、その場合でも、その権限外の目的での有価証券の発行は、偽造になる。包括的権限を有する者の一般的作成権限に、目的、限度、方式等の制限が付されているときに、これに違反してなされた作成行為は、偽造を構成するかにつき、最高裁は、漁業共同組合の参事が、形式上支配人としての地位を有し、手形作成に起案者・補佐役として関与していたが、組合長名義で振り出す約束手形の作成権限は、すべて専務理事に属することになっており、専務理事の承認を得ないで融通手形を作成した事案につき、たんに「手形作成権限の行使方法について内部的制約があったというにとどまるものではなく、実質的には同人に右手形の作成権限そのものがなかったものとみるべきである」として、有価証券偽造罪の成立を認めた（最決昭43・6・25刑集22・6・490＝百選Ⅱ−98）。

原則として、偽造される有価証券には作成名義人の表示が必要である。しかし、一般人が真正に成立した有価証券であると誤信するに足りる程度の外観を備えていれば必ずしも発行名義人の記載は必要でない。架空人名義でもよいかについて、大審院の判例は、名義人の実在することを必要としていた（大判明43・11・18刑録16・2022）が、最高裁は、架空人名義の有価証券であっても偽造罪が成立するものとした。最高裁の立場が妥当である。

「**変造**」とは、権限なく、真正かつ有効な有価証券の記載内容を変更することをいう。例えば、他人振出名義の小切手の振出日付を変更する行為、ないし金額欄の金額数字を改ざんする行為がそうである。有効な有価証券の記載内容に変更を加えることが必要である。「行使の目的」が必要である（目的犯）。行使の目的とは、真正の有価証券として使用する目的をいう。必ずしも流通輾転させる目的であることを要しない。

3．有価証券虚偽記入罪

> 行使の目的で、有価証券に虚偽の記入をした者も、前項と同様とする（162条2項）。

有価証券は、必ずしも、私法上有効なものであることを要せず、一般人が真正な有価証券と誤信するに足りる程度の外観・形式を備えるものであればよい。

本罪の行為は、「虚偽の記入」をすることである。虚偽の記入の意義をめぐっては、判例と通説が対立する。判例によれば、**虚偽記入**とは、有価証券に真実に反する記載をする一切の場合をいう。その際、自己の名義を用いてすると、他人の名義を冒用してするとを問わない。ただし、他人名義を偽る場合については、有価証券の発行または振出のような**基本的証券行為**に関して名義を偽った場合には、「偽造」となるから、虚偽記入にあたるのは、裏書、引受、保証、その他の**付随的証券行為**に関するものに限られる。これに対して、通説は、虚偽記入とは、文書偽造罪における虚偽文書の作成に相応するものであって、作成権限を有する者が、有価証券に真実に反する記載をすることをいい、基本的証券行為に関するものでも、付随的証券行為に関するものでもよいとする。有形偽造と虚偽記入（無形偽造）の区別は、有価証券偽造の罪についても、他人名義を偽るか、内容の真実性を偽るかによって行うのが理論的に明快であり、概念的混乱を避ける意味で望ましい。通説が妥当である。

「行使の目的」を必要とする（目的犯）。その有価証券を流通輾転させる目的があったことを要しない。

4．偽造有価証券行使罪

> 偽造若しくは変造の有価証券又は虚偽の記入がある有価証券を行使し、又は行使の目的で人に交付し、若しくは輸入した者は、３月以上10年以下の拘禁刑に処する（163条１項）。前項の罪の未遂は、罰する（同条２項）。

本罪の客体は、偽造・変造の有価証券または虚偽の記入がある有価証券である。本罪の行為は、①行使すること、または、行使の目的で、②人に交付し、もしくは③輸入することである。「**行使**」とは、偽造・変造の有価証券を、真正な有価証券として、または虚偽記入のある有価証券を内容の真実な有価証券として使用することをいう。流通に置くことを要しない。行使の態様は問わない。他人に手渡し、呈示するほか、事務所などに備え付けて利害関係人の閲覧に供するのも行使である。他人の認識しうる状態に置いたとき既遂となる。「**交付**」とは、情を知らない他人に対して情を明かした上で偽造・変造・虚偽記入の有価証券を引き渡すことをいう。共犯者間の授受は交付とはならない。「**輸入**」とは、偽造・変造・虚偽記入の有価証券を国外から日本国内に搬入することをいう。「交付」および「輸入」は、「行使の目的」をもって行われなければならない。

3　支払用カード電磁的記録に関する罪

クレジットカードやプリペイドカードないしICカードは、近時、支払手段としてますます頻繁に用いられるようになっているが、その不正作出や不正使用が大きな財産上の被害を惹き起こしている。そのような支払用カードに対する公共の信用の保護は、緊急の課題であった。そこで、第18章の２に社会的法益に対する罪として付け加えられたのが、支払用カード電磁的記録に関する罪である。その犯罪類型の特徴と要件の理解が重要である。

1．総　説

平成13年に、刑法典の第18章の２に「支払用カード電磁的記録に関する罪」が新設され、刑法163条の２から163条の５までが加えられた。その目的は、支払システムに対する公共の信用を保護するため、電磁的記録であるクレジットカードその他の支払用カードの不正作出、供用、譲渡し、貸渡し、輸入、所持、不正作出の準備等を処罰することである。支払用カードを構成する電磁的記録の真正の保護が本罪の目的であり、保護法益は支払システムに対する公共の信用である。

2．支払用カード電磁的記録不正作出・供用・譲渡し等の罪

人の財産上の事務処理を誤らせる目的で、その事務処理の用に供する電磁的記録であって、クレジットカードその他の代金又は料金の支払用のカードを構成するものを不正に作った者は、10年以下の拘禁刑又は100万円以下の罰金に処する。預貯金の引出用のカードを構成する電磁的記録を不正に作った者も、同様とする（163条の２第１項)。不正に作られた前項の電磁的記録を、同項の目的で、人の財産上の事務処理の用に供した者も、同項と同様とする（同条２項)。不正に作られた第１項の電磁的記録をその構成部分とするカードを、同項の目的で、譲り渡し、貸し渡し、又は輸入した者も、同項と同様とする（同条３項)。未遂は、罰する（163条の5)。

(1) 意 義

本罪の保護法益は、支払用カードを構成している電磁的記録の真正、ひいては、これらの**支払用カードを用いた支払システムに対する公共の信用**である。本罪は偽造罪の一種である。

(2) 要 件

1項前段にいう電磁的記録を構成部分とする「**代金又は料金の支払用のカード**」とは、商品の購入、役務の提供等の取引の対価を現金で支払うことに代えて所定の支払システムにより支払うために用いるカードをいう。クレジットカード、プリペイドカード等がこれに属する。テレホンカードの磁気部分の不正作出は、有価証券偽造罪ではなく、本罪にあたることになった。後段にいう「**預貯金の引出用のカード**」とは、郵便局または銀行等の金融機関が発行する預金または貯金にかかるキャッシュカードをいう。デビットカードは、支払用カードの一種であるが、即時振替決済機能をもつので、むしろ後段のキャッシュカードに含まれる。

本罪の行為は、①支払用カード電磁的記録の不正作出（1項)、②不正電磁的記録カードの供用（2項)、③不正電磁的記録カードの譲渡し、貸渡し、輸入（3項）である。これらの行為は、「人の財産上の事務処理を誤らせる目的」で行われることが必要であり、目的犯である。**人の財産上の事務処理を誤らせる目的**とは、不正に作られた電磁的記録が用いられることにより、他人の財産上の事務処理を誤らせる目的をいう。

不正作出（1項）とは、権限なくまたは権限を濫用して支払システムにおいて供用可能な支払用カードの電磁的記録を作出することをいう。「カードを構成する」電磁的記録とは、カードに組み込まれた磁気ストライプやICチップに記録された電磁的記録をいう。

供用（2項）とは、不正に作出された支払用カードの電磁的記録を人の財産上の事務処理の用に供することをいう。161条の2第3項の不正作出電磁的記録供用罪の特則である。用に供すべき事務処理は「財産上」のものに限られる。テレホンカードを電話機に対して使用すること、キャッシュカード、デビットカードなどをCD機、ATM機ないしデビットカード端末機に対して使用することなどがその例である。

譲渡し・貸渡し・輸入（3項）は、人に対する引渡し行為および輸入を禁止する。引渡しは、「譲渡し」、「貸渡し」に分けられる。**譲渡し**とは、カードの処分権を引渡しの相手方に移転することをいう。**貸渡し**とは、処分権の付与を伴わず、カードの使用のみを相手方に許可することをいう。相手方が、カードの電磁的記録が不正に作出されたものであることを知っているかどうかを問わない。**輸入**とは、不正作出のカードを日本国内に持ち込むことをいう。

譲渡し・貸渡しの罪については、その相手方である譲受け・借受け行為者が処罰の対象とされていない。**対向犯**の必要的共犯の相手方が正犯として処罰されていないから、譲渡し・貸渡しの罪の共犯としても不可罰である。

3．不正電磁的記録カード所持罪

> 前条（163条の2）第1項の目的で、同条第3項のカードを所持した者は、5年以下の拘禁刑又は50万円以下の罰金に処する（163条の3）。

「人の財産上の事務処理を誤らせる目的」で、不正に作出された支払用カードを構成する「電磁的記録をその構成部分とするカード」（不正電磁的記録カード）を所持する行為を罰する。その際、このようなカードについては、反復使用が可能であるためその所持による法益侵害の危険性がとくに高いこと、電磁的記録は不正に作られたものであっても、真正なものとまったく同内容のものができるので、事務の用に供された段階で不正を発見し、犯人を検挙することが極めて困難であることなどが考慮された。

本罪の行為は、人の財産上の事務処理を誤らせる目的で不正電磁的記録カードを所持することである。**所持**とは、実力支配のもとに置くことを意味する。

4．支払用カード電磁的記録不正作出準備罪

> 第163条の2第1項の犯罪行為の用に供する目的で、同項の電磁的記録の情報を取得した者は、3年以下の拘禁刑又は50万円以下の罰金に処する。情を知って、その情報を提供した者も、同様とする（163条の4第1項）。不正に取得された第163条の2第1項の電磁的記録の情報を、前項の目的で保管した者も、同項と同様とする（同条2項）。第1項の目的で、器械又は原料を準備した者も、同項と同様とする（同条3

項)。本条第1項の未遂は、罰する(163条の5)。

支払用カード電磁的記録不正作出罪の予備的な行為のうち、カード情報と器械・原料を準備する行為を、実行に不可欠で、とくに重要なものとして処罰するのが、本罪の意義である。本条1項・2項は、カード情報の取得、提供、保管を処罰する。

「**電磁的記録の情報**」とは、支払決済システムにおける情報処理の対象となるひとまとまりの情報をいう。真正なカードの情報と同一のものであることを要する。

本罪の行為は、上述のカード情報の取得・提供(1項)、保管(2項)および器械・原料の準備(3項)である。「**取得**」とは、支払用カードを構成する電磁的記録の情報をカードから複写するなどして自己の支配下に移すことをいう。クレジットカードの加盟店の信用照会端末にスキマーを装着し、信用照会の際、読み取られたカード情報がチップに蓄積するようにしてカード情報を不正に取得する行為(スキミング)がその例である。「**提供**」とは、カード情報を事実上相手方が利用できる状態に置く行為をいう。カード情報が記録されたフロッピーディスクを相手方に交付する行為等がそれである。「**保管**」とは、カード情報を自己の実力支配内に置いておくこと、すなわち、カード情報をスキマーやハードディスクに保存することを意味する。

3項は、支払用カード電磁的記録不正作出器械原料準備罪であるが、予備的行為のうちとくに**器械・原料の準備**を処罰するものである。「準備」には、器械・原料の購入・製作などがあたる。器械とは、支払用カードの不正作出にとって必要な一切の器械をいう。「原料」とは、カード原板、印刷用の材料などをいう。

支払用カード電磁的記録に関する罪の**罪数**については、不正作出罪と供用罪、譲渡し、貸渡しとは、牽連犯となる。また、不正アクセス禁止法が規定する「不正アクセス行為」(3条、11条)を手段として不正作出を行った場合、判例は、犯罪の通常の形態として手段または結果の関係にはないとして、牽連犯であることを否定し、両罪の併合罪とする(最決平19・8・8刑集61・5・576)が、牽連犯であると解すべきである。不正作出罪と準備罪とは、準備罪が不正作出罪に吸収され、一罪となる。

4　印章偽造の罪

印章・署名とは、人の同一性を証明するために用いられる物体上に表示された文字または符号である。それは、経済取引において人の同一性を証明するために用いられるのであるから、それに対する公共の信用が取引の安全の基礎である。印章・署名は、文書に付随して用いられるとともに、独立しても用いられるので、独立してその保護を図る必要がある。

1．総　説

印章偽造の罪（19章）の保護法益は、**印章・署名の真正に対する公共の信用**である。これには、御璽等偽造罪（164条1項）、御璽等不正使用罪（同条2項）、公印等偽造罪（165条1項）、公印等不正使用罪（同条2項）、公記号偽造罪（166条1項）、公記号不正使用罪（同条2項）、私印等偽造罪（167条1項）、私印等不正使用罪（同条2項）、各不正使用罪の未遂罪（168条）が含まれる。

印章・署名は、取引において、**人の同一性を証明する**ために用いられることが多い。そこで、印章・署名の真正に対する社会の信用を保護して、法律上の取引の安全を図ることが必要となる。印章・署名は、文書等と独立に用いられることも少なくない。したがって、文書等とは独立にその真正に対する社会の信用が保護される必要がある。

文書偽造罪・有価証券偽造罪が既遂となるならば、印章・署名の偽造は、それらに吸収され、独立の犯罪を構成することはないから、印章・署名の偽造は、それらの罪が未遂にとどまった場合に意義をもつ。**抽象的危険犯**である。

2．印章・署名の意義

(1)　印章の概念

印章とは、人の人格を表示してその同一性を証明するために用いられる物体上に顕出させられた文字または符号をいう。「**印影**」とは、人の同一性を証明するために物体上に顕出させられた文字または符号の影蹟をいう。「**印顆**」とは、印影を作成する手段としての文字または符号を刻した物体（印形）

をいう。

学説には、ここでいう印章とは、印影に限るという説のほか、印顆をも含むとする説もある。判例は、後説をとる。しかし、前説が妥当である。その**根拠**は、①署名と並ぶのは、印影であること、②人の同一性を証明するのは印顆ではなく、印影であること、③印顆の偽造は、印影の偽造の予備行為にすぎず、印影を保護すれば印章の公共的信用を保護することになること、④「使用」とは、印影の使用を意味することである。

省略文書と**印章**とは、どのように区別されるのか。意思・観念を表示するのが文書であり、印章とは、人格の同一性を表示するものである。したがって、それが、意思・観念を表示するものか、人格の同一性を表示するものかによって区別される。**郵便局の日付印**が文書か印章かどうかについては、学説・判例が分かれているが、日付印は、たんに、郵便局の人格の同一性を表示するにすぎないものではなく、受領の日時を証明し、金員受領の意思表示をなす省略文書と解すべきである。

当該の人格の同一性の証明が**法律上または取引上意味をもつもの**でなければ、印章の偽造・不正使用によって公共信用が害される危険があるとはいえない。そこで、名所・旧蹟・観光施設などの記念スタンプは、人格の同一性の証明のためのものではなく、印章とはいえない。

印章は、公印と私印とに区別される。**公印**とは、公務所・公務員の印章をいう（165条）。**私印**とは、私人の印章をいう（167条）。御璽（ぎょじ）・国璽（こくじ）（164条）も公印の一種である。印章の概念は、広義におけるそれと狭義におけるそれとに分けられる。狭義における印章は、記号とともに広義における印章に含まれる。**記号**の意義については争いがあるが、主体の同一性を証明する影蹟が印章、一定事実を記録するための影蹟が記号であると解すべきである（☞4-6）。記号についても、公記号と私記号があるが、刑法は、公務所の記号たる公記号のみの偽造・不正使用などを罰している（166条）。私人の記号である私記号については処罰規定を設けていない。署名とは、自己を表象する文字をもって氏名その他の呼称を表記したものをいう。商号、略号、屋号、雅号も署名である。

署名は、主体自らが記載する「**自署**」に限るか、ゴム印・印刷等によるたんなる「記名」をも含むかについて、通説・判例は、**記名**をも含むと解している。署名と省略文書との区別も問題になる。署名の下に「書」「画」などの文字を加えた場合も、「書」、「画」ないし「写」の文字が、その表示された物体と相まって意思ないし観念を表示したものであれば、省略文書である。

署名についても、公務員の行う「公署名」(165条) と私人の行う「私署名」(167条) に分けられる。

(2)　偽造・不正使用・使用

本章の行為は、①行使の目的での印章等の「偽造」、②印章等の「不正使用」および③偽造された印章等の「使用」である。「**偽造**」とは、作成権限なくして他人の印鑑の印影、署名、公務所の記号を物体上に顕出することをいう。「**不正使用**」とは、権限なくして、あるいは権限を踰越して他人に対して使用することをいう。たんに印影を物体上に顕出させるだけでは、印章の使用があったとはいえない。印影を他人の閲覧しうる状態に置くことが必要である。「**使用**」とは、真正でない印章・署名を、その用法に従って、真正なものとして他人に示すことをいう。

3．御璽（ぎょじ）偽造および不正使用等罪

> 行使の目的で、御璽、国璽又は御名を偽造した者は、２年以上の有期拘禁刑に処する（164条１項）。御璽、国璽若しくは御名を不正に使用し、又は偽造した御璽、国璽若しくは御名を使用した者も、前項と同様とする（同条２項）。本条２項の罪の未遂は罰する（168条）。

公印偽造罪、公印等不正使用罪の特別罪である。

4．公印等偽造罪

> 行使の目的で、公務所又は公務員の印章又は署名を偽造した者は、3月以上5年以下の拘禁刑に処する（165条1項）。

本罪の客体は、公務所・公務員の印章・署名である。「公務所又は公務員の印章」とは、公務上使用される印章をいい、職印、私印、認印を問わない。公務員の「署名」とは、公務員がその身分を明示して行った署名をいう。公務所の「署名」とは、公務所の記名をいう。

本罪の行為は、印章・署名を行使の目的をもって偽造することである（目的犯）。**印章の偽造**とは、権限なくして、真正でない印影を物体上に表示することをいう。**署名の偽造**とは、権限なくして他人の署名を物体上に記載することをいう。印影を物体上に顕出したときに**既遂**となる。

5．公印等不正使用等罪

> 公務所若しくは公務員の印章若しくは署名を不正に使用し、又は偽造した公務所若しくは公務員の印章若しくは署名を使用した者も、前項と同様とする（165条2項）。未遂は、罰する（168条）。

「使用」の客体は、公務所・公務員の印章・署名、または偽造した公務所・公務員の印章・署名である。使用した者自身によって偽造されたものであると、他人が偽造したものであるとを問わず、また、行使の目的で偽造されたものであるとを問わない。

本罪の行為は、印章・署名を「**不正に使用し**」、偽造した印章・署名を「**使用**」することである。「不正に」とは、権限のない者が使用し、または権限のある者が権限を超えて使用することである。偽造した印章・署名の「使用」とは、偽造の印章・署名を、その用法に従い真正なものとして他人に使用することである。

6．公記号偽造罪

> 行使の目的で、公務所の記号を偽造した者は、3年以下の拘禁刑に処する（166条1項）。

公務所の記号のみが客体であり、私記号は含まない。公記号は、狭義の印章に比べて、重要性が低いので、法定刑も軽くされている。

記号と**狭義の印章**の区別基準については、①押捺される客体が、文書の場合の影蹟が印章であるが、文書以外の場合が記号であるとする**使用目的物標準説**（押捺物体標準説）と、②人の同一性を表示する影蹟が印章、それ以外の事項を表示する影蹟が記号であるとする**証明目的標準説**（表示内容標準説）が対立しているが、後説が通説である。主体の同一性の証明に対する社会の信頼の方が、それ以外の事項の証明に対する場合よりも重要であり、重い刑を科せられているのである。それによれば、一定事実を記録するための影蹟、例えば、極印、検印、訂正印などは、記号である。

本罪の行為は、行使の目的で偽造することである（目的犯）。「偽造」とは、権限なくして、公務所の記号の影蹟を物体上に顕出させることをいう。

7．公記号不正使用等罪

> 公務所の記号を不正に使用し、又は偽造した公務所の記号を使用した者も、前項と同様とする（166条２項）。未遂は、罰する（168条）。

不正に使用するとは、権限なくして真正の記号を物体上に表示し、他人が閲覧しうる状態に置くこと、および、真正の記号が表示されている物体を権限なくして利用または処分することをいう。偽造した記号を「使用」するとは、それを正当に押捺されたものとして他人の閲覧しうる状態に置くことをいう。

8．私印等偽造罪

> 行使の目的で、他人の印章又は署名を偽造した者は、３年以下の拘禁刑に処する（167条１項）。

本罪の客体は、「他人の」印章・署名である。公務所・公務員以外の他人を指す。本罪における「印章」には「記号」も含むか。狭義の印章のみを指すと解するのが通説であり、妥当である。私記号に対する公の信用は低く刑法上の保護を要しないから、除かれているのである。

本罪の行為は、「偽造」である。実在人の署名と誤認されるおそれがある場合には、**実在しない人の署名**を作出するのは署名の偽造にあたる。行使の目的が必要である（目的犯）。

9．私印等不正使用等罪

> 他人の印章若しくは署名を不正に使用し、又は偽造した印章若しくは署名を使用した者も、前項と同様とする（167条２項）。未遂は、罰する（168条）。

本罪の客体は、私人の印章・署名である。

5 不正指令電磁的記録に関する罪

1．立法趣旨と意義

「不正指令電磁的記録に関する罪」（19章の2）は、平成23年の刑法改正によって新設された。改正法は、平成13年に署名され、平成16年に国会において承認された「サイバー犯罪条約」を担保する国内法として平成23年に公布・施行された（平23法74号）。世界的なコンピュータ・ネットワークの形成により、コンピュータ・ウィルスによる攻撃やネットワークの悪用による犯罪の多発に対抗する必要性が高まっていたのに対応したものである。本章の罪は、情報処理プログラムへの信頼の侵害に対処するため、不正なプログラムの作成・提供・供用・取得または保管の各段階の行為を処罰しようとするものであり、第19章「印章偽造の罪」の後に、社会的法益に関する罪の一つとして位置づけられている。不正指令電磁的記録作成等罪（168条の2）と不正指令電磁的記録取得等罪（168条の3）の二つの類型がある。

2．不正指令電磁的記録作成等罪

> 正当な理由がないのに、人の電子計算機における実行の用に供する目的で、次に掲げる電磁的記録その他の記録を作成し、又は提供した者は、3年以下の拘禁刑又は50万円以下の罰金に処する。
> 1．人が電子計算機を使用するに際してその意図に沿うべき動作をさせず、又はその意図に反する動作をさせるべき不正な指令を与える電磁的記録
> 2．前号に掲げるもののほか、同号の不正な指令を記述した電磁的記録その他の記録（168条の2第1項）。
> 正当な理由がないのに、前項第1号に掲げる電磁的記録を人の電子計算機における実行の用に供した者も、同項と同様とする（同条2項）。
> 前項の罪の未遂は、罰する（同条3項）。

(1) 趣　旨

コンピュータ・ウィルスは、自己伝染機能・潜伏機能・発病機能をもち、これを仕掛けられると、知らないうちにデータを流出させ、情報が改ざんされ、インターネットバンキング等に用いるIDやパスワードが盗まれるなどの大きな被害につながる危険がある。そこで、本罪は、コンピュータ・ウィルスを用いたサイバー攻撃などによるコンピュータ・システムに対する社会

の信頼を危険に陥れる行為を、抽象的危険犯として処罰する。本罪の行為は、不正な指令を与える電磁的記録などの「作成」または「提供」である。「正当な理由がない」ことが要件であり、「人の電子計算機における実行の用に供する目的」を必要とする目的犯である。

(2)　客　体

本罪の客体は、1号および2号に掲げる「電磁的記録」「その他の記録」である。1号の客体は、「人が電子計算機を使用するに際してその意図に沿うべき動作をさせず、又はその意図に反する動作をさせるべき不正な指令を与える電磁的記録」であり、2号の客体は、1号の「不正な指令を記述した電磁的記録その他の記録」である。すなわち、「不正な指令を与える電磁的記録」（1号）か「不正な指令を記述した電磁的記録その他の記録」（2号）かは、「不正指令電磁的記録」そのものか、それとも不正な指令を「記述した」電磁的記録、または「その他の記録」かで区別されている。1号の電磁的記録は、ワームやトロイの木馬などのコンピュータ・ウィルスなどを仕込んだ電磁的記録を意味する。これに対して、2号にいう「不正な指令を記述した電磁的記録」とは、プログラムのソースコードが記録された電磁的記録をいう。ソースコードとは、プログラミング言語で書かれた指令であり、その指令を実行するためには、機械語によるプログラムに変換される必要があるものである。「その他の記録」とは、そのソースコードが電磁的記録以外の媒体、例えば紙媒体等に記録されているものをいう。「意図に沿うべき動作」にいう「意図」とは、当該プログラムの機能の内容や、機能に関する説明内容、使用方法などを考慮して、一般に認識される「意図」をいい、個々の使用者の実際の認識をいうのではない。プログラムによる指令が「不正」かどうかは、その機能が社会的に許容されるものかどうかによる。「意図に反する」かどうかと「不正な」とは完全に重複するものではない。例えば、ソフトウェア会社が、ユーザーに無断で修正プログラムをインストールした場合「意図には反する」が「不正」ではない。

(3)　行　為

1項の行為は、「作成」と「提供」である。「**作成**」とは、不正電磁的記録等を新たに記録媒体上に存在するようにすることを意味する。「**提供**」とは、不正指令電磁的記録等であることを知ったうえで、自己の支配下に移そうとする者に対し、これをその支配下に移して事実上利用しうる状態に置くことを意味する。これらの行為には、「人の電子計算機における実行の用に供する目的」が必要であり、目的犯である。「人」とは犯人以外の者をいい、「電子計算機」とは自動的に計算やデータ処理を行う電子装置をいう。「**実行の用に供する目的**」とは、不正指令電磁的記録を、情を知らない第三者のコンピュータで実行されうる状態に置く目的をいう。例えば、不正指令電磁的記録が記録されているウィルスの作成・提供が、ウィルス対策ソフトの開発・試験等を行うために、人の同意を得て行われる場合は、「正当な理由がない」ことにならず、また、「実行の用に供する目的」を欠くため、これにあたらない。

２項にいう不正電磁的記録の「**供用**」とは、作成・提供から一段進んで、電子計算機において実際に使用した場合をいう。本罪の客体は、168条の２第１項１号に掲げる不正指令電磁的記録に限定されている。例えば、不正指令電磁的記録の実行ファイルを電子メールに添付して送付してそれがダウンロードされた場合である。この実行ファイルが、「人の電子計算機における実行の用に供する目的」で作成されたものであることは要件とされていない。

168条３項は、２項の「供用」の「**未遂**」を処罰するものである。先の例において、実行ファイルが送付され、メールボックスに記録されたが、ダウンロードされなかった場合がそれにあたる。

3. 不正指令電磁的記録取得等罪

> 正当な理由がないのに、前条（168条の２）第１項の目的で、同項各号に掲げる電磁的記録その他の記録を取得し、又は保管した者は、２年以下の拘禁刑又は30万円以下の罰金に処する（168条の３）。

(1) 客体・行為

本罪の客体は、「不正指令電磁的記録」（168条の２第１項１号）および「不正指令を記述した電磁的記録その他の記録」（同項２号）である。これらを「取得」「保管」する行為が処罰されている。その行為には、「正当な理由がない」こと、「人の電子計算機における実行の用に供する目的」があることが必要である。「**取得**」は、不正指令電磁的記録等であることを知ったうえでそれを自己の支配下に移す行為をいう。「**保管**」は、これを自己の実力支配下に置いておくことをいう。例えば、クラウド型ストレージにもつ自己の保存領域に保管する場合も自己の実力支配下にあるといえる。

(2)　判　例

不正指令電磁的記録保管罪の適用が認められるかどうかにつき、これを否定した最高裁判例がある（最判令4・1・20刑集76・1・1）。この事案においては、インターネット上のウェブサイトの運営者である被告人が、そのサイトの収入源としてコインハイブ（Coinhive）によるマイニング（仮想通貨〔暗号資産〕の取引履歴の承認作業等の演算を行って仮想通貨を得ること）の仕組みを導入するために、サイトの閲覧者の同意を得ることなく、本件プログラムコードをサーバコンピュータに保管した行為が、不正指令電磁的記録保管罪にあたるかについて、第１審が無罪とし、控訴審がこれを破棄した。これに対し、最高裁は、本件プログラムコードは、「反意図性」はあるが、「不正性」は認められず、刑法168条の２第１項にいう「人が電子計算機を使用するに際してその意図に沿うべき動作をさせず、又はその意図に反する動作をさせるべき不正な指令を与える電磁的記録」にあたらないとした。「本件プログラムコードの動作の内容、その動作が電子計算機の機能や電子計算機による情報処理に与える影響、その利用方法等を考慮すると，本件プログラムコードは、社会的に許容し得ないものとはいえず、不正性は認められない」というのである。

第13講

公務・司法に対する罪

第13講へのアクセス

【Q 1】公務執行妨害罪において保護される「公務」とは何だろうか。公務員の職務行為が違法であった場合、その行為によって権利を侵害される者が暴行の手段を用いてその執行を妨害したとき、公務執行妨害罪は成立するのだろうか。「職務行為の適法性」の要件や判断基準について、調べてみよう。

【Q 2】参考人が警察官の取調べを受けた際に虚偽供述をすること、あるいは、その虚偽供述を内容とする供述調書を警察官に作成させることは、証拠偽造罪にあたるだろうか。参考人が警察官と相談しながら虚偽の供述内容を創作、具体化させて供述調書にした場合はどうだろうか（最高裁平28・3・31刑集70・3・58＝百選Ⅱ−119参照）。

【Q 3】勾留中のAが自動車運転過失致死罪の犯人であると知りながら、Aとの間で、当該事故を引き起こしたA車が当時盗まれていたことにするという口裏合わせをしたうえ、参考人として警察官に対してその口裏合わせをもとに虚偽の供述をする行為は、犯人隠避罪にあたるだろうか（最決平29・3・27 刑集71・3・183＝百選Ⅱ−123参照）。

【Q 4】偽証罪における「虚偽の陳述」とは、証人の記憶に反すること（主観説）だろうか、それとも、陳述内容が客観的真実に反すること（客観説）だろうか。交通事故の目撃者が、実際には青色だった信号について、誤って「赤色だった」と記憶していながら、「青色だった」と陳述した場合を例に考えてみよう。

1　公務の執行を妨害する罪

公務の執行を妨害する罪のうち、公務執行妨害罪は、公務の円滑・公正な遂行に対して暴行・脅迫をもって妨害する行為を処罰する。しかし、公務は、「適法」なものでなければならない。職務の適法性は、書かれざる構成要件要素である。それでは、いかなる場合に職務は適法といえるのか。

公務の執行を妨害する罪の保護法益は、公務、すなわち**国または公共団体の職務の円滑・公正な遂行**である。公務執行妨害罪（95条1項）、職務強要罪（同条2項）、封印等破棄罪（96条）のほか、強制執行妨害目的財産損壊等罪（96条の2）、強制執行行為妨害等罪（96条の3）、強制執行関係売却妨害罪（96条の4）、加重封印等破棄罪（96条の5）および公契約関係競売等妨害罪（96条の6）が公務の執行を妨害する罪（5章）に属する。

本書では、公務執行妨害罪・職務強要罪のみを取り上げる。なお、国家の拘禁作用に対する罪である「逃走の罪」（6章97条-102条）についても省略する。

1．公務執行妨害罪

> 公務員が職務を執行するに当たり、これに対して暴行又は脅迫を加えた者は、3年以下の拘禁刑又は50万円以下の罰金に処する（95条1項）。

(1)　客　体

保護法益は、公務員の職務（公務）であり、行為の客体は、公務員である。公務員とみなされる者も含む。外国の公務員は含まない。公務員とは、「国又は地方公共団体の職員その他法令により公務に従事する議員、委員その他の職員をいう」（7条1項）。公務とは、国または地方公共団体の事務をいう。必ずしも権力関係にもとづくものでなくてもよい。公共組合、公団、金庫、公庫などの公法人の事務については、これを公務とみなすかどうかにつき学説の対立があるが、「法令により公務に従事する職員とみなす」などといった規定のある「みなし公務員」の事務を公務とする見解が有力である。

(2) 行為の状況

公務員が職務を執行するにあたり、これに対して暴行または脅迫を加えることである。

(a) **職務** 「職務」とは、「ひろく公務員が取り扱う各種各様の事務のすべて」とするのが判例・通説である（最判昭53・6・29刑集32・4・816、最決昭59・5・8刑集38・7・2621）。これを限定して、権力的・非現業的公務に限るとする見解もある。この見解は、業務と公務の関係につき、業務妨害罪と公務執行妨害罪とを区別し、公務について業務妨害罪による保護と公務執行妨害罪による二重の保護をあてることは意味がないとして、その刑法による保護を振り分けて、私企業的・現業的公務については業務妨害罪のみの成立を認め、それ以外の公務については公務執行妨害罪のみの成立を認めるというものである。しかし、公務と業務を厳格に振り分けるのではなく、二重の保護が与えられる場合もあることを認めるいわば交差型振分け説ともいうべき見解が妥当である（☞3講3-2 (2)）。

(b) **職務の範囲** 暴行・脅迫は、「職務を執行するに当たり」行われる必要がある。具体的・個別的に特定された公務が保護されるべきである。「職務を執行するに当たり」とは、職務を執行する「際に」という意味である（大阪高判昭26・3・23高刑特23・56）。判例は、これを「具体的・個別的に特定された職務の執行を開始してからこれを終了するまでの時間的範囲およびまさに当該職務の執行を開始しようとしている場合のように当該職務の執行と時間的に接着しこれと切り離し得ない一体的関係にあるとみることができる範囲内の職務行為」とする（最判昭45・12・22刑集24・13・1812）。すなわち、職務の執行中でなくても、その準備段階でまさにその執行に着手しようとしているとき、または職務執行の終了した直後の段階をも含む（最決平元・3・10刑集43・3・188＝百選Ⅱ-114）。

(c) **職務執行の適法性** 職務の執行は適法になされることを要する。刑法は、たんに「職務を執行するに当たり」と規定するのみであるが、通説・判例は、職務執行であればその適法・違法を問わないというのではなく、適法な職務執行のみが保護されるものとする。公務の円滑・公正な執行の保護は、それが違法な場合にまで及ぶとする必要はないからである。

（i）**適法性の体系的地位**　職務執行行為が違法であった場合、その職務執行行為によって権利を侵害される者が、暴行・脅迫の手段を用いてその執行を妨害した場合、構成要件該当性がなく、公務執行妨害罪は成立しない。

（ii）**適法性の要件**　職務の執行の適法性の要件は、次の三つである。①当該行為が当該公務員の抽象的職務権限（一般的職務権限）に属すること。②当該公務員が、その職務執行を行う具体的職務権限を有すること。③当該行為が、その公務員の職務執行の有効要件である法律上の重要な条件・方式を履践していることである。

①抽象的職務権限　公務員は、その行いうる職務の範囲を法令上限定されている。執行官は、強制執行を行う権限を有し、麻薬取締官は、麻薬取締法に規定された犯罪について司法警察員としての職務を行いうる。抽象的職務権限に属さない事項については、職務執行行為とはいえない。抽象的権限は、必ずしも法令で具体的に規定されたものであることを要しない。

②具体的職務権限　その職務行為を行う具体的職務権限があることを要する。抽象的職務権限があっても、職務の割当て、指定・委任などによって担当する職務行為が確定される場合には、それがあってはじめて具体的に職務権限内の行為となる。例えば、執行官は、具体的に委任を受けた場合に限って強制執行を行いうる（執行官法2条）。現行犯逮捕を行うには、刑事訴訟法212条に定める具体的要件の充足が必要である（大阪地判昭31・11・8判時93・25）。

③重要な条件・方式の履践　具体的職務権限があっても、職務執行の有効要件である法律上の重要な条件・方式を履践していなければ適法な職務行為とはいえない。

具体的職務権限の要件と条件・方式の履践の要件とが明確に区別できるのか、条件・方式の違背がどの程度であれば適法性の要件に反するのかの判断が困難であるとして、この二つの要件の区別を無意味であるとし、むしろ職務行為の中で具体的に執行された職務行為が、刑法上保護に値する行為かどうかが問題であるとされることがある。それが、職務行為の適法性の問題を「要保護性」の問題（最大判昭42・5・24刑集21・4・505＝百選Ⅱ-112）に解消しようとする見解である。適法性とは、「暴行・脅迫から厚く保護するに値する公務」かどうかという実質的基準によって評価されるものなのである。

判例によれば、収税官吏が所得税に関する調査を行うにあたっては、質問や物件の検査をする権能が法律上認められているが、旧所得税法施行規則63条は、検査の際には検査章を携帯しなければならないと規定しており、これはたんなる訓示規定ではない。しかし、検査権は検査章の携帯によってはじめて賦与されるものではなく、相手方が何ら検査章の呈示を求めていない場合には、検査章を携帯していなかったからといって、公務の執行ではないとはいえないとされる（最判昭27・3・28刑集6・3・546、なお、最決昭28・6・12裁判集刑82・641）。

（d）**適法性の判断基準**　職務行為の適法性を判断するにあたってその判断基準を何に求めるかについて、見解が分かれている。

公務員本人が適法と信じて行為したときは適法であるとする**主観説**（大判昭7・3・24刑集11・296）、裁判所が客観的に判断するとする**客観説**（最決昭41・4・14判時449・64＝百選Ⅱ-113）、一般人の判断によるとする**折衷説**（大判大7・5・14刑録24・605）の三つの見解がある。客観説が通説である。客観説には、裁判所の判断は事後的に純客観的になされるべきであるとする**純客観説**（＝裁判時基準説）と、裁判所の判断の際に、当該職務行為の時点での具体的状況に即して客観的に判断されるべきだとする**行為時基準説**とがある。職務行為の適法性の判断は、構成要件要素に対する判断であり、客観的判断であるべきであるが、終局的判断ではなく、一応の類型的判断である。したがって、行為時基準説が妥当である。しかし、正当防衛の成否が問題となる違法性判断の段階においては、正当防衛行為者の立場を考慮すべきである。その際には、行為当時の客観的事実を事後的に判断すべきであるから、純客観説が妥当である。最高裁は、行為時基準説による客観説を採用し、「職務行為の適否は事後的に純客観的な立場から判断されるべきではなく、行為当時の状況にもとづいて客観的、合理的に判断されるべき」であるとした原判決の判断を相当とした（前掲最決昭41・4・14）。

⑶ 行 為

本罪の行為は、暴行または脅迫である。「暴行」とは、暴行罪（208条）にいう暴行よりは広い。**公務員に向けられた有形力の行使**であり、直接公務員の身体に向けられている必要はない（最決昭37・1・23刑集16・1・11）。また、「公務員の指揮に従いその手足となりその職務の執行に密接不可分の関係において関与する補助者」に加えられるものでも、その公務員に対する暴行である（最判昭41・3・24刑集20・3・129＝百選Ⅱ-115）。物に対して加えられた暴行も、間接的に公務員に対して物理的な影響力を及ぼす場合には、本罪の暴行である。これを**間接暴行**という。物理的影響力が何らかの接触を意味するのであれば狭すぎる。公務員がその暴行の影響力を感知できれば十分であろう。「脅迫」とは、恐怖心を生じさせる目的で他人に害悪を告知することをいう。害悪の内容、性質、通知の方法を問わない。必ずしも公務員に直接に向けられたものでなく、第三者に対する脅迫でも公務員の職務執行を妨害するに足りるものであればよい。

本罪の暴行・脅迫は、**公務員の職務の執行を妨害するに足りる程度のもの**であることを要する。判例では、警察官に向かって投石したが、それが、ただ一回の瞬間的な暴行であったとき、警察官の職務の執行を妨害するに足りるものかどうかが問題とされた（最判昭33・9・30刑集12・13・3151）。最高裁は、その暴行を「相手の行動の自由を阻害すべき性質のものである」とした。

本罪は、抽象的危険犯である。具体的危険犯とみる見解あるいは準抽象的危険犯とする見解もあるが、法文上、行為は、「暴行又は脅迫」であり、公務執行妨害の危険の発生を要件としていない。

(4)　故　意

行為の客体が公務員であること、職務を執行するにあたり、これに対して暴行・脅迫を加えることを認識している必要がある（大判大6・12・20刑録23・1566）。職務執行の「適法性」の要件は、規範的構成要件要素であり、これに対する認識も原則的に故意の要件である。その際、故意を肯定するには、意味の認識が必要である。

行為者が公務員の職務執行を違法であると誤信して暴行・脅迫を加えた場合の錯誤（職務の適法性の錯誤）の処理については学説が分かれている。①事実の錯誤であって故意を阻却するという見解、②違法性の錯誤とする見解（前掲大判昭7・3・24）、③事実の錯誤の場合と違法性の錯誤の場合の両方の場合がありうるとする二分説があるが、二分説が妥当である。

2．職務強要罪

> 公務員に、ある処分をさせ、若しくはさせないため、又はその職を辞させるために、暴行又は脅迫を加えた者も、前項と同様とする（95条2項）。

(1) 意　義

本罪は、公務員の将来の職務執行に向けられる犯罪である。この点で、公務執行妨害罪が現在の職務執行に向けられるのと異なる。目的犯である。保護法益は、公務員の正当な執務の執行のみでなく、広くその職務上の地位の安全をも含む（最判昭28・1・22刑集7・1・8）。本罪は、公務執行妨害罪の補充的な犯罪であるが、強要罪（223条）の特別類型でもある。

(2) 行　為

公務員に対して暴行または脅迫を加えることである。暴行・脅迫の意義については、公務執行妨害罪と同様である。公務員に処分等をさせる目的で、暴行・脅迫が実行されれば、既遂である。

(3) 目　的

公務員に「ある処分をさせ」、ある処分を「させない」、または「その職を辞させる」目的が必要である。「処分」とは、広く公務員が職務上なしうる行為をいう。それによって一定の法律上の効果を生じさせるようなものであることを要しない。

処分が**職務権限内**のものであることを要するかについては見解の対立がある。大審院判例は、権限外の行為を強制しても、本罪を構成しないとしていた（大判昭2・7・21刑集6・357）。学説にも、公務員の職務の円滑かつ公正な執行を保護する罪と解し、少なくとも抽象的職務権限のもとにある処分に限定すべきであるという有力な見解がある。これに対して、最高裁は、「当該公務員の職務に関係ある処分であれば足り、その職務権限内の処分であるとその職務権限外の処分であるとを問わない」とした（前掲最判昭28・1・22）。しかし、本罪は、抽象的職務権限内に属する、将来の具体的職務行為に向けられた行為を処罰するものであるから、抽象的職務権限を有する限りでの職務上の地位の安全が保護されているというべきである。したがって、結論的には、有力説が妥当である。

適法な処分をさせるためであっても、本罪は成立する。違法な処分をさせない目的であるときは、本罪の目的に含まれないとする見解が有力である。「職を辞させる」とは、公務員に自ら退職させることをいう。公務の執行を妨害する手段として辞職させる目的である場合であるかどうかを問わない。これを辞職強要罪といい、前二者の目的の場合を職務強要罪と呼ぶのと区別される。辞職強要罪においては、将来の公務のほか、まさに「職務上の地位の安全」が保護法益である。

2　犯人蔵匿および証拠隠滅の罪

国家の刑事司法作用もまた保護されなければならない。犯人を匿ったり、他人の刑事事件の証拠を隠滅したりすることは、これを妨害する。犯人が自分で身を隠すことは、処罰の対象とはならない。また、犯人に自分の刑事事件に関する証拠を隠滅しないことは期待できない。それでは、犯人がそれを他人に教唆した場合はどうか。

1．総　説

犯人蔵匿および証拠隠滅の罪（7章）は、犯罪捜査、刑事裁判、刑の執行などの**国家の刑事司法作用を保護法益とする犯罪**である。犯人蔵匿罪（103条）、証拠隠滅罪（104条）、および証人等威迫罪（105条の2）がこれに属する。犯人蔵匿罪は、犯人の発見、身柄の拘束・確保を妨げ、刑事の裁判または刑の執行を免れさせる犯罪であり、その本質は、刑事司法作用の侵害である。証拠隠滅罪は、他人の刑事事件に関する適正な証拠の利用を妨げる犯罪である。証人等威迫罪の保護法益は、刑事司法の適正・円滑な運用であるが、それとならんで、刑事事件の証人、参考人それらの者の親族らの私生活の平穏をも含む。

2．犯人蔵匿罪

> 罰金以上の刑に当たる罪を犯した者又は拘禁中に逃走した者を蔵匿し、又は隠避させた者は、３年以下の拘禁刑又は30万円以下の罰金に処する（103条）。

(1)　客　体

罰金以上の刑にあたる罪を犯した者または拘禁中に逃走した者である。

「罰金以上の刑に当たる罪」とは、法定刑に罰金以上の刑が含まれている犯罪をいう。したがって、軽犯罪法違反のように、拘留・科料のみが法定刑となっている犯罪は除かれる。罪を犯した「者」には、死者も含むというのが判例である（札幌高判平17・8・18判時1923・160＝百選Ⅱ-124）。犯人がすでに死者であっても、捜査機関に誰が犯人か分かっていない段階では、犯人の発見を妨げる行為にあたるというのである。「罪を犯した者」の意義については、①真犯人に限るという説、②犯罪の嫌疑を受けて捜査または訴追されている者を含むという説、③客観的・合理的に真犯人であると強く疑われる者とする説が対立している。第1説は、行為時に真犯人かどうかを判別困難であり、真犯人でないと信じた者の故意の認定に困難を伴う。判例は、第2説をとり、「犯罪の嫌疑によって捜査中の者を含むと解釈しなくては、立法の目的を達し得ない」とする（最判昭24・8・9刑集3・9・1440＝百選Ⅱ-117）。しかし、これによると、あきらかに真犯人でない者を匿った者にも本罪の成立が認められることとなる。第3説も、その判断基準が不明確であると批判されている。このような各説の難点を克服するためには、本罪の客体を真犯人であるとしつつ、捜査機関によって合理的な嫌疑をかけられている者は、真犯人であると推定されて挙証負担が転換されており、被告人が反証を挙げない限り真犯人と確定されるとみなす見解が有力である。このようにして、「**事後的に反証が挙げられなかった真犯人**」が本罪の客体であり、故意は、「合理的な嫌疑をかけられていて、推定された真犯人であるという事実の認識」である。これを④「推定真犯人説」と称することにする。

真に罰金刑以上の刑にあたる犯罪を行ったと推定される者であれば、捜査の開始前であると（最判昭28・10・2刑集7・10・1879）、捜査中であると、逮捕勾留中であると、公判において審理中であると、さらには確定判決を受けた後であるとを問わず、本罪の客体になりうる。「拘禁中に逃走した者」とは、法令によって拘禁されている間にそれを破って逃走した者をいう。

(2) 行　為

蔵匿し、または隠避させることである。「**蔵匿**」とは、官憲の発見・身柄の拘束を免れるべき場所を提供して匿うことをいう。「**隠避**」とは、蔵匿以外の方法により官憲による発見・身柄の拘束を免れさせるべき一切の行為をいう。隠避は、捜査機関に働きかけることによっても行われる。蔵匿・隠避行為が、官憲による発見・身柄の拘束を困難にするおそれをもつ限り、犯罪が成立するから、本罪は抽象的危険犯である。現実に刑事司法の機能を妨害する必要はない。

本人の**逮捕勾留中に身代わり犯人を立てる行為**が隠避にあたるかについては、平成元年の最高裁の判例がある。第１審（福岡地小倉支判昭61・8・5刑集43・5・405）は、本罪の趣旨は、**身柄確保に向けられた刑事司法作用の保護**にあるが、官憲によって身柄を確保されている者は身代わり犯人を立てる行為によって身柄の拘束が解かれない限り、行為客体に含まれないし、本件では、結果的に身柄拘束が解かれなかったので、身柄確保に危険がもたらされたわけでもないとして、無罪とした。第２審（福岡高判昭63・1・28刑集43・5・405）は、本罪の趣旨を**広く司法に対する国権の作用を妨害する行為の処罰**にあるとし、身柄の確保に限定されるわけではないとして、本件においては、犯人の特定に関する捜査が混乱・妨害されたとして有罪判決を下した。最高裁（最決平元・5・1刑集43・5・405＝百選Ⅱ-122）は、「刑法103条は、捜査、審判及び執行等広義における刑事司法の作用を妨害する者を処罰しようとする趣旨の規定であって（…）、同条にいう『罪を犯したる者』には、犯人として逮捕勾留されている者も含まれ、かかる者をして現になされている身柄の拘束を免れさせるような性質の行為も同条にいう『隠避』に当たると解すべきである」として、原審の判断を支持した。「**現になされている身柄の拘束を免れさせるような性質の行為**」、つまり、身柄の確保を動揺させる危険な行為であれば、隠避にあたるとする見解が妥当である。

最高裁の判例には、道路交通法違反および自動車運転過失致死の犯人がAであると知りながら、Aとの間で、前記の罪を引き起こしたA車が犯行時盗まれていたことにするという、Aを犯人として身柄の拘束を継続することに疑念を生じさせる内容の口裏合わせをしたうえ、参考人として警察官に対して前記口裏合わせにもとづいた虚偽の供述をした被告人の行為につき、身柄の拘束を免れさせるような性質の行為と認められるとしたもの（最決平29・3・27 刑集71・3・183＝百選Ⅱ-123）がある。

(3) 故 意

本罪の故意は、罰金以上の刑にあたる罪を犯した者、または拘禁中逃走した者であることを認識し、かつ、その者を蔵匿・隠避させることを認識することを必要とする。罰金以上の刑にあたる罪を犯した者であることの認識とは、たんに罰金以上の刑にあたる犯罪である殺人罪であるとか窃盗罪であるといった罪を犯した者であることを知っておれば足り、それが罰金以上の刑にあたる犯罪であることを知っている必要はない。

(4) 共 犯

犯人または逃走者自身が自己を蔵匿・隠避しても本罪は成立しない。自己蔵匿や自己隠避は、犯人自身は発見・逮捕を免れたいと考えるのは無理もないのであり、期待可能性が欠けるからである。問題は、犯人または逃走者自身が、他人に「匿ってほしい」と自己の蔵匿・隠避行為を教唆した場合には、**犯人らに犯人蔵匿罪等の教唆罪が成立するか**である。最高裁の決定には、犯人が他人を教唆して自己を蔵匿させ、または隠避させたときは、刑法103条の罪の教唆犯が成立するとしたもの（最決令3・6・9時報1770・24）があるが、これには、因果的共犯論の立場から犯人による犯人蔵匿・隠避罪の教唆犯の成立は否定されるという反対意見（山口裁判官）がある。学説においては、これを肯定する見解と否定する見解が対立する。肯定説は、他人に犯人蔵匿の罪を犯させてまでその目的を遂げるのは自ら犯す場合と情状は違い、「もはや定型的に期待可能性がないとはいえない」からであるという。この根拠は、他人を犯罪に巻き込んだことを共犯の処罰根拠とする考え方を反映したものであり、責任共犯論（ないし不法共犯論）の立場からのものである。因果的共犯論の立場からは、正犯としても期待可能性なしとして犯罪にならないのならば、共犯としても期待可能性がなく犯罪は成立しないと考えるべきである。

3．証拠隠滅罪

> 他人の刑事事件に関する証拠を隠滅し、偽造し、若しくは変造し、又は偽造若しくは変造の証拠を使用した者は、３年以下の拘禁刑又は30万円以下の罰金に処する（104条）。

(1)　客　体

本罪の客体は、**他人の刑事事件に関する証拠**である。「他人」とは、自己以外の者をいう。自己の刑事事件に関する証拠については、これを隠滅することをしない期待可能性が低いので、処罰しないものとしたのである。自己の刑事事件に関する証拠が同時に他人の刑事事件についても共通に証拠となっている場合には、本罪が認められる余地がある。とくに、**共犯者の刑事事件**が他人の刑事事件といえるかどうかについては、①肯定説、②否定説および③動機二分説に分かれている。動機二分説とは、もっぱら他の共犯者のためにする意思で行為した場合には、他人の刑事事件として扱うべきであるが、もっぱら自己のためにする意思、あるいは、他の共犯者と自己両者の利益のために行為した場合には、他人の刑事事件ではなく本罪は成立しないとする見解をいう。否定説が妥当である（旭川地判昭57・9・29刑月14・9・713＝百選Ⅱ-121）。

本罪における**証拠**とは、物証のみならず、人証（証人・参考人など）も含む。共犯者も人証の一つであるが、共犯者を蔵匿・隠避させる行為は、自己の証拠であるが、証拠隠滅罪を構成しないのだろうか。証拠隠滅罪が成立しないとしても、犯人隠避罪は成立するのだろうか。学説には、証拠隠滅罪としては期待不可能であるとしても、蔵匿・隠避罪としては期待不可能とはいえないとして蔵匿・隠避罪が成立するとする見解がある。これに対して、両罪が保護法益、法定刑が同一であり、重要な証拠を隠滅する行為の法益侵害の程度も同様であるから、共犯者を蔵匿・隠避させる行為は、自己の証拠隠滅行為であって不可罰とすべきだとする見解も有力である。本説が妥当である。

「刑事事件に関する」証拠であることが必要である。「刑事事件」とは、現に裁判所に係属している被告事件、被疑事件のみならず、捜査開始前の事件も含む。「証拠」とは、犯罪の成否、刑の量定に関係あると認められる一切の証拠方法をいう。物的証拠・人的証拠を問わないから、証人・参考人なども含む（最決昭36・8・17刑集15・7・1293＝百選Ⅱ-118）。

(2)　行　為

①証拠を隠滅すること、②偽造・変造すること、または③偽造・変造の証拠を使用することである。「**隠滅**」とは、証拠の顕出を妨げ、またはその価

値を滅失・減少させる一切の行為をいう。したがって、証拠物件の物理的滅失のみならず、隠匿することも、参考人、証人となるべき者を隠匿することも隠滅である（前掲最決昭36・8・17）。「**偽造**」とは、不真正な証拠を作成することをいう。存在しない証拠を新たに作成する場合のほか、既存の物件を利用して犯罪事実と関係のあるもののように作為を加える行為も偽造である。「**変造**」とは、真正な証拠に加工してその証拠としての効果に変更を加えることをいう。「**使用**」とは、偽造・変造の証拠を真正のものとして用いることをいう。自ら進んで提出するのではなく、求められて提出する場合も使用である。

証人に偽証させるのは、証拠隠滅行為にあたるか。刑法は、法律により宣誓した証人が虚偽の陳述をしたとき、別に偽証罪（169条）として処罰する。したがって、法律によって宣誓した証人に偽証させる行為は、偽証罪の教唆を構成する。そこで、宣誓しない証人や捜査段階で参考人に偽証させる行為が、証拠隠滅罪にあたるかが問題である。まず、参考人が虚偽の供述をした場合に証拠偽造罪が成立するかどうかにつき、学説では、本罪において「証拠」とは人証および物証を含む物理的な証拠方法を意味し、証拠資料は含まないがゆえに、証拠偽造罪は成立しないとする**消極説**が多数である。**積極説**は、証拠偽造罪と偽証罪とを一般法・特別法の関係にあるとし、宣誓をしない証人の偽証および参考人の虚偽供述は、一般法である証拠偽造罪によって処罰されるという根拠を挙げる。参考人が捜査官に対して虚偽の供述をしたにとどまらず、その虚偽供述が録取されて供述調書が作成されるに至った場合については、供述が文書化され、証拠方法となっているので、形式的には、捜査官を利用して供述調書という証拠を偽造させたものと解することができるように思われる。これについて、従来の判例は、自ら虚偽の内容の**上申書**を捜査機関に提出した事案につき、証拠偽造罪の成立を肯定してきた（千葉地判昭34・9・12判時207・34、東京高判昭36・7・18東高刑時報12・8・133）。これに対して、判例は、「供述調書は、参考人の捜査官に対する供述を録取したにすぎないものであるから（…）、参考人が捜査官に対して虚偽の供述をすることそれ自体が、証憑偽造罪に当たらないと同様に、供述調書が作成されるに至った場合であっても、やはり、それが証憑偽造罪を構成することはあり得ない」とした（千葉地判平7・6・2判時1535・144）。また、「捜査官等が聴取した上で参考人に記述させた上申書等についても、供述が転化したといえるものであれば、同様に解すべきである」とした（千葉地判平8・1・29判時1583・156）。

しかし、最高裁は、被告人が、参考人Aと共に警察署を訪れ、取調べにあたる警察官らと共謀して、他人の刑事事件に関する虚偽の内容が記載されたAを供述者とする供述調書を作成した事案において、作成された書面は、Aの巡査部長に対する供述調書という形式をとっているものの、その実質は、被告人、A、巡査部長ら4名が、他人の覚醒剤所持という「架空の事実に関する令状請求のための証拠を作り出す意図で、各人が相談しながら虚偽の供述内容を創作、具体化させて書面にしたものである」とし、「作成名義人である巡査部長を含む被告人ら4名が共同して虚偽の内容が記載された証拠を新たに作り出したものといえ、刑法104条の証拠を偽造した罪に当たる」とした（最決平28・3・31刑集70・3・5＝百選Ⅱ-119）。この場合、巡査部長らは、被告人らの意図を知りながら証拠偽造を故意で実行しており、被告人も相談しながらこれを共同して実行しているのであって、供述内容が文書化されただけの場合とは異なる。

(3)　共　犯

本罪の客体は、「他人の刑事事件」の「証拠」に限定されているので、犯人自身が関与した場合の共犯関係が問題となる。**犯人が第三者に自己の刑事事件に関する証拠の隠滅を教唆した場合**については、証拠隠滅の教唆罪が認められるというのが通説・判例である（最決昭40・9・16刑集19・6・679）。第三者を利用し巻き込んでまで証拠を隠滅するのは、防衛の範囲を超え、期待可能性が乏しいとはいえないからである。しかし、因果的共犯論に立てば、自己の刑事事件について共犯の形で証拠隠滅を実現する場合でも期待可能性はないから、不可罰である。

逆に、**第三者が犯人を教唆**して証拠を隠滅させたとき、第三者の行為が可罰的かどうか。これに関しては、犯人が証拠隠滅罪の正犯として処罰されない根拠が重要である。因果的共犯論に立てば、犯人には期待可能性がなく、責任が阻却されるから処罰されないのだとすると、教唆者は、制限従属性説からは可罰的となりうる。この場合、「他人の」という文言は、責任要素と解することになる。学説の中には、「他人の」は構成要件要素であるから、構成要件該当性が否定されるとするものもある。

4．親族による犯罪に関する特例

> 前2条の罪（犯人蔵匿罪・証拠隠滅罪）については、犯人又は逃走した者の親族がこれらの者の利益のために犯したときは、その刑を免除することができる（105条）。

(1) 意　義

本条は、犯人または逃走した者の親族が犯人蔵匿罪や証拠隠滅罪を犯すのは、期待可能性が低く、その刑が任意的に免除されうることを規定したものである。期待可能性が低いことによる責任の低減が任意的免除の根拠であるとするのが通説であるが、可罰的責任減少事由と解すべきである。

(2) 適用範囲

行為の主体は、「犯人又は逃走した者の親族」である。犯人とは、罰金以上の刑にあたる罪を犯した者（103条）である。逃走した者とは拘禁中に逃走した者である。「親族」の範囲は民法（725条）による。

(3) 共　犯

犯人・逃走者の親族が第三者を教唆して犯人蔵匿、証拠隠滅を行わせる場合については、責任・不法共犯論に立ち、教唆については期待可能性がないとはいえないとする見解と、因果的共犯論に立ち、正犯の場合と同様、共犯として関与した場合でも、期待可能性の減少が認められ、本条の適用が認められると解する見解があるが、後説が妥当である。第三者が犯人・逃走者の親族を教唆して犯人蔵匿・証拠隠滅を行わせる場合については、親族の行為は、本条の適用によって刑の免除がありうる。教唆者については、期待可能性の少ない理由が存在しないので、本条の適用の理由がなく、刑の免除は受けられない。犯人がその親族に犯人蔵匿・証拠隠滅を教唆した場合については、正犯たる親族には犯罪は成立する。ただし、親族には刑の免除の可能性がある。犯人は、教唆として行った場合でも、もともと不可罰である。親族が犯人に犯人蔵匿・証拠隠滅を教唆した場合については、犯人の行為は構成要件に該当する違法な行為であるが、可罰的責任がないと解すべきである。

正犯の可罰的責任は否定されても違法性は存在するので、その正犯を教唆した親族は、教唆犯となるが、刑の免除を受けうるというにすぎない。

5．証人威迫罪

> 自己若しくは他人の刑事事件の捜査若しくは審判に必要な知識を有すると認められる者又はその親族に対し、当該事件に関して、正当な理由がないのに面会を強請し、又は強談威迫の行為をした者は、２年以下の拘禁刑又は30万円以下の罰金に処する（105条の２）。

(1)　意　義

暴力団員による「お礼参り」を抑止するために、昭和33年に新設された規定である。保護法益は、刑事司法作用であるが、証人の保護も目的とするから、副次的には、**個人の意思決定の自由**ないし**私生活の安全**を含む。

(2)　客　体

自己もしくは他人の刑事事件の捜査もしくは審判に必要な知識をもっていると認められる者またはその親族である。「刑事事件」とは、他人の刑事事件のみならず、自己の刑事事件をも意味する。「捜査若しくは審判に必要な知識を有すると認められる者」とは、犯罪に関する知識を有する刑事事件の被害者、証人、参考人などをいう。「捜査若しくは審判に必要な知識」とは、捜査機関・裁判機関において刑罰権の有無を判断するにあたり関係があると認められる一切の知識をいう。被告事件・被疑事件のみならず、将来刑事事件となりうるものを含む（東京高判昭35・11・29高刑集13・9・639）。「認められる者」とは、現に知識を有するだけではなく、そのような知識を有するとみられる者であれば足りるということである。

(3)　行　為

当該事件に関して正当な理由がないのに面会を強請し、または強談威迫の行為をすることである。「**当該事件に関して**」とは、自己または他人の刑事事件に関係するという意味であり、当該事件と無関係な行為を排除する趣旨である。「面会を強請」するとは、相手方の意思に反して面会を強要することをいう。「**強談**」とは、言語をもって自己の要求に応じるよう迫ることである。「**威迫**」とは、言語・動作によって気勢を示し、不安・困惑の念を生じさせることをいう。威迫は、直接の相手方に対する場合に限らず、文書による場合も含まれる（最決平19・11・13刑集61・8・743）。本罪は、抽象的危険犯である。したがって、面会の強請、強談威迫の行為が行われれば犯罪は成立する。

(4) 故 意

行為客体、行為の意味を認識していればよい。公判の結果に影響を及ぼそうとする目的または意思を要しない。

3 偽証の罪

法律により宣誓した証人等が偽証等によって国家の審判作用を害した場合は、偽証の罪にあたる。偽証とは、虚偽の陳述であるが、「虚偽」とは、主観的に事実に反すると思っていることをいうのだろうか、それとも、客観的に事実に反することをいうのだろうか。

1．総 説

偽証の罪（20章）は、法律により宣誓した証人・鑑定人・通訳人・翻訳人が、虚偽の陳述・鑑定・通訳・翻訳を行うことを内容とする犯罪である。その保護法益は、**国家の審判作用の適正**である。偽証の罪には、偽証罪（169条）、虚偽鑑定・虚偽通訳・虚偽翻訳罪（171条）がある。

2．偽証罪

> 法律により宣誓した証人が虚偽の陳述をしたときは、3月以上10年以下の拘禁刑に処する（169条）。

(1) 主 体

法律により宣誓した「**証人**」である（身分犯）。「**宣誓した証人**」が主体か、「証人」が主体かについては見解の対立がある。この対立は、証言の前に**事前宣誓**をしている場合にのみ本罪が成立するか、証言をした後、事後宣誓をした場合でもよいかという論点に関係する。**事後宣誓**でもよいとする見解は、主体は、「証人」であって、その証人が「宣誓して」「偽証する」のが偽証罪であるととらえる。これに対して、事後宣誓を認めない立場は、「宣誓した証人」が本罪の主体であるから、偽証の前に宣誓している必要があるとみなす。「証人」が主体であると解する立場が妥当である。

(2)　行　為

法律により宣誓して虚偽の陳述をすることである。「法律により」とは、法律に根拠があることをいう。「宣誓」とは、良心に従って真実を述べ、何事も隠さず、また何事も付け加えないことを誓うことである（刑訴規118条2項、民訴規112条4項）。宣誓は、証言の前になされなければならないかについては前述のように争いがある。宣誓は、有効に行われることを要する。そのためには、**法律の定める手続**によってなされなければならないが、軽微な手続上の瑕疵があるだけで無効となるわけではない。宣誓無能力者（刑訴法155条、民訴法201条）に誤って宣誓させても無効であり、本罪は成立しない（最決昭28・10・19刑集7・10・1945）。宣誓不適格者が誤って宣誓させられたうえ偽証した場合について、**最高裁**は、「刑法169条にいわゆる『法律に依り宣誓したる証人』とは、法律上宣誓せしめ得る証言事項につき宣誓したる証人と解するを相当とし、従って前記の如く法律上宣誓せしめ得ない証言事項につき宣誓したる証人を含まないもの」と解し、宣誓不適格者は本罪の主体になりえないとした（最大判昭27・11・5刑集6・10・1159）。

証人が法律上宣誓を拒むことができる場合に、これを拒否することなく宣誓を行ったとき、その宣誓は有効である。判例によれば、民事訴訟において当事者と親族関係があることから宣誓拒絶権が認められているときに（旧民訴法291条、現行201条4項）、これを行使しないで宣誓して、偽証したとき、偽証罪が成立する（大判大12・4・9刑集2・327）。また、宣誓させるかどうかが裁判所の裁量に委ねられている場合（民訴法201条3項）、裁量によってさせた宣誓は有効である。証言拒絶権を有する者（民訴法196条・197条、刑訴法146条以下）が、宣誓の上、証言拒絶権を行使することなくして偽証した場合、宣誓は有効であり、本罪の主体となりうる。最高裁も、「証人がこの証言拒絶権を抛棄し他の刑事事件につき証言するときは必ず宣誓させた上で、これを尋問しなければならないのである。それゆえかかる証人が虚偽の陳述をすれば刑法169条の偽証罪が成立する」という（前掲最決昭28・10・19、最決昭32・4・30刑集11・4・1502）。

「虚偽の陳述」が本罪の「行為」の中核である。「**虚偽**」の意義については、①証人の記憶に反することであるとする**主観説**（前掲最決昭28・10・19）と、②陳述の内容をなす事実が客観的真実に反することであるとする**客観説**との対立がある。主観説が通説であり判例である。

主観説は、証人は、本来、自身が実際に体験したことをその記憶のままに述べるべきであり、記憶に反する事実を陳述すること自体にすでに国家の審判作用を害する抽象的危険が含まれているという（大判大3・4・29刑録20・654＝百選Ⅱ-120）。したがって、記憶に反する陳述がたまたま客観的真実に合致していても偽証罪は成立する。主観説によると、本罪は、外部に表明された陳述と主観的な記憶内容の不一致が犯罪の内容とされている犯罪であるから、表現犯である。これに対して、**客観説**は、証人が偽証の意思で陳述しても、それが真実に合致している限り、国家の審判作用が害されるおそれはないとする。国家の公正な審判作用が害される危険は、客観的真実と合致しない証言が行われたときに発生するのであって、結果的に客観的真実に合致していれば、その危険はなく、主観説はむしろ宣誓義務違反を偽証罪の処罰根拠とするものだと批判する。客観説が妥当である。

本罪は、**抽象的危険犯**であるとされる。「虚偽の陳述」をすれば、国家の審判作用が害されるおそれがあるとみなしているのである。主観説に立つ限り、自己の記憶に反する事実を陳述することがすでに抽象的危険を含んでいるというべきである。客観説からは、主観説における虚偽の陳述がつねに国家の審判作用を害するおそれがあるとはいえないと批判される。

被告人が**自己の刑事被告事件**について他人に虚偽の陳述をするよう教唆した場合、偽証教唆・幇助の成立が認められるかについては、否定説と肯定説（通説、前掲最決昭28・10・19）に分かれる。肯定説の根拠は、本罪については、被告人の虚偽の陳述が処罰されないのは、期待可能性がないからではなく、刑事訴訟法において、被告人には証人適格が認められていないからであるとする。被告人は、本来、正犯となりうるのであり、したがって、他人を教唆・幇助した場合にも可罰的であるとする。憲法38条の保障する証言拒否権を行使しないで、積極的に虚偽の陳述をした場合にも、期待可能性がないとはいえないというのである。

しかし、刑事訴訟法上**証人適格**が否定されている偽証罪については、被告人自身の他人への偽証教唆についても、違った観点から考察する必要がある。それは、教唆者の教唆行為自体の期待可能性という観点である。つまり、被告人は、制度上、偽証という手段で自ら実行することはできないので、他人への教唆という手段をとるに至るのであるが、この共犯行為そのものに期待可能性が少なく、したがって、可罰的責任を欠くがゆえに、偽証罪の教唆・幇助は不処罰とすべきなのである。

3．虚偽鑑定罪・虚偽通訳罪・虚偽翻訳罪

> 法律により宣誓した鑑定人、通訳人又は翻訳人が虚偽の鑑定、通訳又は翻訳をしたときは、3月以上10年以下の拘禁刑に処する（171条）。

法律により宣誓した鑑定人、通訳人または翻訳人に限られる（民訴法216条・201条・154条2項、刑訴法166条・178条）。身分犯である。鑑定人とは、特別の知識経験を基礎として現在の経験事実について意見を陳述する者をいう。通訳人・翻訳人とは、訴訟手続上、裁判所によって通訳・翻訳を命じられた者である（民訴法154条、刑訴法175条以下）。捜査機関によって鑑定・通訳を嘱託されたもの（刑訴法223条）などは含まない。本罪の行為は、虚偽の鑑定、通訳または翻訳をすることである。「虚偽」の意義については、主観説、客観説の対立があるが、偽証罪と同様に解すべきである。

4．自白による刑の減免

> 前条の罪（偽証罪）を犯した者が、その証言をした事件について、その裁判が確定する前又は懲戒処分が行われる前に自白したときは、その刑を減軽し、又は免除することができる（170条）。

偽証等にもとづいて、誤った審判がなされる前に、未然に防止することを目指す政策的規定である。「自白」とは、自己が虚偽の陳述・鑑定・通訳・翻訳をした事実を告白することをいう。自白の相手方は、裁判所、懲戒権者、捜査機関に限る。刑の任意的減免の理由は、自白によって行為の可罰的責任が事後的に減少する点にある。

4 虚偽告訴の罪

犯罪を犯していないのに犯したので処罰してほしいと捜査機関に虚偽の申立てをする行為等を罰する。保護法益は、国家の審判作用の適正な運用であるが、捜査機関に虚偽の申立てをされた被害者に対する個人的法益の保護という側面をも有する。

1．総 説

虚偽告訴の罪（21章）とは、人に刑事または懲戒の処分を受けさせる目的で、虚偽の告訴・告発その他の申告をすることを内容とする犯罪である。虚偽告訴の罪は、かつては虚偽の申告をされた被虚告者の個人的法益を侵害する罪とされた。現行刑法では、国家の審判作用を害する犯罪の中に位置づけられている。虚偽告訴の罪の保護法益については、学説の対立がある。①**国家の審判作用の適正な運用に対する罪**とする見解、②**個人の私生活の平穏に対する罪**と解する見解、③**第1次的には国家的法益**としての国家の審判作用に対する罪であるが、**第2次的には個人的法益**に対する罪であるとする見解、さらに④両者が同等に保護されるとする見解もある。第3説が妥当である。

被害者の承諾があった場合に本罪の成立は阻却されるかについては、国家的法益の保護の面が基本的なものであるから、阻却されない。

2．虚偽告訴罪

> 人に刑事又は懲戒の処分を受けさせる目的で、虚偽の告訴、告発その他の申告をした者は、3月以上10年以下の拘禁刑に処する（172条）。

(1) 行 為

虚偽の告訴、告発その他の申告をすることである。「**虚偽**」とは、**客観的真実に反すること**をいう（最決昭33・7・31刑集12・12・2805）。「**告訴**」とは、犯罪の被害者その他の告訴権者から捜査機関に対して犯罪事実を申告し、犯人の処罰を求める意思表示である（刑訴法230条以下）。「**告発**」とは、告訴権者および犯人以外の者から捜査機関に対して、犯罪事実を申告し犯人の処罰を求める意思表示である（刑訴法239条以下）。「**その他の申告**」とは、刑事処分を求める請求、懲戒処分を求める申立てのほか、刑事処分や懲戒処分に結びつきうる事実の申告をいう。

申告の内容である事実は、刑事または懲戒処分の原因となりうるものでなければならない。抽象的事実を申告するだけでは足りず、捜査機関または懲戒権者の職権発動を促すに足りる程度の具体的なものであることを要する。申告は、相当官署に対してなされることが必要である。相当官署とは、刑事処分については、捜査権が与えられた検察官、検察事務官、司法警察職員をいい、懲戒処分については、本属長官、その他の懲戒権者ないし機関をいう。申告は、自発的になされたものでなければならない。口頭・書面、匿名・顕名等、申告の方式を問わない。

(2)　既遂時期

虚偽の申告が相当官署に到達したときである。文書が相当官署に到達し、閲覧しうる状態に置かれれば足りる。未遂は不可罰である。

(3)　主観的要件

故意のほかに「人に刑事又は懲戒の処分を受けさせる目的」を必要とする目的犯である。「人」とは、他人の意味であり、**実在すること**が必要である。虚無人に対する虚偽告訴は本罪を構成しない。

主観的要件における問題点は、虚偽告訴が、正当な告訴まで禁じることがあってはならず、したがって、故意における「虚偽」の認識ないし「刑事又は懲戒の処分を受けさせる目的」が未必的なものであってよいかどうかが問題である。

まず、故意については、事実を虚偽であることを認識しつつ申告することが必要である。その認識が、**未必的認識**で足りるか（最判昭28・1・23刑集7・1・46）、**確定的認識**であることを要するかについては見解が分かれているが、確定的故意であることを要求すべきである。次に、「人に刑事または懲戒の処分を受けさせる目的」における「目的」とは、刑事または懲戒の処分を受けさせる結果の発生の意欲を必要とするのか、それとも、その結果発生の未必的認識で足りるのかについては見解が分かれるが、未必的認識で足りると解すべきである。刑事処分または懲戒処分を受けさせる目的は、唯一・

主要な動機であることを必要としない。

3．自白による刑の減免

> 前条の罪（虚偽告訴罪）を犯した者が、その申告をした事件について、その裁判が確定する前又は懲戒処分が行われる前に自白したときは、その刑を減軽し、又は免除することができる（173条）。

虚偽告訴によって誤った刑事処分や懲戒処分が行われるのを防止するために政策的に設けられた規定である。

第14講

汚職の罪

第14講へのアクセス

【Q 1】警察官が、違法な情報収集のために、相手方が知らないうちに盗聴器を仕かける行為は、相手方の意思に働きかけていなくても職権濫用罪にあたるだろうか。

【Q 2】単純収賄罪と加重収賄罪の違いを例にとって、賄賂罪の保護法益とは何かについて考えよう。その際、職務行為の不可買収性説と純粋性説との基本的な違いについても考えてみよう。

【Q 3】賄賂罪においては、なぜ賄賂の対象に、職務行為のほかに職務密接関連行為をも含めるのだろうか。

【Q 4】賄賂罪の客体となる「職務」は、その公務員が現に具体的に担当している事務である必要があるのだろうか。市長が任期満了前に、市長としての一般的職務権限に属する事項に関し、再選された場合に担当すべき具体的職務の執行につき請託を受けて賄賂を収受した場合、受託収賄罪の成立は認められるだろうか（最決昭61・6・27刑集40・4・369＝百選Ⅱ−108参照）。

【Q 5】あっせん収賄罪のおける「あっせん」とは何だろうか。公務員が、請託を受けて公正取引委員会が独占禁止法違反の疑いをもって調査中の審査事件について、同委員会の委員長に対し、これを検事総長に告発しないように働きかけることは、あっせんにあたるだろうか（最決平15・1・14刑集57・1・1＝百選Ⅱ−110参照）。

1　職権濫用の罪

国家の作用を内部から侵害する犯罪には、職権濫用罪と賄賂罪がある。これを「汚職の罪」という。そのうち、職権濫用の罪は、公務員がその職権を濫用し、人に義務のないことを行わせ、権利の行使を妨害する罪である。手段が異なることもあり、強要罪（223条）よりも法定刑は軽いことに注意すべきである。裁判所、検察、もしくは警察の職務を行う者が、職権を濫用して、人を逮捕・監禁した場合には、特別公務員職権濫用罪（194条）で加重処罰される。また、それらの者が、その職務を行うにあたり、被告人、被疑者その他の者に対して暴行または陵辱もしくは加虐の行為を加えたときも、同じである。この特別公務員暴行陵虐罪（195条）は、一般的職務権限には属さないので、職権濫用ではないが、職権行使の際に犯されるものである。

1．総　説

職権濫用の罪は、第25章の「汚職の罪」に位置づけられている。この罪は、公務員がその職権を濫用することにより公務の適正な執行を侵害し、これに対する国民の信頼を侵害することを内容とする犯罪である。その保護法益は、第１次的には、**国家の司法・行政作用の適正**であるが、第２次的には職権濫用行為の相手方の自由・権利といった**個人的法益**である。国家の作用に対する外部からの侵害とは異なり、賄賂の罪と共に、公務員自身が国家の内部から国家の作用を侵害するものである。これには、公務員職権濫用罪（193条）、特別公務員職権濫用罪（194条）、特別公務員暴行陵虐罪（195条）および特別公務員職権濫用等致死傷罪（196条）が属する。

2．公務員職権濫用罪

> 公務員がその職権を濫用して、人に義務のないことを行わせ、又は権利の行使を妨害したときは、2年以下の拘禁刑に処する（193条）。

(1)　主　体

公務員である（身分犯）。公務員には限定がなく、公務員であればよいのか、それとも、一定の行為を行わせ、必要に応じてそれを**強制しうる権限**を有する公務員でなければならないのかについては見解が分かれている。

(2) 行　為

公務員がその職権を濫用して、人に義務のないことを行わせ、または行うべき権利を妨害することである。「**職権**」とは、当該公務員の**一般的職務権限**をいう。職務権限があるような外観が存在するだけでは足りず、客観的に職務権限があることが必要である。職務は、**強制的要素**をもつ必要があるかについては、①強要罪と文言が共通していることから、相手方の意思の制圧の要素を含むことを要素とする犯罪であって、職権とは強制的な権限をいうとする見解（**強制的権限説**）と②法律の強制力を伴うことを要しない一般的職務権限をいうとする見解（**一般的職務権限説**ないし**無限定説**）が対立している。**判例**においては、裁判官が、司法研究等のための調査・研究という正当な目的ではないのに、正当な目的による調査行為であるかのように仮装して身分帳簿の閲覧、その写しの交付等を求め、刑務所長らをしてこれに応じさせたという事案につき、「一般的職務権限は、必ずしも法律上の強制力を伴うものであることを要せず、それが濫用された場合、職権行使の相手方をして事実上義務なきことを行わせ又は行うべき権利を妨害するに足りる権限であれば、これに含まれる」とされた（最決昭57・1・28刑集36・1・1）。この判例を支持し、学説においても、③法律上、事実上の負担ないし不利益を生ぜしめるに足りる特別の権限、すなわち、「強制力はないとしても、国民に対し事実上服従ないし忍受を求めうるような職務権限」を要するとする見解（**特別職務権限説**）が唱えられている。特別職務権限説からは職務権限のない職務仮装型でも国民に事実上・法律上の負担・不利益を与える特別の権限をもつのであれば含まれることになる。特別職務権限説が妥当である。

「**濫用**」とは、一般的職務権限に属する事項につき、職権行使の際に、かつ、職権の行使に仮託して、実質的、具体的に違法、不当な行為をすることをいう（前掲最決昭57・1・28）。不作為も含む。濫用行為は、相手方が職権の行使であることを認識できるものに限るかどうかについて、①被害者に職権の行使と認識させなくてもよいとする見解（最決平元・3・14刑集43・3・283＝百選Ⅱ-111）と、②相手方が職権行使であることを認識できる外観を備えた行為で、相手方の意思に働きかけ、影響を与えるものに限るとする見解（東京高決昭63・8・3高刑集41・2・327）がある。後者の見解は、強要罪が「人に義務のないことを行わせ、又は権利の行使を妨害した」ことを要件としており、相手方の意思に働きかけてそれを抑圧して一定の作為・不作為を強要することを要件としているのとパラレルに本罪を解釈するものである。しかし、職権濫用罪は強要罪と異なり、相手方の意思に働きかけ、これに影響を与えることは必要としない犯罪類型である。したがって、公務員がその職務権限の行使の外観をとり相手方に気づかれずに、その権利・自由を侵害するいわゆる密行型の職権濫用も可能である。

警察官の一般的職務権限に属する警備情報の収集作業として行われた**盗聴**は、電気事業法に違反する違法な犯罪行為であり、権限を「逸脱」するが、これも一種の職権「濫用」であり、また、相手方が職権の行使であることを認識していなくても、その権利は侵害されている。したがって、これを職権の濫用があったとはいえないとする判例（前掲最決平元・3・14＝百選Ⅱ-111）は不当である。

⑶　結　果

「**義務のないことを行わせ**」とは、法律的にまったく義務のない行為はもちろん、義務があるときに、その義務の態様を不当に変更して行わせる場合を含む。「**権利の行使を妨害し**」とは、法律上認められている権利の行使を妨害することである。本罪は**結果犯**であるから、既遂に達するためには、職権濫用行為の結果として、現に人が義務のないことを行わされ、または権利の行使が妨害されたという結果の発生が必要である。未遂は処罰されない。

3．特別公務員職権濫用罪

> 裁判、検察若しくは警察の職務を行う者又はこれらの職務を補助する者がその職権を濫用して、人を逮捕し、又は監禁したときは、6月以上10年以下の拘禁刑に処する（194条）。

本罪の主体は、裁判、検察、もしくは警察の職務を行う者またはこれらの職務を補助する者である。本罪は、逮捕監禁罪（220条）に対して、その主体が公務員であることによって刑が加重されている不真正身分犯である。「**裁判、検察若しくは警察の職務を行う者**」とは、裁判官、検察官、司法警察員を指す。司法警察員には、一般司法警察職員（刑訴法189条）、特別司法警察職員（刑訴法190条参照）を含む。「**これらの職務を補助する者**」とは、裁判所書記官、検察事務官、司法巡査など、その職務上、補助者の地位にあるものを指す。事実上、補助する私人を含まない。したがって、警察署長から委託を受け、非行少年の早期発見・補導等を行う少年補導員は、これに含まれない（最決平6・3・29刑集48・3・1）。

本罪の行為は、職権を濫用して、人を逮捕し、または監禁することである。逮捕・監禁は、職権の濫用として行われる必要がある。

4．特別公務員暴行陵虐罪

> 裁判、検察若しくは警察の職務を行う者又はこれらの職務を補助する者が、その職務を行うに当たり、被告人、被疑者その他の者に対して暴行又は陵辱若しくは加虐の行為をしたときは、7年以下の拘禁刑に処する（195条1項）。
> 法令により拘禁された者を看守し又は護送する者がその拘禁された者に対して暴行又は陵辱若しくは加虐の行為をしたときも、前項と同様とする（同条2項）。

本罪の主体は、裁判・検察・警察の職務を行う者もしくはこれらの職務を補助する者（1項）、または、法令により拘禁された者を看守または護送する者（2項）である。暴行については加重的身分犯である。

本罪の客体は、被告人、被疑者、その他の者（1項）、または、拘禁者（2項）である。「その他の者」とは、証人、参考人などの捜査・公判上取調べの対象となる者をいう。

本罪の行為は、職務を行うにあたり暴行または陵辱・加虐の行為をすることである。「**暴行**」は、人に対して不法に有形力を行使することをいう。広義の暴行の趣旨であり、有形力が直接人の身体に加えられるものであると、間接的に加えられるものであるとを問わない。着衣を破る行為もこれにあたる。「**陵辱**」とは、人を痛めつけ、はずかしめることをいう。「**加虐**」とは、痛めつけ、虐げることをいう。「**陵辱若しくは加虐の行為**」とは、暴行以外の方法で精神的・肉体的苦痛を与える一切の虐待行為をいう。例えば、相当な飲食物を与えないこと、用便させないこと、睡眠させないこと、わいせつまたは性交の行為をすることなどである。看守が被留置者に対して性交をした場合、相手方の承諾のいかんは問われず、「陵辱若しくは加虐の行為」に該当する（東京高判平15・1・29判時1835・157）。看守等は、被拘禁者を実力的に支配する関係に立つものであって、その職務の性質上、被拘禁者に対して職務違反行為がなされるおそれがあることから、本罪は、看守等が、一般的類型的にみて、そのような関係にある被拘禁者に対し、精神的または肉体的苦痛を与えると考えられる行為に及んだ場合を処罰する趣旨だからである。

5．特別公務員職権濫用等致死傷罪

> 前２条の罪（特別公務員職権濫用罪・特別公務員暴行陵虐罪）を犯し、よって人を死傷させた者は、傷害の罪と比較して、重い刑により処断する（196条）。

特別公務員職権濫用罪（194条）および特別公務員暴行陵虐罪（195条）の結果的加重犯である。

2　賄賂の罪

公務員の職務は、公正でなければならならず、金銭その他の利益によってそれが枉（ま）げられてはならない。職務行為が賄賂によって公正に行われないことが、賄賂罪の本質なのか、職務行為の公正が実際に侵害されなくても、賄賂によって職務行為の公正性に対する信頼を動揺させることが、その本質なのか。賄賂の罪は、収賄罪と贈賄罪に分けられるが、とくに収賄罪にはどのような態様があるのか。賄賂は、職務行為に対する対価であるが、職務行為は、職務に密接に関連する行為をも含むのか。

1．総　説

賄賂の罪は、収賄の罪と贈賄の罪からなる。現在、刑法上、収賄の罪としては、収賄罪（197条１項前段）、受託収賄罪（同項後段）、事前収賄罪（同条２項）、第三者供賄罪（197条の２）、加重収賄罪（197条の３第１項・２項）、事後収賄罪（同条３項）、および、あっせん収賄罪（197条の４）があり、贈賄の罪としては、贈賄罪（198条）のみがある。

(1)　賄賂罪の保護法益

もともと「**職務行為の不可買収性**」であるとする見解と「**職務行為の公正（純粋性）**」であるとする見解が基本的に対立している。前者は、不公正な職

務を招くためであろうが、公正な職務のためであろうが、そもそも賄賂によって職務が左右されないように保護するのが賄賂罪処罰の目的であるとする。それに対して、後者は、賄賂によって職務の公正が枉げられないようにするのがその目的であるとする。もっとも、後者の見解によっても、職務行為の公正に対する社会の信頼も保護法益に含まれるとされ、したがって、その信頼を揺るがすのであれば正当な職務行為に対しても賄賂罪が成立することになる。

わが国では、このような基本的な対立を基礎に、賄賂罪の保護法益を、①職務行為の不可買収性に求める見解（**不可買収性説**）、②職務行為の公正およびそれに対する社会の信頼に求める判例・通説（**信頼保護説**＝最大判昭34・12・9刑集13・12・3186、最大判平7・2・22刑集49・2・1＝百選Ⅱ-107）、③職務行為の公正（**純粋性**）を保護法益とする有力説（**純粋性説**）、④職務行為の不可買収性および公正であるとする**折衷的見解**、そのほかに、⑤賄賂罪の本質を公務員の**清廉であるべき義務**に反することと解する見解とに分かれている。

公的機関の不可買収性が保護法益であり、その上で**個別職務行為の公正も保護**されていると解すべきである。ここで、不可買収性とは、職務行為の清廉性に対する社会の信頼であるいってもよい。したがって、賄賂の罪は、公的機関の意思決定の不可買収性、社会一般の職務行為の不可買収性への信頼、公務員の個々の職務の公正が保護法益である。

(2) 職務の意義

賄賂の罪の客体は賄賂である。「賄賂」とは、公務員の職務に関する不正な報酬としての（対価関係に立つ）利益をいう。そこで、まず、「職務に関し」の意義を明らかにする必要がある。

(a) **職務関連性** 「職務に関し」とは、**職務行為自体**に対する対価関係のほか、**職務と密接な関連を有する行為**に対するものをも含む（通説、最判昭25・2・28刑集4・2・268）。職務とは、公務員がその地位に伴い公務として取り扱うべき一切の執務をいう（最判昭28・10・27刑集7・10・1971）。その範囲は、法令によって定められるのが通常であるが、必ずしも法令に直接の規定があることを要しない。その職務に関する独立の決定権を有する場合に限らず、上司の指揮監督の下にその命令を受けて事務を取り扱うにすぎない補助的職務であってもよい。また、職務は、法令上その公務員の**一般的職務権限**に属するものであれば足り、現に具体的に担当している事務であることを要しない（最判昭37・5・29刑集16・5・528)。判例によれば、警視庁警部としてある警察署の地域課に勤務していた者が、別の警察署長に告発状を提出していた者から便宜な取り計らいを受けたいとの趣旨で現金の供与を受けたとき、「職務に関し」賄賂を収受したといえる（最決平17・3・11刑集59・2・1＝百選Ⅱ-105)。ただし、当該公務員の地位、担当変更の可能性、事務処理の状況からして当該公務員が何らかの意味で**職務行為に影響を与えうる可能性**が必要である。次のような場合も、「職務に関し」といえる。

第1に、一般的職務権限に属する事務であれば、**将来になってはじめて行うことのできる事務**であってもよい（最決昭36・2・9刑集15・2・308）が、将来、その職務を担当する蓋然性があることが必要であるとされている。判例では、市長が、任期満了前に、現に市長としての一般的職務権限に属する事項に関し、再選された場合に担当すべき具体的職務の執行につき請託を受けて賄賂を収受した事案につき、受託収賄罪の成立を認めたものがある（最決昭61・6・27刑集40・4・369＝百選Ⅱ-108)。第2に、**内部的事務分配**があることが意味をもつかである。これについては、公務所における内部的な事務分配のいかんにかかわらないとされる（前掲最判昭37・5・29)。したがって、日常担当しない事務であっても、所属する課の分掌事務に属するものであれば、全般にわたり一般的権限を有しているものといえる。第3に、過去において担当していた事務であるが、**現在は担当していない事務**であってもよい。第4に、法令上公務員の一般的職務権限に属する行為であれば、公務員が具体的事情のもとにおいてその行為を**適法に行うことができたかどうかは問わない**。第5に、職務に関する行為は、**不作為**であってもよい。したがって、文部事務次官が、特定業者が営む進学指導情報誌の発行事業の遂行に支障を及ぼすことを考慮して、実態調査を含む対応措置となる行政措置をとらなかったことは、職務関連行為にあたる（最決平14・10・22刑集56・8・690＝リクルート事件文部省ルート上告審決定)。

(b)　**職務密接関連行為**　職務密接関連行為とは、職務行為そのものではないが、職務と密接な関係を有するため職務行為に準じた扱いを受けるものである（最決昭31・7・12刑集10・7・1058）。この職務密接関連行為が、文言上、「職務」の概念から演繹されるのか、「職務」ではないが、「関し」という文言から解釈上演繹されるのかについては、学説上争いがある。この点、「職務」には、法令上の根拠のある本来の職務のみならず、事実上所管するその準備行為も含まれるものと解釈すべきであり、職務概念から解釈されると解すべきであろう。判例によれば、医科大学教授が附属病院の医局の医師を関連病院に派遣する職務は、職務に密接に関係する行為である（最決平18・1・23刑集30・1・67）。

職務密接関連行為が認められる事案は、次の**二つの類型**に分類される。第1類型は、自己の本来の職務行為から派生した慣行上担当している行為の類型であり、前述の事実上所管する職務の準備行為等がそれである。第2類型は、自己の職務にもとづく事実上の影響力を利用して行う行為の類型である。この第2類型において問題となるのは、国会議員の「説得・勧誘行為」や内閣総理大臣の「指示」である。まず、**国会議員の説得・勧誘行為**については、大阪タクシー汚職事件（最決昭63・4・11刑集42・4・419）がある。事案は、被告人が、衆議院運輸委員会委員であった衆議院議員に対し、ある法案が衆議院大蔵委員会で審査中であったときに、大蔵委員会委員を含む他の議員に対しても説得・勧誘することを依頼して、金銭を渡したというものである。第1審判決は、「議員は、自己の所属しない委員会に属する議案の審査、表決についても議員の地位にもとづく権限に属する事項として一般的権限を有する」としたうえで、「勧説（勧誘説得）する行為は、それ自体としては、国会議員としての一般的職務権限に属するものであるとはいえないが、勧説はその相手方議員の職務権限の行使に影響を与え、これを方向づける行為であるということができるから、勧説する議員の職務の執行に密接に関連した行為と解すべきである」とし、それを「自己の審議表決の方向に向けて直接影響力を与える行為」とした。第2審も原則的にこれを支持した。これに対して、最高裁は、「職務に関してなされた賄賂の供与」であるとして原判決を正当であるとしたが、「職務密接関連行為」であるかどうかには触れてはいない。次に、**内閣総理大臣の「指示」**に関しては、被告人がロッキード社の航空機の売り込みに際して、内閣総理大臣に対して、全日空にその購入を勧奨する行政指導をするよう運輸大臣に指揮すること（Aルート）、自ら直接全日空に働きかけること（Bルート）を依頼して５億円の授受が行われた事案に対するロッキード事件・丸紅ルート判決（前掲最判平7・2・22＝百選Ⅱ-107）がある。同判決は、もっぱらAルートに関し、運輸大臣が航空機会社に対し特定の機種の選定購入を勧奨する行為は、運輸大臣の職務権限に属する行為であり、内閣総理大臣が運輸大臣に対し勧奨行為をするよう働きかける行為は、内閣総理大臣の運輸大臣に対する指示という職務権限に属する行為であるとした。３名の裁判官が、その「意見」において、その指示は、内閣総理大臣の一般的な指示権限の範囲外であり、したがって、職務権限外の行為ではあるが、「密接関連行為」であるとした。

最高裁決定の「補足意見」において、社会通念上職務行為として認められるための視点となる基準は、①当該公務員の職務権限と実質的な結びつきがあるかどうか、②公務を左右する性格をもつ行為かどうか、③公務の公正を疑わせるかどうかであるとされる（最決昭59・5・30刑集38・7・2682＝百選Ⅱ-106）。学説においても、密接関連行為であるかどうかの判断基準については、三つの観点が挙げられてきた。①事実上公務員の職務である「公務」としての性格をもつものかどうかを基準とする見解（＝**公務説**）、②職務行為に対し影響力を及ぼしたかどうかを基準とすべきとする見解（＝**影響力説**）、さらに、③地位を利用して職務行為の「相手方」に対する影響力を行使したかどうかによるとする見解（＝**地位利用説**）がある。その中では、やはり、本来の公務ではないが、公務の周辺に位置し、公務に付随しあるいは公務の準備行為として、なお公務的性格を有するかという規範的な判断が重要であるから、公務説が妥当である。

公務員の抽象的職務権限に属する行為の範囲内でのみ賄賂罪が成立するが、公務員が、その職務権限を異にする他の職務に**転職した後**に、転職前の職務に関して賄賂を受けたとき、「職務に関し」賄賂を収受したことになるのであろうか。ここで問題なのは、抽象的職務権限の範囲内の転職であることが必要かどうかである。判例は、一般的職務権限を異にしても受供与者が公務員である以上、賄賂罪は成立するという（最決昭58・3・25刑集37・2・170＝百選Ⅱ-109）。学説は、公務員がその一般的職務権限を異にする職務に転じた後に転職前の職務に関して賄賂罪が成立するかどうかにつき、肯定説と否定説に分かれる。基本的に不可買収説に立つと、肯定説が妥当である。賄賂の授受の時点での実行行為が、過去の職務行為の公正の意味づけを変化させ、動揺させることによって、不可買収性が侵害されるからである。つまり、職務行為の公正を害する過去の行為と現在の賄賂の授受が統一的に評価され、過去の職務行為の法的評価を遡及して変更させ、それが現在に反映して現在の公務の不可買収性を侵害するのである。

(3)　賄賂の意義

賄賂とは、職務に関する不正な報酬としての利益である。その利益は、職務行為またはそれと密接な関係のある行為との間に**対価関係**が存在しなければならない。賄賂は、一定の職務に対する包括的な反対給付であれば足り、個々の職務行為と賄賂との間に対価的関係のあることを必要とするものではない（大判昭4・12・4刑集8・609、最決昭33・9・30刑集12・13・3180）。土地の売買代金が時価相当額であったとしても、土地の売買による換金の利益は、職務についての対価性を有するものとして賄賂にあたる（最平24・10・15 刑集66・10・990＝百選103）。

(a) 賄賂の目的物　賄賂の目的となる利益は、財物のみに限らない。有形・無形を問わず、**いやしくも人の需要または欲望を充たすに足りるべき一切の利益**を含む。したがって、金品、不動産のほか、金融の利益、債務の弁済、芸者の花代を含む饗応接待、ゴルフクラブ会員権、異性間の情交、就職のあっせんの約束、地位の供与、公開価格を確実に上回ると見込まれる未公開株を公開価格で取得できる利益（最決昭63・7・18刑集42・6・861）なども賄賂である。

(b) 賄賂性の限界　わが国では中元、歳暮、餞別、手土産等が社会慣習化している。これらの贈答が、**社交儀礼の範囲内**にとどまるか、それとも賄賂にあたるかの限界が問題となる。基本的には、これらの贈答が、先輩後輩関係などの私的な関係にもとづく場合には、賄賂とはならないが、職務に関して授受される場合には、社交儀礼と認められる程度の贈物であっても、賄賂性が生じる可能性があるといえよう。**最高裁**は、慣行的社交儀礼の範囲内の贈答につき、社交儀礼であれば対価性が否定され賄賂性を欠く場合がありうることを認め、**賄賂罪の成立を否定**した（最判昭50・4・24判時774・119＝百選Ⅱ-104）。学説においては、贈答が、職務関連性があり対価的報酬であるが、社交儀礼の範囲内にある場合について、職務行為の公正ないしそれに対する社会の信頼が害されないとして、**賄賂性を否定**するのが**通説的見解**である。その限界は、公務員の職務の内容、その職務と利益供与者との関係、利益の種類・多寡、利益収受の経過、利益供与の時期・態様など諸般の事情を考慮して判断される。

2．単純収賄罪

> 公務員が、その職務に関し、賄賂を収受し、又はその要求若しくは約束をしたときは、５年以下の拘禁刑に処する（197条１項前段）。

本罪の主体は、公務員である。公務員には公務員とみなされる者も含まれる。

本罪の行為は、賄賂を収受、要求、約束することである。「**収受**」とは、賄賂を受け取ることである。財物の占有を取得し、利益が実際に享受されることを要する。収受によって既遂に達する。収受の時期は、職務執行の前後を問わない。「**要求**」とは、賄賂の供与を請求することである。一方的行為で足り、相手方が応じることは必要でない。要求によって既遂となる。「**約束**」とは、賄賂の授受についての意思の合致をいう。約束罪は、合意が成立した時点で既遂となる。

本罪の故意は、要求・約束・収受された客体たる利益が公務員の職務に関する不正な対価としての報酬であること（**賄賂性**）を認識する必要がある。すなわち、職務に関するものであることの認識および対価性の認識が必要である。

3．受託収賄罪

> 公務員が、その職務に関し、請託を受けて、賄賂を収受し、又はその要求若しくは約束をしたときは、７年以下の拘禁刑に処する（197条１項後段）。

請託を受けたことを要件とする単純収賄罪の加重類型である。「**請託**」とは、職務に関し一定の職務行為を依頼することをいう。正当な職務行為か不正な職務行為であるかを問わない。職務行為は具体的に特定される必要がある（最判昭30・3・17刑集9・3・477）。公務員が明示的または黙示的に承諾したことが必要である（最判昭29・8・20刑集8・8・1256）。

4．事前収賄罪

> 公務員になろうとする者が、その担当すべき職務に関し、請託を受けて、賄賂を収受し、又はその要求若しくは約束をしたときは、公務員となった場合において、5年以下の拘禁刑に処する（197条2項）。

本罪の主体は、公務員になろうとする者である。例えば、公選による首長ないし議員に立候補している者がそうである。形式的に、立候補の届出をしていることを要しない。立候補届出以前であっても、立候補を決意・表明し、選挙の準備活動に入っているならばこれにあたる（宇都宮地判平5・10・6判タ843・258）。

本罪の行為は、その担当すべき職務に関し、請託を受けて、賄賂を収受・要求・約束することである。「担当すべき職務」とは、将来、公務員となったときに担当することが予想される職務をいう。担当すべき職務と賄賂との間に対価関係が必要である。

「公務員となった場合」という要件が、客観的処罰条件であるとする見解と、構成要件要素と解する見解がある。前者によれば、賄賂を収受・要求・約束した時点で犯罪の成立要件が充足されるが、政策的考慮により公務員になった場合にはじめて可罰性が生じるものと解される。後者によれば、公務員になったことによってはじめて、公務に対する信頼は（処罰に値する程度に）侵害されると解する。

5．第三者供賄罪

> 公務員が、その職務に関し、請託を受けて、第三者に賄賂を供与させ、又はその供与の要求若しくは約束をしたときは、5年以下の拘禁刑に処する（197条の2）。

本罪は、公務員が、自ら賄賂を収受するのではなく、第三者に受け取らせる犯罪である。「請託を受けて」とは、職務に関し依頼を受け、これを承諾したことをいう。第三者とは、公務員以外の者をいう。第三者は、正犯以外の者をいう。第三者に供与させた利益は、職務行為と対価関係になければならない。第三者は、目的物が賄賂であることを知る必要はない。「供与」させるとは受け取らせることをいう。「供与の要求」とは、第三者に供与するよう相手方に求めることをいう。供与の「約束」とは、第三者に供与させることについての相手方との合意をいう。

6．加重収賄罪

> 公務員が、前２条の罪（収賄罪・受託収賄罪・事前収賄罪・第三者供賄罪）を犯し、よって不正な行為をし、又は相当の行為をしなかったときは、１年以上の有期拘禁刑に処する（197条の３第１項）。
> 公務員が、その職務上不正な行為をしたこと又は相当の行為をしなかったことに関し、賄賂を収受し、若しくはその要求若しくは約束をし、又は第三者にこれを供与させ、若しくはその供与の要求若しくは約束をしたときも、前項と同様とする（同条２項）。

本罪は、収賄行為に加え、職務上不正な行為がなされた場合の加重類型である。**枉法収賄罪**（おうほう）とも呼ばれる。１項の罪は、収賄行為の後に職務上の不正行為が行われる場合（**事前加重収賄罪**）、２項の罪は、職務上の不正行為の後に収賄行為が行われる場合（**事後加重収賄罪**）を規制する。

本罪の主体は、公務員である。１項には、事前収賄罪も含まれるので、公務員になろうとする者も含まれる。本罪の行為は、前２条の収賄罪を犯し、よって不正な行為をし、または相当の行為をしなかったこと（１項）、または、その職務上不正な行為をし、または相当の行為をしなかったことに関し、賄賂を収受し、もしくはその要求しもしくは約束をし、または第三者にこれを供与させ、その供与を要求し、もしくは約束すること（２項）である。「**不正な行為をし、又は相当の行為をしなかった**」とは、その職務に違反する一切の作為・不作為をいう。必ずしも法規に違反する行為でなくても、**裁量権を濫用**して著しく不当な裁量がなされるときは、これにあたる。「よって」とは、前２条の罪を犯し、その結果としてという意味である。すなわち、１項の罪については、収賄行為と職務上不正な行為との間に**因果関係**があることを必要とする。「職務上」とは「職務に関し」と同義である。

7．事後収賄罪

> 公務員であった者が、その在職中に請託を受けて職務上不正な行為をしたこと又は相当の行為をしなかったことに関し、賄賂を収受し、又はその要求若しくは約束をしたときは、5年以下の拘禁刑に処する（197条の3第3項）。

本罪は、公務員が、**退職後**、その在職中に請託を受けて行った不正な職務行為に関し収賄した場合を罰するものである。在職中に賄賂の要求・約束をし、退職後それにもとづいて賄賂を収受した場合には、在職中の要求・約束に関しては受託収賄罪（197条1項後段）が成立しうるから、退職後、賄賂を収受した行為は、前の収賄罪に吸収される。

8．あっせん収賄罪

> 公務員が請託を受け、他の公務員に職務上不正な行為をさせるように、又は相当の行為をさせないようにあっせんをすること又はしたことの報酬として、賄賂を収受し、又はその要求若しくは約束をしたときは、5年以下の拘禁刑に処する（197条の4）。

本罪は、公務員が公務員としての立場で、他の公務員の職務に関してあっせんを行い、それについて賄賂を収受する行為等を処罰するものである。公務員が、自己の職務行為の対価として賄賂を収受するのではない点で、他の賄賂罪と性格が異なる。

本罪の主体は、公務員に限る。①公務員が、公務員としての地位を利用した場合に限るか、②公務員としての地位において行えば足りるのか、それとも、③私人としての立場で行為した場合であってもよいのかについては、見解が分かれる。「公務員が積極的にその地位を利用して斡旋することは必要でないが、少なくとも公務員としての立場で斡旋することを必要とし、単なる私人としての行為は右の罪を構成しない」とするのが判例（最決昭43・10・15刑集22・10・901）である。第2説が妥当である。

本罪の行為は、請託を受け、他の公務員に、その職務上不正の行為をさせ、または相当の行為をさせないようにあっせんすること、またはあっせんしたことの報酬として賄賂を収受・要求・約束することである。「**請託を受け**」とは、他の公務員に対し、職務行為に関しあっせんすることを依頼され、承諾することを意味する。「**あっせん**」とは、一定の事項について当事者の双方の間に立って仲介し、交渉成立の便宜を図ることをいう。「報酬として」とは、あっせんの対価としてという意味である。判例によると、公務員が、請託を受けて、公正取引委員会が調査中の審査事件について同委員会の委員長に対し、これを検事総長に告発しないように働きかけることは、職務上相当の行為をさせないようあっせんすることにあたる（最決平15・1・14刑集57・1・1＝百選Ⅱ-110）。

9．贈賄罪

> 第197条から第197条の4まで（収賄罪、受託収賄罪、事前収賄罪、第三者供賄罪、加重収賄罪、事後収賄罪、あっせん収賄罪）に規定する賄賂を供与し、又はその申込み若しくは約束をした者は、3年以下の拘禁刑又は250万円以下の罰金に処する（198条）。

公務員に賄賂を供与し、またはその申込みもしくは約束をすることによって公務員の不可買収性を害する行為を処罰する規定である。贈賄罪は、収賄罪と原則的に**必要的共犯**の関係に立つ

本罪の行為は、賄賂の供与・申込み・約束である。「**供与**」とは、賄賂を相手方に収受させる行為をいう。提供したが、相手方が収受しなかった場合は、申込みにとどまる。相手方が賄賂であると認識していない場合には申込みにすぎない。「**申込み**」とは、賄賂の収受を促す行為をいう。単なる口頭による申出で足りる。相手方が賄賂であることを現に認識することは必ずしも必要でないが、認識しうる状態に置かれることは必要である。申込みは、贈賄者の一方的行為でよい。公務員の妻に提供する場合も、公務員が現実に収受しない限り、申込みである。「**約束**」とは、賄賂に関して贈収賄者間において意思が合致することをいう。

10. 没収・追徴

> 犯人又は情を知った第三者が収受した賄賂は、没収する。その全部又は一部を没収することができないときは、その価額を追徴する（197条の5）。

本条は、賄賂罪による不正の利益を保持させない趣旨で設けられた規定である。**必要的没収・必要的追徴**の規定であって、刑法19条・19条の2の任意的没収・任意的追徴に対する特別規定である。しかし、本条は、刑法19条を

排斥するものではない。

没収・追徴の対象は、犯人または情を知った第三者の収受した賄賂である。「犯人」が何罪の犯人を意味するかは必ずしも文言上明らかではないが、現実に賄賂を収受した者を指すことは明らかである。要求・約束したにとどまる者は、「犯人が収受した賄賂」が存在せず、含まない。「犯人」には共犯者も含む。犯人は、起訴されていない場合でも、事実認定によって犯人と認められれば足りる。「**情を知った第三者**」とは、犯人以外に賄賂であることを知っている者をいう。法人の代表者が賄賂を受け取った場合、その法人はここでいう「第三者」にあたる。

没収の対象は、「収受した賄賂」である。提供されただけで、収受されなかった賄賂は、本条によって没収されず（最判昭34・7・30裁判集刑130・695）、19条による任意的没収の対象となりうる（最判昭24・12・6刑集3・12・1884）。

追徴は、没収が不可能なときに行われる。「**没収することができないとき**」とは、①賄賂の性質上没収に親しまない場合と、②収受後に、費消・滅失などによってそれが不可能となった場合とを意味する。情交のように金銭に換算できないものは追徴もできない。収賄した金員を金融機関に預けた場合には、収賄金はもはや没収できず、追徴すべきである（最判昭32・12・20刑集11・14・3331）。

追徴すべき価額は、没収できない場合にそれを金銭に換算した金額である。**追徴の価額の算定時期**としては、①賄賂を収受した時点とする見解（**収受時説**＝最大判昭43・9・25刑集22・9・871）と②没収不能となった時点とする見解（**没収不能時説**）、③裁判の時点とする見解（**裁判時説**）とに分かれている。収受時説は、収賄者は賄賂たる物を収受することによってその物のその当時の価額に相当する利益を得たものであり、その後の日時の経過等によるその物の価額の増減は収受とは別個の原因にもとづくものにすぎないのであるから、没収に代えて追徴すべき金額は、その物の授受当時の価額によるものであるとする（前掲最大判昭43・9・25）。収受時説が妥当である。

数人が共同して賄賂を収受したときは、各自の分配額に応じて没収・追徴する。分配額が不明のときは、各自平等に分配したものとして没収・追徴すべきである。共同で費消したときも平等に追徴される。判例によれば、収賄者が賄賂を贈賄者に返還したときは、贈賄者から没収し、没収できないときは追徴するものとされる（最決昭29・7・5刑集8・7・1035）。しかし、本条は、とくに収賄者に不正な利益を残さないことを目的としていることから、贈賄者には本条の必要的没収を認めるべきではなく、19条の任意的没収が科せられるべきとする見解も有力である。

事項索引

お

判例索引

[昭和31年～40年]

[昭和41年～50年]

[昭和51年～60年]

[平成21年～]

[令和元年～]

著者紹介
山中敬一（やまなか けいいち）
1985年　関西大学法学部教授
2004年　関西大学法科大学院教授
2015年　関西大学名誉教授
2017年　関西大学退職
博士（法学）京都大学
名誉博士（ゲッティンゲン大学ほか）

山中純子（やまなか じゅんこ）
2006年　早稲田大学卒業
2009年　東京大学法学政治学研究科法曹養成専攻
（法科大学院）修了
2011年　検事任官
2014年　人事院行政官長期在外研究（～2016年）
2016年　ミュンヘン大学 LL.M（法学修士）
ベルリン・フンボルト大学 LL.M（法学修士）
2018年　弁護士（～2020年）
2020年　東海大学法学部講師

刑法概説 II ［各論］［第2版］

2008年10月20日　初　版第1刷発行
2023年4月1日　第2版第1刷発行

著　者　山中敬一
　　　　山中純子
発行者　阿部成一

〒162-0041　東京都新宿区早稲田鶴巻町514番地
発行所　株式会社　成文堂
電話 03(3203)9201　FAX 03(3203)9206
http://www.seibundoh.co.jp

製版・印刷　シナノ印刷　　製本　弘伸製本

ISBN978-4-7923-5388-9 C3032　検印省略
定価（本体3000円＋税）